Florence hist monumentale,

Marcel Niké

Alpha Editions

This edition published in 2024

ISBN : 9789362995636

Design and Setting By
Alpha Editions
www.alphaedis.com
Email - info@alphaedis.com

As per information held with us this book is in Public Domain.
This book is a reproduction of an important historical work. Alpha Editions uses the best technology to reproduce historical work in the same manner it was first published to preserve its original nature. Any marks or number seen are left intentionally to preserve its true form.

AVANT-PROPOS

L'accueil indulgent accordé par le public et par la presse à l'*Essai d'Itinéraire d'Art en Italie*, m'a encouragée à faire paraître ce nouveau travail.

J'ai dû remettre à une date ultérieure *Les Arts Accessoires*[1] destinés, dans mon intention, à faire suite à l'*Essai*, et interrompre la série de ces Études pour déférer au vœu, souvent formulé, de me voir publier un ouvrage esthétique et pratique sur Florence et sur la Toscane, c'est-à-dire Pise, Lucques, Pistoie, enfin Sienne et ses alentours.

Note 1:

Un Essai d'Itinéraire d'Art en Italie, p. 3, note.

Le volume qui paraît aujourd'hui est consacré à Florence et à ses environs immédiats, matière aussi inépuisable que variée.

L'expérience m'a fait reconnaître quelle perte de temps et quelle fatigue seraient évitées, si, au lieu d'errer à l'aventure, on pouvait procédé méthodiquement et embrasser dans une même visite tout ce qui, dans un même rayon, est digne de remarque.

Pour assurer ce classement, il m'a paru indispensable d'établir un plan spécial de Florence divisé en huit régions correspondant chacune à un des huit chapitres du volume et cela de manière à ce qu'une vue, tout à la fois d'ensemble et de détail, se présente aux yeux du lecteur. Le besoin de clarté m'a encore poussée à m'attacher avec un soin jaloux à la rédaction des tables. Elles sont une brève et complète nomenclature, une sorte de catalogue fidèle autant du livre que de la ville elle-même, où l'on trouvera résumé à sa place alphabétique tout ce qui, dans un même lieu, doit fixer l'attention et se graver dans la mémoire.

A Florence, l'étude de l'art et des monuments est si inséparable, si indissoluble de l'histoire, que j'ai dû forcément placer en tête de cet essai un aperçu historique qui me permît de faire évoluer dans son milieu, à l'aide des événements d'où il a découlé, le noble et complet art toscan. Autant que possible, je me suis efforcée d'évoquer l'épopée florentine et de faire revivre l'inoubliable grandeur de ce peuple, auquel nulle inspiration généreuse n'a été étrangère et dont le cœur n'a jamais cessé de battre noblement pour toute idée de justice et de liberté!

Aussi Florence est-elle la patrie véritable de quiconque, en quête de l'Idéal, poursuit sans trêve cette éternelle, cette insaisissable chimère!

La patrie de tous ceux qui, les yeux fixés sur des horizons inconnus, entrent chacun à leur tour dans la carrière où, coureurs infatigables, ils se transmettent le flambeau sacré, sans savoir quelle main le portera jamais au but.

S'il est peu consolant de voir, au cours de l'histoire florentine, l'inanité du progrès et la stérilité de l'effort sous le criminel envahissement du despotisme, le grain semé n'en a pas moins levé, produisant une ample moisson, puisque, dans tous ceux qui auront le culte pur de la Beauté, se perpétuera et fleurira, au travers des temps, l'âme florentine.

APERÇU SUR L'HISTOIRE DE FLORENCE

Par sa situation géographique, la Toscane occupe le centre de l'Italie; par toutes ses manifestations artistiques, elle en est l'âme. Cette contrée peu étendue mais privilégiée, comme autrefois la Grèce, par la beauté des sites, la fertilité du sol, la sérénité du climat, semble, comme elle, avoir réuni à un degré unique toutes les conditions propices au développement de l'esprit humain.

La première fois que, dans les temps antiques, un peuple digne de mémoire se rencontre en Italie, c'est en Toscane. Les Étrusques, venus des plateaux de l'Asie centrale, comme tous les immigrants par lesquels fut colonisée l'Europe, y apportaient les bienfaits de toutes les civilisations rencontrées par eux dans leurs étapes successives, soit en Asie Mineure, soit en Grèce ou en Sicile. C'est dans ce fait que réside assurément l'explication toute naturelle de la culture politique, de la culture artistique, si prématurément développées chez le peuple toscan.

Entre l'Etrusque et le Toscan existent les mêmes affinités qu'entre le Gaulois et le Français, c'est-à-dire que l'influence de la souche primitive est si persistante, si profondément enracinée qu'on la retrouve encore par delà les siècles. En effet, la forme massive, pélasgique, pour ainsi dire, des murs imposants de Cortone ou de Volterra ne se reconnaît-elle pas dans les lourdes constructions florentines, et leur bossage même ne rappelle-t-il pas l'appareil étrusque, attestant la perpétuité d'une forte et puissante race sur le sol toscan?

La domination romaine amena une nouvelle colonisation de l'Étrurie et couvrit le pays de villes importantes égales aux anciennes cités, déjà en pleine prospérité.

Ce ne fut pourtant que lorsque Antoine et Octave fondèrent leurs colonies militaires en 50 avant J.-C. que l'une d'elles, s'étant fixée dans la partie du pays réputée la plus fertile, et émerveillée de la richesse de sa nouvelle patrie, appela la ville qu'elle bâtit Florentia, c'est-à-dire la ville des Fleurs.

Jusque vers le IVe siècle il n'est guère fait mention de la colonie que l'on retrouve à cette époque jouissant de franchises et de droits étendus, en lutte ouverte contre le christianisme, auquel il faudra plus d'un demi-siècle pour devenir la religion définitive du pays.

Ainsi, dès lors, la destinée semble avoir voué Florence à une suite perpétuelle d'agitations et d'inquiétudes et son histoire tout entière, telle qu'à sa première page, n'offrira qu'une longue succession de luttes et de combats.

Envahie au Ve siècle par Radagaise, assiégée par Alaric, prise et reprise par Totila et Narsès, il n'en reste plus pierre sur pierre. Relevée de ses ruines par Charlemagne et constituée fief de margraves, elle jouit pendant un siècle et demi d'une tranquillité et d'une paix heureuses; mais à ce calme devait succéder la tempête sous des tyrans cupides et violents. Ce fut alors que toutes les espérances se tournèrent vers le nord, et que l'Empire fut appelé pour la première fois à secourir l'Italie (962). Avec Othon le Grand, les Allemands s'installèrent sans scrupule, comme en pays conquis, chez ceux qui les avaient appelés, et bientôt les évêques et même le Pape ne furent plus que les premiers fonctionnaires de l'Empire.

Pourtant la Toscane, au IXe siècle, retrouva sous de nouveaux margraves une vie propre; elle étendit alors sa domination autour d'elle, à telle enseigne que le Pape arriva à la considérer comme un rempart contre les ambitions démesurées de l'Empire, tandis que l'Empereur y voyait un avant-poste. Le pays n'avait qu'à gagner à ce jeu de bascule, où chacun lui faisait des avances et lui accordait de véritables avantages pour tacher de le gagner sa cause. Malheureusement pour lui, en 1069, la comtesse Mathilde prenait les rênes du gouvernement et le pape Alexandre II obtenait d'elle l'acte fameux appelé la Renonciation de la comtesse Mathilde, par lequel elle se déclarait simple dépositaire de sa puissance et résolue à n'en user que pour le bien de l'Église; c'était la guerre entre la Papauté et l'Empire, c'était le brandon des luttes terribles qui allaient ensanglanter la Toscane pendant tant d'années, car ce que Mathilde donnait à l'Église, les lois de l'Empire ne lui permettaient pas d'en disposer.

Aussi Henri IV, malgré Canossa, envahit-il aussi la Toscane. Sienne, Pise, Lucques, se décidèrent en sa faveur; Arezzo et Pistoie se donnèrent à lui et leurs évêques, bien qu'excommuniés, continuèrent à officier (1081). En récompense de leur fidélité Henri IV octroya aux villes d'amples franchises et confirma la fondation des libertés urbaines, tandis que Florence supportait le poids de son attachement au Pape et à la comtesse Mathilde et qu'assiégée, elle ne devait son salut qu'au départ précipité de l'Empereur pour l'Allemagne. Les quatre années qu'il y resta permirent à Mathilde de jeter les bases d'un gouvernement et d'embellir la ville en y édifiant de nombreux monuments, Florence entreprenait alors de petites guerres contre ses voisins et concluait avec eux des alliances où perçait pour la première fois son esprit actif et pratique.

La mort de Mathilde ouvrit sa difficile succession et ses biens furent disputés âprement par Henri V, le successeur d'Henri IV, et par le pape Pascal II, appuyés, l'un sur les droits du fief, l'autre sur ceux de la donation. Comme tous les deux sollicitaient également l'appui des villes, ils durent, dans le but de se les acquérir, accorder privilèges sur privilèges, créant ainsi leur indépendance, car elles n'avaient garde de se donner et demeuraient platoniquement pour l'Empereur ou pour le Pape.

Après, des rivalités et des luttes sanglantes entre Sienne, Pise et Florence, l'avènement de Frédéric Barberousse, en 1154, vint rallier tous les intérêts devant le danger commun de l'invasion par l'Empereur d'un pays qu'il considérait comme traître et rebelle. Aussi, à sa mort, les cités s'engagèrent-elles à ne plus accepter d'autre souveraineté que celle du Pape.

Dès cette époque, la petite ville des «Mark-grafs» et de la comtesse Mathilde était devenue un État puissant avec une organisation intérieure déjà compliquée.

Les corps des métiers constituaient de puissantes corporations divisées elles-mêmes en métiers nobles et en métiers vils. Les premiers, seuls, au nombre de sept, comptaient pour l'administration ou le gouvernement de la cité.

D'abord venait l'ancienne et puissante corporation des marchands de laine, fabricants de draps grossiers, de lainages ordinaires, à côté de laquelle s'était formé au XIIIe siècle «l'arte de Calimara», commerçants en draps étrangers, auxquels ils donnaient le fini florentin. Venaient ensuite l'art de la soie, destiné plus tard à un grand développement, et enfin, en toute première ligne, les manieurs d'argent, banquiers, changeurs ou usuriers, qu'on appelait «des maîtres de la Zecca», qui allaient devenir les plus grands bailleurs de fonds du monde entier. Les banquiers florentins étaient les prêteurs des souverains et des Papes, par lesquels ils étaient même chargés de percevoir les revenus de l'Eglise en tous lieux. A côté d'eux, la multiplicité et la diversité des monnaies faisaient des changeurs une véritable puissance encore doublée par la prérogative de battre monnaie pour le gouvernement florentin. Les trois autres corporations étaient celles des médecins et apothicaires, des peaussiers et fourreurs, des hommes de loi, juges et notaires. Les chefs des «métiers nobles» firent la police et presque la loi jusqu'au jour où, sans institution nouvelle, par la force des choses, ils devinrent les magistrats communaux et formèrent le premier gouvernement florentin. Ils s'appelèrent successivement recteurs, prieurs et plus tard «capitani» quand ils ne furent plus, sous l'autocratie, que les simples délégués des quartiers qu'ils représentaient. A côté de l'aristocratie marchande, il fallait ménager une place aux nobles, les uns immigrés allemands fixés à Florence, les autres seigneurs féodaux, incommodes voisins qu'on avait fait descendre de leurs châteaux et qui haïssaient et méprisaient également les marchands.

Ces familles dont les chefs, appelés «Capitani», n'étaient pas justiciables des tribunaux consulaires, se consacraient uniquement à la carrière des armes et en tiraient souvent une gloire dont le prestige amenait une population bourgeoise à choisir des consuls dans leurs rangs. Par suite de cette immixtion dans les affaires de l'État, les nobles prirent une arrogance redoutable et les querelles qui ne cessaient de s'élever entre eux devinrent si terribles, que, pour se mettre en sûreté, ils en arrivèrent à munir leurs palais de tours démesurées et à les transformer en citadelles inexpugnables, quelquefois assez rapprochées pour qu'on pût se frapper de l'une à l'autre. Cet état de guerre n'existait pas seulement de nobles à nobles, et de nobles à marchands, mais ces derniers eux-mêmes étaient encore divisés par les rivalités de métier. De plus, s'ils voyaient avec joie les nobles s'épuiser en luttes sanguinaires, à leur tour ils vivaient en défiance continuelle de la classe placée au-dessous d'eux et de beaucoup la plus nombreuse, celle qui, originairement composée de serfs, ne comptait pour rien dans le gouvernement recruté parmi le «primo popolo».

A cette époque (1208), l'expérience avait démontré que, dans les conflits de plus en plus graves qui mettaient les grandes familles aux prises, les nobles ne prendraient jamais au sérieux les arrêts prononcés par des juges qu'ils considéraient comme des inférieurs et qui eux-mêmes avaient à redouter leurs ressentiments et leurs vengeances. Aussi Florence et les autres gouvernements démocratiques de la Toscane reconnurent-ils la nécessité d'instituer une magistrature suprême, dont l'autorité s'imposât à tous. Ce nouveau pouvoir fut celui du Podestat.

Originairement le «Potestate» était un commissaire impérial chargé d'administrer au nom de l'Empereur. Cette magistrature, instituée par Frédéric Barberousse, fut rapidement délestée et conspuée dans les villes où elle exerçait un pouvoir absolu et despotique. Mais, si le gouvernement des Podestats avait ses inconvénients, on ne tarda pas à reconnaître que leur qualité d'étrangers les prédisposait à une grande impartialité dans leurs jugements. On se résolut alors à choisir au loin le magistrat auquel on confierait cette autorité redoutable et à ne la lui confier que pour une période limitée, pendant laquelle il lui serait interdit de nouer aucune relation avec ses justiciables.

Le XIIIe siècle ne voit que grandir la discorde, que se multiplier les factions, et cet état de guerre intestine offre le plus étrange contraste avec la prospérité et la richesse croissantes du pays.

La première scission effective dans le parti de la noblesse (1215?) fut causée par la rupture d'un mariage projeté entre un Buondelmonti et une Uberti et cela sans autre motif que le bon plaisir du premier, affront que les Uberti lavèrent en assassinant Buondelmonte. Cet événement jeta les Uberti dans le parti de l'Empereur, tandis que les Buondelmonti embrassaient le parti populaire et que, derrière leurs deux maisons, se groupaient les principales familles florentines constituant deux factions rivales profondément hostiles.

Ce ne fut pourtant qu'en 1240 que furent adoptées les fameuses dénominations de Guelfes et de Gibelins, sous lesquelles les partis allaient ensanglanter l'Italie. Ces noms d'origine allemande n'étaient primitivement que les cris de guerre et de ralliement des deux maisons en perpétuelle rivalité pour le trône impérial. «Hye Woelf» pour Guelfe de Bavière, «Hye Weibligen» pour les Hohenstaufen. Ce double appel passa les Alpes avec les Allemands, pour désigner plus tard, après la guerre des Investitures, le parti de la démocratie et celui de la féodalité. C'est à partir de cette époque que les noms de Guelfes et de Gibelins perdirent leur signification primitive et s'appliquèrent en Italie aux partisans du Pape ou de l'Empereur, sans que les villes eussent parfois d'autre conviction pour être guelfes ou gibelines que l'espoir des avantages à tirer de l'une des deux puissances.

De 1220 à 1258, Florence fut la proie des partis dont la lutte devenait de jour en jour plus acharnée. La faction au pouvoir, non satisfaite de proscrire l'autre, rasait les habitations et confisquait les biens des vaincus. Si l'Empereur descendait en Italie, les Gibelins étaient les maîtres; si l'Empereur s'éloignait, ils prenaient à leur tour le chemin de l'exil et cédaient la place aux Guelfes triomphants. Au milieu de tant d'éléments de désordre auxquels s'ajoutaient les querelles religieuses, les menaces d'hérésie, l'interdit et l'excommunication, on reste surpris et confondu de l'énergie prodigieuse, de la vitalité puissante de ce peuple où les pires calamités ne portent nul préjudice au développement intellectuel, à la prospérité croissante des arts, des sciences et de la fortune publique.

A cette époque, les ambitions inassouvies de Florence ne connaissaient aucun frein. Elle entreprenait une expédition contre la puissante Pise et, après une lutte meurtrière, elle arrivait à réduire et à soumettre sa rivale; mais ce résultat ne la satisfaisant pas encore, elle n'eut de cesse qu'elle ne fût entrée en campagne contre l'orgueilleuse Sienne. Cette cité, gibeline par excellence, était le refuge de tous les proscrits florentins, ce dont la guelfe Florence lui gardait une terrible rancune.

La compétition entre les deux villes devait se terminer aux portes mêmes de Sienne par l'effroyable défaite de Montaperto (1260), dont le résultat fut de livrer Florence, sans défense possible, à la réaction gibeline. Les Gibelins rentrés au pouvoir, leur première pensée fut de raser Florence, «ce repaire du parti guelfe». Le plus illustre des proscrits, Farinata degli Uberti, se leva seul pour protester en demandant «si c'était pour ne pas mourir dans sa patrie qu'il avait tant souffert», et il jura qu'il la défendrait jusqu'à son dernier soupir.

Comme Farinata avait une grande autorité, son intervention sauva la ville, mais elle n'en fut pas moins réduite à un degré d'infériorité humiliant au dernier point.

Après leur triomphe, les Gibelins au pouvoir eurent à compter avec le parti guelfe dont l'opposition sourde et constante fut d'autant plus haineuse qu'il avait plus à redouter l'influence du parti modéré gibelin qui, par de sages mesures, offrait aux Guelfes la possibilité de rentrer dans leur patrie, sans lutte.

Ces vues pacificatrices ne manquèrent pas d'exciter de grandes inquiétudes aussi bien chez les Guelfes que chez le Pape qui voyaient dans l'apaisement des esprits la perte de leur influence. Leur politique devait donc consister à exploiter la moindre apparence de mécontentement et à nier la bonne foi des Gibelins, en les déclarant incapables de gouverner avec impartialité et douceur. Le peuple n'était pas mûr pour comprendre l'intérêt qu'il pouvait y avoir à établir une paix durable par des concessions réciproques; prompt à accueillir les conseils et les insinuations perfides, il se souleva contre les Gibelins, les expulsa et ouvrit ses portes à Guy de Montfort et aux Français (1267).

Le gouvernement guelfe rétabli s'empressa d'offrir à Charles d'Anjou la seigneurie de Florence avec le droit d'y déléguer un vicaire royal et un podestat chargés de tous ses pouvoirs. Les biens des Gibelins furent confisqués et partagés en deux portions: la première distribuée à titre de dommages-intérêts, tandis que la seconde allait constituer le trésor connu sous le nom de «Masse guelfe», destiné à servir de fonds de réserve au parti. Par suite de ces événements, Florence redevenait guelfe dans l'âme et le lys rouge, symbole guelfe par opposition au lys blanc, symbole gibelin, imposa sa couleur à toute chose. En face d'une si violente réaction, la minorité gibeline qui avait été tolérée, dut elle-même se transformer et, suivant la marche des événements et des idées, devenir peu à peu l'élément modéré du parti guelfe.

L'année 1282 est marquée dans l'histoire de Florence par la constitution définitive de la République, forme gouvernementale impérieusement réclamée, comme seule capable de soustraire l'État à la domination d'un maître étranger ou à la tyrannie des coteries locales. Pour remplir une fonction publique, il fallut non seulement être inscrit dans l'un des arts, mais encore l'avoir exercé. A la tête du gouvernement siégeait un conseil qui formait la Seigneurie. Il était composé des six prieurs des arts nobles représentant leur corporation et un quartier de ville (Sestiere). Ces magistrats, élus pour deux mois, n'étaient pas rééligibles avant deux années révolues. Investis de tout le pouvoir exécutif pendant toute la durée de leur magistrature, soumis à l'existence la plus sévère, ils devaient vivre ensemble au Palais Vieux, nourris aux frais de l'État, mangeant à la même table et couchant en commun; enfin ils n'avaient sous aucun prétexte le droit de s'absenter.

La première préoccupation de la République devait être de trouver un remède aux dissensions de la noblesse devenues intolérables. Le gouvernement promulgua, à cet effet, une sorte de charte par laquelle il proscrivait les familles nobles les plus irréductibles et soumettait les autres aux pénalités les plus rigoureuses. Mais, devant l'inefficacité de la loi et l'impossibilité de l'appliquer, il fallut chercher un moyen énergique pour maintenir l'ordre dans la cité, et on se résolut à investir un magistrat d'une autorité redoutable: ce fut la création du Gonfalonat, destiné à devenir par la suite la première charge de la République.

Le Gonfalonier, élu par les anciens prieurs, avait droit de justice sur tous les citoyens indistinctement et pouvait exercer ses poursuites de jour et de nuit, à toute heure et en tout lieu. Au début, il vivait avec les prieurs; mais l'importance de sa charge était telle que, peu d'années après son institution, il avait un train luxueux et considérable.

A cette époque se place l'arbitrage de Florence appelée par Pistoie à se prononcer entre les deux partis qui, sous la dénomination des Blancs et des Noirs, déchiraient et ensanglantaient la malheureuse ville. Mais Florence, en rétablissant l'ordre dans Pistoie décimée par la plus effroyable guerre intestine, prit elle-même le mal qu'elle venait guérir et bientôt les Blancs et les Noirs remplaçaient les Guelfes et les Gibelins et la livraient à toutes les horreurs des guerres civiles.

Les Blancs, c'est-à-dire les Gibelins, étant au pouvoir, les manœuvres des exilés guelfes, conspirant sous la conduite du pape Boniface VIII et de leur chef Corso Donati, ouvraient Florence à Charles de Valois, troisième fils de Philippe le Hardi, décoré pour la circonstance des titres de vicaire général de l'Église et de défenseur de l'Italie.

Le jour de la Toussaint 1301, Charles faisait son entrée triomphale dans la ville où son premier acte fut naturellement un parjure, car après avoir juré de respecter les biens et les propriétés, il ouvrait les portes à Corso Donati et aux Noirs triomphants, et livrait au massacre, au pillage et à la plus affreuse proscription ceux qui avaient eu foi en ses serments.

C'est vers 1300, au milieu de luttes désolantes, qu'apparaît pour la première fois le nom de Dante Alighieri, membre de l'art des apothicaires et l'un des prieurs. Par ses ascendants, le Dante était guelfe, car un de ses ancêtres avait figuré avec honneur à la sanglante défaite de Montaperto, comme garde du corps du fameux «Caroccio», le palladium de Florence, et cet événement avait jeté les Alighieri dans l'exil.

L'éducation de Dante fut des plus soignées: Brunetto Latini lui enseigna les lettres latines; adolescent, il étudia la philosophie à Florence; homme fait, la théologie à Paris. Il rentra ensuite dans sa patrie où l'attendait la guerre civile.

Dante exerça les premières charges de la République, il fut nommé quatorze fois ambassadeur et mena à bien les négociations les plus difficiles; bien qu'il fut guelfe, le Pape n'eut pas à Florence de plus acharné adversaire contre ses demandes d'hommes et d'argent. Son opposition alla même si loin que Boniface VIII, irrité, frappa Florence d'interdit.

Par un de ces retours trop communs dans l'histoire des gouvernements populaires, Dante, alors en ambassade à Rome, fut accusé de concussion et condamné à une amende considérable, faute du paiement de laquelle «seraient prononcées la dévastation et la confiscation de ses biens, jointes à l'exil éternel». Comme Dante ne voulut pas reconnaître le crime dont on l'accusait injustement, il abandonna sa patrie, sa fortune, ses amis, ses emplois; et ses biens furent vendus au profit de l'État, tandis qu'on passait la charrue et qu'on semait le sel sur le terrain où s'était élevée sa maison. Comme si ces mesures iniques ne suffisaient pas encore, on le condamna à mort par contumace et on le brûla en effigie à la place même où, deux siècles plus tard, on devait brûler Savonarole!

Guelfe de naissance, devenu gibelin par haine, Dante allait errer dix-neuf ans loin de sa patrie. Le dédain et la soif de la vengeance firent de lui le poète sublime de la Divine Comédie, celui qui, nouvel Homère, devait peupler l'enfer de ses haines et le paradis de ses amours.

Il avait écrit l'Enfer à Vérone, il composa le Purgatoire à Gagagnano et acheva l'œuvre au château de Tolmino dans le Frioul. Il se rendit ensuite à Ravenne où il devait mourir, et c'est dans cette ville qu'il publia son poème tout entier, dont l'Italie fut révolutionnée à tel point qu'on se demanda si c'était un vivant qui avait été capable de raconter de pareilles choses.

C'est de cette année 1302 qui voyait Charles de Valois et les Noirs maîtres de Florence, que date l'exil de l'homme destiné à flageller si impitoyablement une patrie injuste et ingrate. Dans un intérêt mal entendu, Dante en était venu à souhaiter l'Empereur maître du monde et de l'Italie. Il maintenait dans son système la suprématie spirituelle du Pape et faisait de l'Empereur l'ouaille du Pape, et de la Papauté la vassale de l'Empire, théorie inapplicable et toute scolastique qu'il expose et qu'il développe dans son livre de la Monarchie.

Les années 1328 et 1329 furent des plus désastreuses pour Florence. Les mauvaises récoltes, la disette, les banqueroutes, jointes au fléau des invasions et aux difficultés intérieures de tout ordre, la mettaient dans la situation la plus critique. De 1340 à 1346, elle fut en proie aux mêmes calamités. Gênes et Pise ayant accaparé les blés, la Seigneurie dut acheter au poids de l'or les grains nécessaires à la subsistance de la ville.

Dans l'année 1347, Florence eut à pourvoir aux besoins de plus de cent mille personnes, mais l'insuffisance et la mauvaise qualité du pain augmentèrent la mortalité dans une telle proportion qu'on en vint à ne plus sonner les cloches et à ne plus annoncer les décès. Pour comble de maux, la peste se mit de la partie et les corps épuisés par la famine n'étaient que trop prédisposés à la contagion. Du reste, au printemps de 1348, l'épidémie gagna toute l'Europe, et quelques cités alpestres de la Suisse, du Milanais ou du Tyrol échappèrent seules au fléau.

Les malades, à peine atteints, étaient couverts de bubons charbonneux accompagnés d'hémorragies, et bientôt personne ne voulut plus les soigner. Au premier symptôme du mal, la maison était abandonnée et il ne restait au malade d'autre ressource que de mourir dans l'isolement, bien heureux encore si, avant de le quitter, on laissait à sa portée de quoi calmer la soif qui le dévorait ou, en cas de mieux, de quoi ne pas mourir de faim. Quand la mort survenait, ce n'était parfois qu'au bout de plusieurs jours que l'on s'en apercevait et que l'on venait enlever un cadavre souvent en pleine décomposition, ce qui ne contribuait pas médiocrement à entretenir l'épidémie. Des fortunes colossales furent acquises alors; les drapiers qui avaient en magasin des stocks de drap noir, s'enrichirent subitement; tout ce qui touchait à la mort se payait au poids de l'or.

Aux cimetières, on creusait de grandes fosses où les cadavres étaient couchés par centaines et où, selon l'expression tragico-macabre de Villani, «on jetait sur chaque rangée de corps une légère pelletée de terre, comme on saupoudre de fromage les vermicelles».

Dans les campagnes, la peste était encore plus redoutable que dans les villes. Boccace, dans un récit plein d'horreur, montre les paysans mourant dans leurs maisons ouvertes ou sur les chemins, et leurs cadavres empestant l'air, car personne ne se souciait de les ensevelir, tandis que le bétail, errant sans berger, rentrait de lui-même aux étables, ou bien gagnait la contagion en rôdant autour du maître mort. A la longue, on reconnut que le plus sage était encore d'éviter les exagérations, et les moribonds purent retrouver quelques soins.

Même en 1352, la peste n'avait pas disparu complètement de l'Europe, et dix ans plus tard, on ne s'était pas encore remis des perturbations sociales qui en étaient résultées. La fortune publique se trouvait entièrement déplacée; on voyait dans l'opulence médecins, apothicaires, garde-malades, marchands d'herbes médicinales, de volailles et de pâtisseries, tandis que beaucoup d'anciennes familles, ruinées par la cherté des denrées, se trouvaient presque dans la misère. Ce qu'il y eut de plus singulier au milieu de ces calamités publiques, ce fut la poursuite effrénée des plaisirs, ce fut la folle gaieté à laquelle on se livrait pour échapper, semblait-il, au spectre menaçant de la mort. Au moment où la peste noire faisait à Florence ses plus effroyables ravages, les citoyens tremblants, désespérés, cherchaient à s'étourdir dans de folles orgies, et Boccace, après en avoir tracé le lugubre tableau, commence les charmants récits de son Décaméron. C'est un étrange contraste, quand on est encore sous l'impression de la terreur laissée par le début, de voir ces jeunes cavaliers et ces jeunes femmes, assis sur de verts gazons, se livrer à de joyeux devis, sans jeter en arrière aucun regard de compassion vers la ville qu'ils ont fuie et dont on entend les gémissements dans le lointain. Le présent est tout pour eux, et, dans la jouissance du moment, ils veulent oublier que, le lendemain peut-être, ils seront atteints â leur tour.

Parmi tant d'épreuves, les dispositions des partis, les sentiments de la bourgeoisie et du peuple avaient bien changé. Deux classes se partageaient alors la République: «le peuple gras», où se recrutait l'aristocratie nouvelle sortie des banques et des comptoirs, et le «menu peuple», composé des artisans, des ouvriers, des manœuvres de toute espèce, et animé contre le «popolo grasso» de toute la haine de gens lésés dans leurs intérêts. Bientôt la question des salaires vint encore compliquer la situation, et, soutenu par le parti guelfe mécontent de voir la prépondérance croissante du parti de la banque, le menu peuple, «les Ciompi», se révolta et, resté un instant maître de la ville, se livra aux pires excès. Cette révolution de 1378 profita aux seuls chefs guelfes; mais leur tyrannie s'exerça si odieuse, que bientôt ils furent renversés par une contre-révolution des «Ciompi» guidée par Thomas Strozzi, Benedetto Alberti et enfin Salvestro Médicis. Les chefs guelfes furent forcés de quitter la ville où leurs propriétés furent saccagées et pillées, et où leurs vies mêmes ne furent sauvées que grâce à l'intervention de Salvestro Médicis, alors podestat et idole du peuple.

La famille des Médicis, qui apparaît alors pour la première fois dans un rôle prépondérant, était originaire de Mugello. Déjà à cette époque de 1378, elle était riche, industrieuse, puissante, et avait donné des magistrats habiles et populaires à la République. Villani cite les Médicis en 1304 parmi les chefs du parti des Noirs, et plus tard l'un d'eux marqua par son opposition au duc d'Athènes, sur l'ordre duquel il fut décapité.

Une nouvelle révolte des «Ciompi» en 1382 mit le Gonfalonat entre les mains d'un des leurs, Michel Lando, homme d'une valeur et d'une intégrité exceptionnelles; mais bientôt le parti aristocratique ressaisit l'autorité, et l'ère des soulèvements populaires, des revendications des plus faibles contre les plus forts, fut close sans retour. Avec toutes les chances de succès, les «Ciompi» échouèrent pour n'avoir pas su à propos se contenter de bénéfices relatifs et indirects.

Ils payèrent chèrement cette faute, car les arts majeurs, exaspérés par la crainte qu'ils avaient eue, devinrent leurs pires ennemis. L'aristocratie marchande, jalouse de son autorité, ne devait plus quitter le pouvoir, mais, coterie exclusive, furieuse d'avoir failli perdre ses privilèges, alors même qu'elle les avait recouvrés, elle rompit avec tout ce qui était démocratique et resta un corps absolument fermé. C'est ainsi que les humbles et les petits arrivèrent à considérer comme heureux le sort des villes où des tyrans faisaient peser le joug moins lourdement sur les pauvres que sur les riches, et le peuple ne vit plus dans ces despotes que des instruments pour l'exécution de ses vengeances et de ses haines. Les Médicis arrivaient à point nommé pour remplir un tel rôle. L'astuce de ces banquiers enrichis tissa longuement et patiemment sa trame, mais ils eurent l'art de tenir soigneusement cachés leurs perfides et ambitieux desseins; ils ne leur donnèrent corps que lorsque la faveur populaire leur eut tout permis. D'une habileté plus qu'excessive, ils spéculèrent sur le mérite très surfait du médiocre Salvestro et firent de la popularité exagérée de cet ancêtre le marche-pied de leur élévation. A partir de ce moment, les glorieuses pages de l'histoire sont terminées pour Florence, car à travers de brillants épisodes se poursuivront les progrès du mal auquel succombera ce qui l'avait faite si noble et si grande, la Liberté et la République.

Ce ne sera pas sans révoltes que cette population fière, indocile, ivre de liberté, verra une famille de marchands enrichis confisquer une à une ses libertés publiques; elle se défendra énergiquement et cherchera par tous les moyens possibles à faire rentrer dans le rang ces ambitieux auxquels il ne faudra rien moins que l'intervention armée de Charles-Quint pour imposer leur domination.

A coté de Salvestro se place encore à la tête du parti populaire Jean de Médicis, son cousin, qui tenait comme lui un rang considérable. Comme ses devanciers, modéré en apparence, mais ambitieux au fond, Jean pratiqua avec succès la politique expectante de sa famille, tandis que, grâce à son immense fortune, à son inépuisable munificence, et aux prêts considérables qu'il consentait aux princes et aux souverains, son crédit et sa renommée s'étendaient au loin. Attentif à éviter les querelles des partis, il n'allait au Palais que lorsqu'il y était appelé, et par sa prudence il détourna avec un rare bonheur tous les soupçons. Il sembla accepter par désintéressement les charges publiques, et lorsqu'il les remplit, il se posa comme protecteur du peuple, en attendant de devenir son chef. Loin d'abuser de la situation, il persévéra dans la voie circonspecte qu'il s'était tracée et se contenta de s'opposer à de nouveaux empiétements de l'oligarchie. Jean de Médicis mit le sceau à sa popularité par sa conduite désintéressée à la suite de la guerre avec Philippe Marie, en 1428. Après avoir tout fait pour détourner Florence de cette entreprise hasardeuse, il sut, en présence des malheurs publics, oublier ses opinions et, mettant tout en œuvre pour venir au secours de la République, y consacrer même une partie de sa fortune personnelle. Il sut également résister aux ouvertures qui lui furent faites pour réformer la constitution au profit des classes supérieures et s'opposer à l'emploi de la force pour opprimer le peuple. Il disait qu'en ce qui le concernait, son désir n'était pas de ranimer les factions, mais bien plutôt de les éteindre; aussi ne voulut-il pas non plus tirer parti de ces ouvertures pour s'en faire une arme contre ses adversaires politiques, bien qu'il y fût poussé par les clients de sa maison et par son fils Cosme qui le blâmaient de compromettre à force de modération l'avenir de son parti et la grandeur de sa race.

Fidèle à sa tactique de libéralisme, Jean de Médicis proposa une nouvelle loi destinée à répartir plus également les contributions, en les réglant d'après la quotité des biens possédés par chacun. Cette loi fameuse, appelée «de Castato», était une véritable révolution économique et sociale, car elle rétablissait des taxes équitables et supprimait les privilèges. Aussi excita-t-elle autant d'enthousiasme chez ceux qu'elle exonérait que de colère et de haine chez ceux qu'elle frappait, et comme de raison, l'auteur en fut salué par la reconnaissance du peuple comme le plus zélé défenseur de ses droits et de ses libertés. Jean de Médicis mourut en 1429, laissant à ses fils les plus sages conseils et emportant dans la tombe la reconnaissance d'un peuple dont il n'avait cessé d'être le bienfaiteur. Les regrets que causait sa mort étaient encore aggravés par une situation des plus difficiles.

Cette première moitié du XVe siècle donne lieu en effet à des réflexions peu consolantes. C'est au milieu de mesquineries de toutes sortes, de complications aussi bien intérieures qu'extérieures que se prépare dans ses origines troublées et impures le règne néfaste des Médicis où doit sombrer tout ce qui fit la Toscane glorieuse pendant des siècles.

Après la mort de Jean, l'oligarchie et les Albizzi reprirent le pouvoir et conduisirent les affaires publiques, tandis que Cosme, héritier de la popularité paternelle, se posa dès l'abord comme leur adversaire acharné.

Cosme de Médicis avait un peu plus de quarante ans lorsque le cours des événements lui donna le rôle prépondérant qu'il ambitionnait.

Grave, prudent, astucieux, il n'était, disent les chroniques du temps, «qu'un renard rusé et trompeur»; libéral et humain par calcul, il recherchait la faveur du peuple sans l'aimer et sans avoir les qualités extérieures nécessaires pour le séduire. Laid de sa personne, d'un extérieur mesquin, il ne savait que merveilleusement parler et disserter au milieu des savants, mais il était complètement dépourvu des dons propres à entraîner et à convaincre.

Son esprit s'était formé par l'étude et aussi par de lointains voyages entrepris pour la banque des Médicis. Depuis son retour, il affectait de se tenir éloigné des charges publiques, mais il fréquentait des hommes de toutes conditions, dans le dessein manifeste de se faire des partisans.

Le mot d'ordre donné par Cosme était de répéter que tout allait mal, de semer le découragement dans les masses et de les amener peu à peu au dégoût du régime oligarchique; mais son plus puissant levier était l'immense fortune qui lui permettait d'acheter une popularité que son père avait eu moins de peine à acquérir.

Contre Cosme et sa faction se dressaient les trois plus anciennes familles de Florence, qui n'entendaient nullement se soumettre à ces parvenus: c'étaient les Pazzi, les Pitti et les Acciajuoli. Las de rencontrer partout sur leur route, en affaires et en politique, un rival de plus en plus redoutable, ils lui faisaient une violente opposition. Ligués pour sa perte, ils achetèrent en 1432 le nouveau gonfalonier, homme vénal, et l'amenèrent à se saisir de Cosme et à le jeter en prison, sous prétexte de conspiration contre le régime établi, de dilapidation et d'usure. C'était une accusation plus qu'injustifiée, car Cosme était de ceux qui donnent, et non de ceux qui prennent. Quoi qu'il en soit, cette détention fut de courte durée, et Cosme, banni pour un an, prit le chemin de Padoue où il fut exilé après avoir acheté au poids de l'or cette liberté relative. A Padoue, il devint le chef de tout ce que Florence comptait de mécontents; aussi, quand en 1434 les élections mirent le pouvoir aux mains de ses partisans, l'oligarchie fut-elle tout de suite définitivement désarmée.

Profond politique, loin de rentrer aussitôt à Florence, il laissa peser sur ses amis tout l'odieux des représailles. Si la clémence fut appliquée aux classes inférieures dans une large mesure, les dernières rigueurs furent, sans scrupule et sans miséricorde, exercées contre l'aristocratie vaincue. Il suffisait d'avoir mal parlé du gouvernement pour être spolié de ses biens et enfermé «aux stinche», d'où l'on avait grande chance de ne jamais sortir. Tel qu'Octave, Cosme non seulement laissa faire, mais encore mit à son retour les conditions les plus dures, qu'il fit imposer par d'autres que par lui. Enfin, le plus fort de la besogne étant fait, il rentra à Florence, la veille du jour où on l'attendait, se dérobant au triomphe qu'on lui préparait. Ce ne fut que plus tard que ses panégyristes, en le proclamant «Père de la Patrie, Bienfaiteur du peuple», eurent l'idée de le représenter rentrant dans la ville triomphalement porté sur les épaules de ses concitoyens.

Cosme, maître du pouvoir, continua à proscrire sans pitié tous ceux contre lesquels il nourrissait quelque ressentiment; mais estimant avec une justesse de vue rare qu'il ne régnait que grâce à l'opinion et à la guerre constante faite par sa famille à l'oligarchie, il s'appuya sur le menu peuple, et l'assouvissement de ses vengeance personnelles passa pour une satisfaction accordée à la haine générale. Grâce au point d'appui qu'il prit constamment sur la démocratie, il arriva à transformer son pouvoir d'influence en pouvoir d'autocratie, œuvre de patience hypocrite et lente, à laquelle son caractère était singulièrement porté. Telle était son astuce qu'alors qu'il était le maître de Florence, aucun acte public, aucune pièce ne furent revêtus de sa signature; mais son pouvoir occulte n'en était que plus redoutable.

A ce moment, les traits communs entre Cosme et Octave s'accentuent encore. Cosme en effet ne devint clément, comme Auguste, que lorsque, après son nivelage terrible, il n'eut plus rien à redouter. A Florence, comme autrefois à Rome, la République n'existait plus que de nom, bien que ces deux grandes ambitions eussent également affecté d'en respecter la forme; et le succès de ce travail souterrain fut tel qu'à la mort de Cosme, son fils Pierre, incapable et impotent, héritait sans difficulté de ses fonctions.

De 1453 à cet avènement, le gouvernement tourna de plus en plus à l'autocratie. Toute opposition avait disparu, décimée, fauchée, proscrite, et les Médicis n'avaient plus à lutter que contre les idées souvent trop avancées de leurs propres partisans.

Un des chefs les plus considérables de ces factions cosimesques était Lucca Pitti, qui, nommé plusieurs fois gonfalonier, était l'âme damnée de Cosme et lui était plus dévoué que tout autre. Grisé par l'apparente prépondérance que Cosme lui abandonnait volontairement, il voulut, à défaut d'autorité, éclipser les Médicis par son luxe. A cet effet, il commanda à Brunelleschi le fameux palais appelé encore de son nom et pour la construction duquel tout criminel, tout individu coupable de vol ou de meurtre, trouvait, en s'employant à la bâtisse, un asile inviolable. Quoique Pitti eût tiré un large parti du régime de l'arbitraire pour mener son édifice à bien, il dut l'abandonner inachevé, car il était devenu la ruine de sa maison.

Malgré tout son pouvoir, Cosme, arrivé au déclin de sa vie, n'était pas heureux. Après avoir réalisé une fortune extraordinaire, puissant au dedans, respecté au dehors, il souffrait d'infirmités qui le torturaient, sans lui laisser un instant de répit.

En 1450, il avait perdu son frère Lorenzo, dont la postérité était destinée à remplacer la sienne. En 1463, la mort de son cadet, Jean, anéantissait ses plus chères espérances, car son fils aîné, Pierre, était si débile qu'on n'avait jamais présumé qu'il pût lui survivre, et tout l'avenir de sa maison se trouvait reposer sur les têtes fragiles des enfants de Pierre, ses petits-fils Laurent et Julien. Quand Cosme mourut en 1464, à sa villa de Carreggi, ce fut dans un isolement complet, et on célébra par des réjouissances publiques le retour de la liberté qu'on pensait avoir reconquise. C'était se réjouir trop tôt, car Florence ne gagnait, à la mort de Cosme, que de passer sous la domination d'un fils qui lui était plus qu'inférieur. Ce ne fut que plus tard, et par comparaison, qu'elle jugea de la différence et que les Florentins, pleins de regrets rétrospectifs, décernèrent à Cosme le surnom pompeux de «Père de la Patrie», si mal justifié du reste.

Au point de vue littéraire, l'époque de Cosme fut incomparable. Les Médicis eurent la rare fortune d'arriver à point nommé pour récolter l'admirable moisson préparée sous la République par des siècles de régime libéral, dont ils eurent l'intelligence de s'approprier les fleurs et les fruits. Par des soins éclairés et intelligents, en vingt ans, la ville avait complètement changé de physionomie et doublé d'étendue; elle s'était couverte d'églises, de monastères et de monuments somptueux. Cosme commandait à Michelozzo le superbe palais où allaient habiter ses successeurs jusqu'au jour où leur élévation au rôle de grands-ducs leur ferait aménager le palais Pitti, comme plus digne d'eux; enfin, à côté de cette demeure terrestre, Cosme, préoccupé d'élever une sorte de Panthéon aux mânes de sa famille, édifiait l'Église San Lorenzo qu'il consacrait à cette destination. Véritable Mécène, il s'était entouré de savants, de poètes, de philosophes ou d'artistes, dont il était devenu l'ami plus encore que le protecteur.

Sa mort devait être le signal d'une réaction violente, à laquelle la personne même de son successeur donnait plus de prise, car Pierre, à quarante-six ans, était déjà un podagre pliant sous le poids des infirmités. Il avait l'esprit borné, il était aussi hautain qu'avare et, de plus, il avait à peine l'expérience des affaires; il fallait que la domination de Cosme eût déjà terriblement asservi les Florentins pour leur faire admettre un principe d'hérédité avec un tel individu. Pourtant, à la longue, comme l'impopularité de Pierre allait toujours croissant, ses ennemis, s'étant comptés, se trouvèrent assez nombreux pour entreprendre la lutte contre lui. Lucca Pitti, Angelo Acciajuoli, Dietsalvi Neroni, Niccolò Soderini se groupèrent à la tête des mécontents, minant le terrain sous les pas de Pierre et tâchant, au dedans comme au dehors, de lui ôter tout appui. Sa situation devint si périlleuse qu'il dut agir et se décider à risquer la partie, en faisant arrêter les principaux conjurés par une sorte de coup d'État, pour l'exécution duquel il eut recours au plus effroyable escamotage. Il fit inculper les prisonniers de complot contre l'État, de trahison envers la patrie, et se montra contre eux d'une telle rigueur, d'une si féroce cruauté que tous ceux qui échappèrent à la torture et à la mort, furent condamnés à un exil éternel (1466).

Pierre mourut en 1469, laissant un aussi piètre souvenir à ses contemporains qu'à la postérité. Ce qu'il y a encore de mieux à en dire est qu'il fut heureux pour l'avenir de sa maison, que son règne ne se prolongeât pas assez pour lui permettre de renverser l'édifice si laborieusement élevé par Cosme, et qui se serait peut-être écroulé, s'il avait dû le posséder plus longtemps. Des deux fils laissés par Pierre le Goutteux, Laurent n'avait pas vingt ans et Julien n'en atteignait pas seize; on pouvait donc se demander à juste titre si Florence serait assez dégénérée pour subir le joug de deux enfants. On ne le croyait guère et l'on s'attendait à des changements radicaux dans la forme même du gouvernement.

Ce fut une des plus grandes habiletés de Laurent de laisser croire qu'il résignait le pouvoir, pendant qu'il s'arrangeait avec les partisans de sa maison pour prendre possession des rênes de l'État, tout en semblant y renoncer.

Laurent n'était pas fait pour plaire: trop large d'épaules et laid de visage, il avait une bouche démesurée, surmontée d'un nez trop étroit et de gros yeux de myope. L'odorat lui manquait, sa voix était rauque, tandis que la somptuosité de ses vêtements et l'exubérance de ses gestes faisaient encore ressortir son air commun. Au moral, si son intelligence était très vive, son caractère versatile le rendait incapable de toute persévérance; il n'aimait en réalité que les arts, la littérature ou la poésie, pour lesquelles il avait une véritable aptitude et où il faisait montre d'une érudition développée. Il les aimait même d'un amour si profond qu'il ne souhaitait rien tant que la paix intérieure et extérieure pour que rien ne le privât du plaisir de s'y livrer tout entier.

Des entreprises odieuses contre Prato et Volterra le rendirent si populaire, qu'on accepta même ses démêlés avec le pape Sixte IV, dont il voulait obtenir le chapeau de cardinal pour son frère Julien. Il avait jugé que l'état ecclésiastique était le meilleur moyen de se débarrasser d'un compétiteur inquiétant, mais comme il n'avait pas su flatter à propos le népotisme du Pape, non seulement il ne put rien en obtenir, mais encore il s'en fit un ennemi dangereux autour duquel pouvaient se rallier tous les mécontents. Les premiers d'entre eux étaient les Pazzi, rivaux séculaires des Médicis, auxquels vinrent s'ajouter successivement le roi de Naples et des prêtres de Volterra exaspérés par le sac infâme de leur ville. La mort de Laurent fut décidée, mais comment et à quel moment s'exécuterait le meurtre? Frapperait-on les deux frères ensemble ou séparément? A qui des conjurés incomberait ce soin? Autant de questions pour lesquelles chacun préconisait sa solution. Enfin, après maintes hésitations, on résolut de se débarrasser d'eux ensemble et l'on arrêta qu'on les frapperait au Dôme, le jour de l'investiture du nouveau cardinal, nommé par le Pape à la place de Julien, cérémonie à laquelle ils devaient nécessairement assister l'un et l'autre. Ainsi qu'il avait été convenu, au moment de l'élévation, les conjurés se précipitèrent sur les Médicis et Julien, mortellement frappé, fut achevé avec férocité par François Pazzi et Baroncelli.

A cette vue, les deux prêtres de Volterra chargés d'en finir avec Laurent, eurent un instant d'hésitation qui lui permit, entraîné par ses amis les Cavalcanti, de se jeter dans le chœur et de gagner la sacristie, dont les portes de bronze, chef-d'œuvre de Luca della Robbia, refermées à point nommé, le mirent hors de toute atteinte.

Dans ces circonstances, Laurent se montra fort piètre, et après l'échec de la conjuration, ses amis eurent toutes les peines du monde à lui persuader de quitter son asile pour rentrer dans son palais; mais la populace, toujours portée à se prononcer en faveur du succès, l'ayant acclamé, il dut se montrer, le cou enveloppé de linges couvrant une légère blessure.

Il n'entrait pas dans les principes des Médicis d'user de clémence envers les vaincus; aussi la férocité des représailles fut effroyable et frappa dans les familles jusqu'aux membres qui non seulement n'avaient pris aucune part au complot, mais avaient encore ignoré son existence. Il n'y a pas dans l'histoire d'exemple d'un pareil acharnement; deux années ne suffirent pas à assouvir les vengeances, et au bout de ce temps, on refusait encore la sépulture aux victimes. Comme de raison, Julien eut de somptueuses obsèques, et son frère, ayant appris qu'une femme restait enceinte de lui, recueillit et éleva l'enfant qui fut plus tard le pape Clément VII.

Parvenu au comble de sa fortune, Laurent se voyait, grâce à la tentative des Pazzi, couronné de l'auréole du martyre et du même coup délivré d'un frère qu'il aurait fait disparaître, si ce frère avait jamais prétendu au partage du pouvoir. Il exploita les circonstances avec astuce pour obtenir des prérogatives presque royales, et la conjuration lui fournit un admirable prétexte pour se défaire de quiconque le gênait.

Les trois années suivantes virent croître sans arrêt la fortune de Laurent; en 1480, il faisait sa paix avec le Pape, et Florence, réconciliée avec l'Église, le portait aux nues; il obtenait ensuite de faciles avantages sur des voisins peu redoutables, et, comme dit Machiavel, «des paix lui faisaient gagner ce que lui faisaient perdre les guerres». Enfin, en 1488, il devenait l'arbitre et le protecteur de l'Italie, tandis que, pour cimenter encore mieux sa paix avec Innocent VIII, sa fille Madeleine épousait le bâtard du pape, François Cybo, et le Pape donnait le chapeau de cardinal à Jules de Médicis, bâtard puîné de son frère Julien.

Par un revirement singulier et fréquent dans l'histoire des Médicis, pendant que la fortune ne cessait de sourire à Laurent dans sa vie publique, sa vie privée était assombrie de chagrins domestiques; il perdait coup sur coup sa fille Louise, sa femme Clarisse, sa sœur Blanche. Pour se distraire de ces deuils, il trama l'assassinat de Riario, seigneur de Forli, dont le Pape lui avait promis la principauté, s'il venait à mourir. Il était devenu si redoutable que personne n'osa l'accuser de ce crime et que Catherine Sforza, la veuve de la victime, dut se résigner à épouser le cousin du meurtrier de son mari, Jean de Médicis. De cette union devait bientôt naître le fameux Jean des Bandes Noires, père du grand-duc Cosme Ier: ainsi, par un juste retour des choses d'ici-bas, la postérité de Catherine était destinée à remplacer celle de Laurent prématurément éteinte.

Même à cette époque où Laurent occupait une situation si prépondérante et où Florence bénéficiait d'une paix inconnue jusqu'alors, la susceptibilité d'un peuple jaloux de son indépendance était telle qu'il ne pouvait s'avancer que pas à pas et avec la plus extrême prudence, tant se maintenaient vivaces les défiances florentines sans cesse en éveil à l'égard de tout ce qui ressemblait à de l'arbitraire. Il se voyait réduit à biaiser, à n'acquérir l'autorité que peu à peu, à n'imposer que ce qu'il pouvait en faire accepter, et cela, à l'aide de précautions, de ménagements infinis, et presque à l'insu de ceux qui devaient porter le joug.

Quand on parle des trois premiers Médicis comme protecteurs des lettres et des arts, c'est un tort, semble-t-il, de les mettre sur la même ligne, alors qu'il y a lieu d'établir des distinctions capitales dans la manière dont chacun d'eux remplit ce rôle. Si leurs tendances ont le même objet, les résultats sont pourtant tout autres et le splendide essor des arts sous Cosme n'a rien qui puisse lui être comparé sous son petit-fils. L'éducation littéraire de Laurent avait été très soignée, mais la multiplicité des professeurs appelés à y contribuer amena dans son esprit de singulières disparates, et créa une étrange opposition entre un certain nombre d'opinions religieuses qu'il appelait «ses principes» et ses mœurs étrangement débauchées.

Dans le cours entier de son existence, il est impossible de citer un acte de générosité, et cela, aussi bien à l'égard de sa famille que de son pays. S'il fut le protecteur des arts et des lettres, ce fut bien plutôt pour le profit qu'il en tirait que par amour pur et désintéressé, et il savait parfaitement combien il lui était avantageux de donner cette direction aux esprits, qu'il détournait ainsi du souci plus grave des affaires publiques. Rien de curieux comme cette vie en partie double, où, après avoir sévi, assassiné, confisqué, il entrait à l'Académie platonicienne et dissertait sur l'immortalité de l'âme, avant de se mêler à la jeunesse dissolue ou de composer des chansons érotiques au milieu des orgies. Il faut, malgré tout, rendre à Laurent la justice que son esprit ouvert et curieux le porta vraiment à s'entourer de toutes les illustrations de son époque. Passionné pour le Dante, pour Pétrarque et pour Boccace, il l'était principalement pour tout ce qui touchait à la Grèce où Platon était son dieu. Il fit les efforts les plus louables pour répandre la science, et il acheta partout au poids de l'or les manuscrits les plus rares, ceux mêmes qui étaient destinés à former l'admirable bibliothèque qui porte son nom. La renommée de Laurent attira à Florence les savants de l'Europe entière; mais ceux-ci ne devaient pas éclipser les anciens clients de la «Casa Médicis», les Ange Politien, les Marsile Ficin, les Pulci et les Pic de la Mirandole, alors dans toute leur gloire.

Quant aux beaux-arts, Laurent ne sut en rien prévenir la décadence déjà sensible à son époque. En effet, quand il prit le pouvoir, en 1448, les Masaccio, les Angelico, les Brunelleschi et les Ghiberti avaient disparu, tandis que les Lippi, les Ghirlandajo et les Botticelli étaient déjà en pleine floraison. Il n'eut en vérité qu'à exploiter des talents arrivés à leur apogée et il ne sut les faire servir qu'à son apothéose ou à la glorification de sa maison. Sa théorie sur les arts était étrange, car il n'admettait pas qu'un artiste pût atteindre la perfection si sa naissance n'était pas relevée et son éducation distinguée, préjugé qui lui fit dédaigner Léonard de Vinci et refuser ses services à cause de sa naissance illégitime.

Les derniers jours de Laurent furent empoisonnés par la sourde opposition qu'il rencontrait partout et dont le chef s'était enfin trouvé dans un moine dominicain, Jérôme Savonarole.

Frère Jérôme Savonarole, né à Ferrare en 1452, manifesta dès son enfance une irrésistible vocation religieuse. Après les plus sérieuses études de philosophie et de théologie, il entra, à vingt-deux ans, chez les dominicains de Bologne, et dès 1483, on l'envoyait à Florence où ses prédications eurent un insuccès notoire dû à sa parole difficile et embarrassée; mais, sans se décourager, il se retira dans un couvent de la Lombardie où il se livra à des études d'éloquence et à la lecture approfondie de la Bible et des Écritures. Aussi, quand, au bout de sept ans de réclusion, le dominicain revint à Florence, il était persuadé de sa mission et convaincu que Dieu l'avait élu pour parler au peuple. Ses premiers essais le confirmèrent dans sa croyance. Les temps étaient bons pour s'ériger en prophète, l'Italie était pleine de factions, l'Église de scandales, Innocent VIII occupait la chaire de Pierre et ses seize enfants lui valaient le surnom de «père du peuple»; aussi les sujets ne manquaient pas à l'éloquence de Jérôme Savonarole. Il prit pour texte de ses discours: La réforme de l'Église, le châtiment de l'Italie, et il ajouta de sa voix prophétique l'annonce que tous ces événements s'accompliraient avant la mort de celui qui les prédisait.

De tels sermons eurent un retentissement énorme et tout Florence se précipita pour entendre la parole de ce moine bientôt considéré comme un saint. Esprit indépendant et vigoureux, Savonarole avait résisté au double courant païen et classique dont il voyait également les dangers, et telle était l'inflexibilité de son caractère, qu'il refusa d'aller, selon la coutume, rendre hommage à Laurent, lors de sa nomination au siège de prieur de San Marco, en 1490. Depuis l'échec de la conjuration des Pazzi, c'était la première opposition dressée devant Laurent, aussi son orgueil fut-il blessé au vif. Il fit avertir le moine d'avoir ou à modérer sa fougue ou à interrompre ses prédications, défi auquel répondit Savonarole en prophétisant la mort de Laurent, qui survint en réalité dix-huit mois plus tard.

Hanté par l'idée de cette assignation, Laurent, sur son lit de mort, fit appeler Savonarole, dans l'espoir qu'une réconciliation in extremis avec le moine pourrait le concilier à son fils Pierre. On ne sut jamais ce qui se passa dans cet entretien suprême, où l'on dit que Savonarole refusa au mourant la dernière bénédiction: «Et comme sa mort,» dit Machiavel, «devait être le signal de grandes calamités, Dieu permit qu'elle fût accompagnée de sinistres présages; la foudre tomba sur le Dôme et Roderic Borgia fut nommé pape!»

Laurent, après avoir déployé toute sa vie ce faste qui lui avait valu le surnom de «Magnifique», fut enseveli sans pompe, d'après ses dernières volontés, tant il craignait, à cause de son fils, de provoquer l'envie.

Le peuple, oublieux de ses torts, de ses défauts et de ses vices, suivit ses funérailles et pleura celui qu'avec l'exagération italienne on appelait «le père et le maître de la ville», tandis qu'asservi par trois générations de Médicis, il trouvait tout simple de reporter sur le fils de Laurent, âgé de vingt et un ans, un respect dont il ne devait jamais se montrer digne.

Laurent disparaissait de la scène du monde au moment propice pour sa renommée, alors que l'Italie, atteinte de vieillesse précoce, allait entrer en pleine décadence. Le XVIe siècle montre l'établissement des tyrans dans tous les États et la reconnaissance en leur faveur du principe d'hérédité; il montre Alphonse régnant à Naples, Borgia assis sur le trône pontifical, Ludovic le More gouvernant Milan, avant même d'avoir volé la couronne ducale, et enfin, figure digne de paraître en si illustre compagnie, Pierre II de Médicis succédant à son père.

Pour l'héritier de Cosme et de Laurent, l'heure était passée de prendre des précautions ou d'user de prudente dissimulation dans l'exercice du pouvoir: il en jouit avec toute l'âpreté de son orgueil, toute la plénitude de sa puissance. On ne se fit pas de longues illusions sur sa valeur personnelle, et il s'attira la haine si générale par sa manière de s'imposer que les conjurations se tramèrent et se nouèrent bientôt sans trêve.

Tout étroite que fût l'intelligence de Pierre, il était autrement séduisant que son père. Ange Politien avait été chargé de son éducation et, avec le goût des lettres, il lui avait donné la passion de la Grèce et de Rome. Ardent au plaisir, les affaires publiques l'intéressaient médiocrement, mais, quand par hasard il s'en occupait, c'était avec la violence qu'il tenait des Orsini par sa mère et qui le rendait aussi prompt à la colère qu'impuissant à se dominer et implacable dans l'assouvissement de ses vengeances. La famille même de Pierre eut à souffrir de ses emportements. La branche cadette, issue du frère de Cosme l'Ancien, avait jusqu'alors évité par sa prudence tout sujet de suspicion, mais, malgré cette sagesse, les deux cousins de Pierre avec lesquels il avait été élevé, Laurent et Jean de Médicis, ayant provoqué son ressentiment et son envie, furent jetés en prison et condamnés à mort par ses ordres. Il commua cette sentence inique en bannissement perpétuel du territoire florentin avec la confiscation de leurs biens, seul point essentiel pour lui, l'immense fortune de cette branche de sa famille étant une proie bonne à prendre.

Par cette conduite, il faisait des siens mêmes les chefs de l'opposition, tandis que par ses rigueurs maladroites il s'attirait les anathèmes de Savonarole et excitait la fureur du peuple indigné de voir son idole forcée de quitter Florence sur ses injonctions. C'était une inimitié terrible dressée en face de lui, et la situation extérieure compliquait encore les difficultés qui l'assaillaient de toutes parts. La politique cauteleuse de Laurent, poursuivie par son fils, l'avait fait renoncer aux traditions séculaires de la Toscane et prendre parti contre la France, en poussant le roi de Naples à refuser la paix offerte par Ludovic le More. Celui-ci appela Charles VIII à son secours, lui proposant, pour le défendre, le centre et le sud de l'Italie, à la seule condition que ses États lui fussent laissés. Pendant ces événements, loin de ménager la France, Pierre donnait libre carrière à sa verve satirique et entretenait ainsi les ressentiments du roi encore aggravés par les incitations des cousins de Pierre réfugiés à sa cour. L'effet de cette politique ne tarda pas à se faire durement sentir, car, lorsque Pierre voulut obtenir les subsides nécessaires pour entrer en campagne contre la France, l'âpre parole de Savonarole et sa haine contre les Médicis déchaînèrent une telle opposition qu'il ne put se faire ouvrir aucun crédit. Pitoyable dans cette occasion, sans prendre ni avis, ni conseil de personne, Pierre se rendit au camp de Charles VIII et, après avoir fait au roi les plus plates excuses, il prit, au nom de Florence, les engagements les plus durs, dont l'un des moindres était la remise de Pise aux mains des Français.

Pierre avait lieu d'être fort inquiet de la façon dont serait acceptée son incartade. En effet, l'émotion publique fut portée à un tel degré que tous se trouvèrent d'accord pour secouer un joug abhorré; on le somma de venir rendre ses comptes à la Seigneurie et, le jour même de la reddition de Pise, le 19 novembre 1494, il osa se rendre à cette injonction, accompagné d'une escorte si nombreuse et si arrogante que la ville entière se souleva contre lui, sans lui laisser d'autre moyen que la fuite pour mettre sa vie en sûreté.

La réaction contre les Médicis fut terrible, mais la situation extérieure n'en restait pas moins troublée et on était dans l'ignorance la plus grande sur l'entrée de Charles VIII et sur le traité de paix qu'il imposerait. En dépit de tant de sujets d'inquiétude, le bonheur d'avoir échappé aux Médicis était tel que, malgré tout, les Florentins ne pouvaient s'empêcher de manifester leur joie d'avoir reconquis la liberté. Aussi l'entrée de Charles VIII à Florence eut-elle lieu avec une pompe indescriptible. Mais, ce premier moment d'exaltation passé, les Florentins et les Français se regardèrent avec une défiance toujours croissante et Charles, accusé de connivence avec les Médicis, fut forcé d'en rabattre sur les conditions draconiennes qu'il avait primitivement imposées et de se contenter du titre de protecteur de Florence. Les Français enfin partis, le peuple s'abandonna aux transports d'un enthousiasme aussi immodéré qu'il était injustifié, car, les Médicis chassés, il n'en restait pas moins que des ruines, sans que les citoyens possédassent ni la volonté, ni les vertus nécessaires pour relever l'édifice des libertés florentines dont la main de l'absolutisme avait sapé les bases, détruit les œuvres vives et ruiné l'équilibre. Florence se vit alors dans la triste nécessité de faire un retour sur elle-même et de constater combien cinquante années de régime absolu avaient anéanti les institutions et avili les caractères. Pour faire une réforme dans le gouvernement, l'union des intérêts et des idées eût été essentielle; trois factions, au contraire, se trouvaient en présence et se disputaient le pouvoir. Il y avait le parti populaire avec Savonarole pour chef, qui comptait des hommes considérables et de la plus haute intégrité morale, comme Valori et Soderini. En face de lui se dressait la faction oligarchique qui ne voulait après tout que l'autocratie déguisée sous une autre forme; entre les deux partis extrêmes, se groupaient les neutres, «da plaine ou les tièdes», ainsi que les baptisait Savonarole. sorte de gens qui ne pensaient qu'à leurs intérêts et ne cachaient pas leur effroi des théories du Frate. Il y avait encore les partisans nombreux des Médicis, qui, trouvant leur avantage direct à se rallier au parti populaire, venaient grossir et fortifier le groupe de Savonarole. Pendant les deux années suivantes, le moine ne cessa de grandir et son influence était devenue si prépondérante que la Seigneurie le chargea d'organiser un nouveau gouvernement. Libre dès lors de donner carrière à ses idées démocratiques, il établit son système sur la base la plus large qu'ait encore eue la République florentine. Mais ce n'était pas assez pour lui d'instituer matériellement la liberté, il fallait avant tout réformer les mœurs et faire prévaloir les vertus sans lesquelles elle ne peut se maintenir; car les Médicis ayant répandu l'or à pleines mains, le goût du luxe, des plaisirs, d'une vie voluptueuse et facile s'était peu à peu développé, si bien que Savonarole sentait combien la nécessité des réformes morales était impérieuse.

Il choisit l'époque du carême pour tonner contre «des vanités du siècle» et pour lancer l'anathème contre ceux qui y sacrifiaient. Ses sermons de ce temps flagellent impitoyablement tous les vices: il reproche aux jeunes gens leurs débauches, il accuse les femmes de les encourager par leurs excès de toilette et de luxe, enfin il s'en prend à l'esprit même de la Renaissance et au paganisme des lettres et des arts. A sa voix de prophète, il semble qu'une fièvre de renoncement ait saisi Florence, où chacun se hâtait d'apporter ce qu'il avait de plus précieux et où l'on amoncelait en bûcher sur les places publiques, tableaux, statues, livres, bijoux, vêtements de brocart, auxquels Savonarole mettait le feu, entouré de la ville entière chantant les louanges du Seigneur. Au milieu de l'entraînement général, les raffinés et les délicats de la Renaissance, désespérés de voir disparaître tant de chefs-d'œuvre, résistaient seuls; c'étaient des ennemis si peu à négliger que bientôt le Frate allait être à même de ressentir les effets de leur mécontentement.

Après avoir triomphé jusqu'alors de tous ses adversaires, Savonarole allait enfin s'attaquer au colosse contre lequel il devait se briser. Alexandre VI Borgia, monté sur le trône pontifical, y avait porté les scandales de sa vie privée; aussi, sans hésiter un instant, Savonarole attaqua Rome avec sa violence accoutumée. Le pape crut répondre efficacement à ces accusations enflammées en interdisant la chaire au moine et en fulminant contre lui une bulle d'excommunication pour crime d'hérésie. Mais Savonarole déclara qu'une excommunication injuste était sans effet et continua ses invectives de plus belle, avec plus de force, de liberté et d'enthousiasme que jamais.

A cette rébellion, le pape répondit par un bref déclarant à la Seigneurie que, si les prédications de Savonarole ne cessaient pas, il lancerait cette fois une excommunication générale contre Florence et que tous les biens des Florentins situés sur le territoire pontifical seraient saisis et confisqués au profit de l'Église. La Seigneurie, qui sentait César Borgia aux portes de la ville, n'osa résister et enjoignit à Savonarole d'avoir à suspendre ses sermons. Mais, loin de se tenir pour averti, il répondit par un nouveau défi et, du haut de la chaire, parla en ces termes: «Le temps d'ouvrir la cassette approche; nous donnerons un tour de clef et tant d'infections et d'ordures sortiront de la cité de Rome que l'odeur se répandra dans toute la chrétienté, que chacun en sera empuanti.»

De telles paroles n'étaient pas faites pour calmer les esprits. Aussi la fermentation était-elle terrible; il semble qu'un vent de folie ait à ce moment soufflé sur Florence et le fanatisme inspiré par Savonarole devint tel qu'il se trouva débordé. Quand l'exaltation arrive à cet excès, elle dépasse la mesure et constitue un danger véritable pour celui qui l'a provoquée. La tempête fut déchaînée par un de ses dominicains de San Marco, Dominique Buonvicini qui, sans l'aveu du prieur, alla porter «le défi du feu» au franciscain François de Pouille, prédicateur à Santa Croce et ennemi acharné de Savonarole dont il déniait la mission. Cette épreuve consistait à traverser un bûcher enflammé où Dieu se déclarait lui-même pour celui qui en sortait indemne. La Seigneurie et Savonarole eurent un déplaisir extrême de voir qu'on se fût ainsi aventuré, mais il était trop tard pour reculer, car le peuple comptait sur un spectacle inattendu, inouï, terrible, et il n'y avait pas moyen de l'en frustrer sans exposer la ville à un soulèvement de la populace.

Le jour arrivé, les franciscains, épouvantés par la sérénité confiante de leurs adversaires, engagèrent d'interminables discussions théologiques, lorsqu'un violent orage éclata à point nommé, dispersant les partis; mais le peuple, furieux de voir son miracle lui échapper et se croyant joué, faillit mettre dominicains et franciscains en pièces. Savonarole n'échappa qu'à grand'peine à la colère de la foule, mais de ce jour son prestige était détruit; il ne fut plus qu'un moine fanatique et un faux prophète et, dès le lendemain, toute la tourbe florentine mettait le siège devant le couvent de San Marco et, les portes enfoncées, se ruait à la recherche du prieur en vociférant des cris de mort. Les dominicains se défendirent comme des forcenés, mais Savonarole, voyant l'émeute tourner à la guerre civile, pour mettre fin à la lutte, se livra lui-même à la Seigneurie, et il ne fallut pas moins que des gens armés pour l'escorter et le défendre contre une foule ameutée pour l'écharper.

Le procès de Savonarole fut une pitoyable chose! Pressés par le pape, les juges eurent beau le mettre à la torture, ils ne lui arrachèrent aucun aveu, et trouvèrent si peu matière à condamnation qu'Alexandre VI, pour en finir, dut adjoindre à la Seigneurie deux commissaires apostoliques!

Le 22 mai 1498, la sentence enfin rendue condamnait pour cause d'hérésie Savonarole à être brûlé vif en place publique, après avoir fait amende honorable. Il expira comme il avait vécu, les yeux au ciel, et si fort détaché de la terre que la douleur ne lui fit pas exhaler une plainte; déjà il était enveloppé de flammes qu'on l'entendait encore bénir le peuple et chanter l'hymne saint qu'il allait continuer dans l'éternité. A peine fut-il mort, que le souvenir de toute sa vie et le spectacle de ses derniers moments, en si complète harmonie avec elle, ouvrirent les yeux aux plus aveugles, et ceux qui avaient été les premiers instigateurs de sa mort furent les premiers à le considérer comme un martyr et un saint. Florence ne tarda pas à porter le poids de l'iniquité commise, car la mort de Savonarole la livrait aux pires incertitudes. Les quatre années suivantes, fertiles en terribles crises, intérieures et extérieures, la virent perdre Pise et tomber par deux fois aux mains de César Borgia, à l'affreuse tyrannie duquel l'intervention de Louis XII la fit seule échapper. Devant l'imminence du péril public et en l'absence de toute autorité, une réforme gouvernementale s'imposait d'urgence. On décréta, au lieu du Gonfalonat temporaire, le Gonfalonat à vie, et, en 1502, Pierre Soderini fut nommé à ce pouvoir presque souverain.

La destinée des Florentins les remettait entre les mains d'un homme d'une valeur et d'une intégrité rares; il craignait Dieu, aimait sa patrie avec passion; fort jaloux de son honneur, il était d'une grande circonspection; son impartialité devait même plus tard lui susciter bien des inimitiés.

Dans le gouvernement de Florence, Soderini fit preuve d'une discrétion, d'une sagesse, d'un tact remarquables, et cela, même dans l'enivrement des premiers jours, alors qu'une foule de courtisans pouvaient lui donner l'illusion du pouvoir absolu. D'une extrême prudence dans sa politique extérieure, il trouva à l'intérieur le moyen de libérer en peu d'années Florence de la terrible dette accumulée par ses prédécesseurs. Dès le début, il fut puissamment servi par les événements: la mort d'Alexandre VI qui délivra Florence du spectre de César Borgia, l'avènement du cardinal de la Rovère destiné à être le fameux pape Jules II, et enfin la mort de Pierre de Médicis, survenue en 1503, mettaient les Florentins au comble de leurs vœux. Ils avaient la conviction d'en avoir fini avec les Médicis et de n'avoir plus rien à craindre d'eux; malheureusement leur erreur était grande, car la mort de Pierre faisait de son frère, le cardinal Jean, le chef de la famille, chef d'autant plus dangereux qu'installé à Rome, il voyait venir les événements, sans perdre une occasion de monter l'esprit du pape contre Florence.

L'année 1509 vit, grâce à l'heureuse négociation de Machiavel envoyé par Soderini en ambassade auprès de Louis XII, Florence enfin rentrée en possession de Pise. La joie de cet événement fut immense, et ce succès si longtemps attendu ne parut pas acheté trop chèrement au prix des sacrifices qu'il avait coûtés depuis tant d'années. A la même époque, Florence obtenait aussi de Louis XII un traité d'alliance vivement désiré.

Après de si heureuses négociations, il semble que Soderini aurait eu tous les droits à la reconnaissance de ses concitoyens; malheureusement il n'en fut rien et ses ennemis se coalisèrent avec les adversaires de son gouvernement large et démocratique sur le terrain d'une haine commune contre le gonfalonier et la France. Ne redoutant plus rien de celle-ci, on força Soderini à se rapprocher de l'Empire et à traiter avec Maximilien de l'abandon des droits, très platoniques, que l'Empereur pouvait avoir sur Pise. Déjà la politique qui portera le nom de Machiavel affirme ses tendances, et cette alliance avec l'Empereur n'empêchera pas Florence de ménager assez la France pour se la conserver comme alliée et de manœuvrer de façon à pouvoir s'appuyer alternativement sur l'un et sur l'autre. Cette duplicité ne tarda pas à porter ses fruits et Soderini, empêché de prendre parti entre Louis XII et Jules II, se trouva mécontenter tout le monde par sa politique timorée et hésitante.

Jules II poussait jusqu'au fanatisme la haine des Français et des Allemands, mais il ne professait pas les mêmes sentiments à l'égard des Espagnols, dont on vit à cette époque la première immixtion directe dans les affaires de l'Italie. Mû par ces sentiments, le pape nomma alors le roi Ferdinand d'Aragon chef de la sainte ligue pour l'expulsion des «barbares» et son lieutenant Ramon de Cardoña passait à l'état de bras droit du souverain pontife.

Ce qui pour la Toscane devenait plus grave, c'était la protection accordée aux Médicis et, devant le refus formel de la Seigneurie de consentir à leur retour, la terrible colère de Jules II dont les conséquences allaient être de déchaîner sur Florence Ramon et ses hordes les traînant à leur suite. L'épouvantable sac de Prato apprit à l'Italie ce qu'elle pouvait attendre de la férocité des soldats du Roi Très-Catholique et ce qu'elle devait penser de la domination de princes qui laissaient exécuter sous leurs yeux de pareilles infamies. La terreur à Florence fut telle que, dès le lendemain du sac, la ville députait à Ramon ambassade sur ambassade, auxquelles il répondait en s'obstinant au retour des Médicis et en exigeant une rançon énorme. Le trouble et la fermentation des esprits étaient tels que Soderini comprit l'impossibilité de toute résistance avec un peuple déjà conquis par la frayeur, et, la mort dans l'âme, il renonça à défendre plus longtemps une ville qui ne voulait plus être défendue, forcé même de mettre en sûreté par la fuite sa vie en danger, unique récompense de la loyauté avec laquelle il avait servi sa patrie!

Le seul reproche qu'on puisse faire à ce patriote fut d'avoir manqué de résolution et d'énergie, tort grave pour un chef d'État; il crut à l'efficacité de la douceur et à la seule force de la loi pour gouverner les partis, et s'illusionna au point de penser que la patience pourrait triompher des difficultés extérieures.

Le matin même de son départ, tous les amis des Médicis, dépêchés au camp de Ramon, acceptaient les conditions qu'il imposait au nom de Sa Majesté Espagnole, et le jour suivant (2 septembre 1512), les Médicis faisaient leur rentrée triomphale dans la ville, au milieu d'une foule si enthousiaste et si fanatique qu'ils manquèrent d'étouffer. Les protestations de dévouement et d'affection ne se firent point attendre et, peu d'heures après leur retour, Florence était à la merci de ses anciens maîtres, si bien que ceux-ci, étonnés eux-mêmes d'une si brusque réaction, résistaient aux avances et repoussaient les propositions qui leur étaient faites pour les amener à ressaisir le pouvoir. En attendant leur bon plaisir, l'anarchie régnait et le fantôme gouvernemental s'évanouissait sous l'impopularité et le discrédit. Les Espagnols se promenaient comme en pays conquis et les horreurs commises étaient telles que la Seigneurie dut activer par tous ses efforts le paiement de la rançon exigée pour leur départ.

Quand on les eut à peu près satisfaits, le maître de Florence, le cardinal Jean, le second fils de Laurent le Magnifique, fit son entrée triomphale, entouré de ses condottieri et des troupes à sa solde. Il était accompagné de toute sa famille, c'est-à-dire de son frère Julien et de son neveu Laurent, le fils de Pierre de Médicis, auxquels s'ajoutaient les nombreux bâtards de sa maison: Jules, fils naturel de Julien, la victime des Pazzi; Hippolyte, fils naturel de son frère Julien; enfin Alexandre, qu'on disait fils naturel de Jules, et qui devait être le premier grand-duc.

Dès le lendemain, Julien de Médicis s'emparait du gonfalon et usait du pouvoir à son gré, tandis que le cardinal Jean laissait la soldatesque piller la ville. L'abaissement des caractères était tel qu'il n'y eut même pas un semblant de résistance et qu'on pensa devoir encore de la reconnaissance aux Médicis pour avoir délivré Florence de Ramon et de ses bandes; pourtant la malheureuse cité n'était pas au bout de ses peines, car bientôt elle se voyait décimée par les sanglantes représailles des Médicis, ruinée par leurs impitoyables exactions.

Avant que Jean n'eût eu le temps de prendre possession de l'État, la mort de Jules II le rappelait en toute hâte à Rome où allait s'ouvrir le conclave (1513). Le cardinal Jean n'avait pas trente-sept ans quand, sous le vocable de Léon X, il fut appelé à succéder au grand pape dont il était l'antithèse vivante, et auquel l'Italie ne tenait pas assez compte de son éclatante supériorité, à cause des désastres que, dans l'aveuglement de son patriotisme, il n'avait pas craint de déchaîner sur elle.

La différence entre ces deux hommes ne peut être mieux marquée que par les portraits qu'en a peints Raphaël. Autant l'un est courbé, voûté, dévoré par le feu de la combativité, consumé par l'ascétisme, autant l'autre avec sa tête trop grosse, son visage rougeaud, ses gros yeux à fleur de tête, donne l'impression de l'épicurien bon vivant, peu grand seigneur et si peu prêtre qu'après son élection à la papauté, il fallut l'ordonner. Médiocre politique, son incurie au moment de la querelle des Investitures fut une des principales causes de la Réforme, car pour lui Luther n'était pas, et non seulement il ne le discutait pas, mais il niait même son existence; aussi, dans cette crise terrible pour le catholicisme, montra-t-il autant d'imprévoyance que d'inconséquence. Comme protecteur des lettres, il ne valut guère mieux; il ne voyait dans les sciences et dans les arts que la contribution qu'ils pouvaient apporter à son agrément ou à ses plaisirs; fastueux et prodigue, entouré de bouffons et d'histrions, par beaucoup de points il rappelait les empereurs de la décadence. Ses faveurs n'étaient accordées qu'aux courtisans les plus vils, et il ne pouvait voir Michel-Ange dont le génie sombre et farouche lui était antipathique; Léonard de Vinci lui était également odieux, il lui déniait tout talent. En tout il préférait le joli au beau; et il était si mauvais juge des aptitudes qu'au lieu de laisser Raphaël à ses pinceaux, il le nommait architecte de Saint-Pierre. Rien n'est donc plus injustifié que d'avoir appliqué au siècle tout entier le nom de Léon X, comme rien ne motive, dans sa vie ou dans ses idées, cet excès d'honneur.

Excellent parent, il avait pour sa famille de si ambitieuses visées qu'il considérait comme très au-dessous de la dignité de son frère ou de son neveu de gouverner Florence, et quand il s'agit de régler le sort de la ville, il se contenta de lui donner comme maître le bâtard de Julien, Jules de Médicis improvisé cardinal et légat pour la circonstance. Mais, comme Jules préférait le séjour de Rome à celui de Florence, il n'y résida même pas et ce fut à Julien, âgé de vingt ans, qu'incomba toute l'autorité. Pendant ces arrangements de famille, François Ier envahissait le Milanais et récompensait par le duché de Nemours l'attachement de Julien à sa cause. Enfin, en 1516, à la mort de Julien, Laurent de Médicis, fils de Pierre II et petit-fils de Laurent le Magnifique, succédait à son oncle autant dans le gouvernement de la ville que dans les bonnes grâces du roi de France, et, fort d'un tel soutien, se hâtait, à l'encontre de toute justice, d'occuper, sans coup férir, le duché d'Urbin. Par reconnaissance de l'appui que son puissant allié lui avait prêté dans ces circonstances, Laurent ne voulut aller chercher femme qu'en France, mais il n'en ramena Madeleine de la Tour d'Auvergne que pour lui communiquer le mal par lequel elle fut enlevée, après avoir donné le jour à Catherine de Médicis.

Un mois après, Laurent était emporté de la même manière et le cardinal Jules, forcé par les événements, prenait en mains les rênes du gouvernement (1519).

Florence subissait depuis deux ans le joug de Jules de Médicis lorsque le conclave fut ouvert par la mort de Léon X. Malgré tous les efforts du cardinal, ce fut l'ancien précepteur de Charles-Quint, l'adversaire acharné des Médicis, qui fut exalté à sa place sous le nom d'Adrien VI; mais la mort du pontife, survenue en 1523, ayant ouvert de nouveau la succession au trône pontifical, Jules de Médicis acheta le conclave et fut élu pape sous le nom de Clément VII, vocable choisi, disent ses contemporains, «comme symbole de clémence et d'oubli», vertus qu'il inaugura, un mois après son élévation, par l'empoisonnement des quatre cardinaux envers lesquels il avait pris le plus d'engagements. Si Florence avait eu par le départ du cardinal Jules quelque espoir d'échapper à son dur servage, elle vit bientôt combien elle avait eu tort d'espérer et combien elle avait au contraire lieu de tout craindre d'un tel maître. En effet, Clément VII ne trouva rien de mieux, pour la gouverner, que de lui imposer deux bâtards chers à son cœur, Hippolyte et Alexandre. Le premier passait pour le fils de Julien, duc de Nemours, tandis que le second, fils d'une esclave mulâtresse, était attribué ou à Laurent duc d'Urbin, ou à un muletier, ou à Clément VII lui-même, en faveur duquel étaient encore les présomptions, fondées sur l'affection profonde portée par le Pape à Alexandre. Hippolyte, alors âgé de quatorze ans (1524), envoyé à Florence le premier, gouverna la ville plus d'un an avant que l'arrivée d'Alexandre, en *le forçant* à partager le pouvoir, suscitât entre eux une terrible inimitié, encore accrue, chez Alexandre, par sa haine de la popularité et de la beauté physique de son cousin, tandis que la violence de sa nature et le type presque nègre de sa figure faisaient de lui-même un objet d'effroi et d'horreur.

Rien de plus triste que l'histoire de Florence à partir de ce temps. Soumise à toutes les exactions pontificales, une malheureuse campagne contre Sienne amenait le connétable de Bourbon devant ses portes, sans qu'elle eût pour cela le courage de secouer le joug des bâtards, et il ne fallut rien moins que l'effroyable sac de Rome (1527) et les horreurs de la domination espagnole avec la captivité de Clément VII pour la décider enfin à secouer son esclavage par un soulèvement unanime.

Mais, les tyrans chassés, il s'agissait encore de gouverner à leur place, et le fonctionnement d'un gouvernement était d'autant plus difficile que le peuple, gorgé de plaisirs matériels et de grossières délices, avait perdu le goût de la liberté, et que les citoyens eux-mêmes n'avaient plus ni la notion de l'indépendance ni le sens de l'autorité. Aussi le gouvernement, péniblement organisé, fonctionna-t-il péniblement au milieu de cruelles incertitudes, et la Seigneurie dut se débattre dans de terribles crises intérieures et extérieures qu'elle était impuissante à résoudre.

La politique cauteleuse et machiavélique suivie à cette époque par Florence devait lui être néfaste. Elle flottait indécise, sans s'arrêter à un parti, entre l'alliance de la France et la protection espagnole, et le seul résultat de ses tergiversations fut de l'isoler complètement et de la livrer sans défense aux ressentiments de Clément VII. Le pape avait tellement à cœur de châtier une ville qui, par une audace sans seconde, s'était soustraite à son autorité, qu'oublieux de ses humiliations, de ses rancunes, il se réconcilia avec l'Espagne, à condition que Charles-Quint l'aidât à reconquérir la Toscane. L'Empereur, trop heureux de faire à si bon compte sa paix avec l'Église, envahit et dévasta le pays et le soumit au plus effroyable régime discrétionnaire.

Tant d'horreurs réveillèrent l'âme florentine et le grand souffle du passé l'anima de nouveau. Charles-Quint ayant investi la ville, elle se retrouva héroïque et, pendant une année entière, lutta, sublime, contre la famine, la mort et les horreurs d'un pareil siège, tenant tête aux armées réunies de Charles-Quint et du pape. Il fallut, pour venir à bout d'elle, que l'infâme trahison de son capitaine général, Malatesta, acheté par Clément VII, la livrât à ses ennemis. La noble attitude des assiégés, en commandant l'estime et l'admiration à leurs adversaires mêmes, leur obtint des conditions moins dures, relativement! car les clauses du traité étaient la mort politique de Florence. Charles-Quint se réservait le droit de la faire gouverner à sa guise, tandis qu'elle était ruinée par une rançon exorbitante et que l'Empereur exigeait le rapatriement des exilés. Bientôt les portes s'ouvraient pour Alexandre de Médicis qu'un rescrit impérial nommait grand-duc de Toscane, le 1er mai 1532. C'était la fin de la République, la fin de ce vaillant petit peuple dont le génie politique et artistique a pénétré le monde.

Le jeune duc Alexandre était de la race redoutable de ces despotes que rien n'arrête. Il abusa sans vergogne de l'autorité et soumit la malheureuse Florence au joug le plus impitoyable. Tandis que ses goûts de débauche l'entraînaient à tous les désordres et à toutes les abominations, l'impunité lui était assurée et sa situation était encore affermie par son mariage avec la fille naturelle de Charles-Quint, Marguerite d'Autriche, la future duchesse de Parme, régente des Pays-Bas. L'appui d'un tel beau-père lui permettait d'étouffer toute tentative de révolte; du reste, si le fantôme de la liberté avait encore pu hanter les esprits, Charles-Quint se serait chargé d'y mettre bon ordre: «considérant les affaires de son gendre comme les siennes». Et, fort de cette assistance, Alexandre n'hésita même pas à tenir tête au pape Paul IV, l'adversaire acharné des Médicis. Le meurtre vint heureusement délivrer Florence de ce monstre. Tous les complots noués contre Alexandre avaient échoué et avaient été noyés dans le sang. Une seule tentative réussit parce qu'elle fut conçue et exécutée par un seul, ce fut celle de Lorenzo de Médicis.

Lorenzo était le chef de la branche cadette descendue de Laurent, le frère de Cosme, et subdivisée elle-même, plus tard, en deux rameaux. De quinze ans plus jeune qu'Alexandre, il avait été élevé à Florence sous la tutelle de sa mère, puis sous celle de Philippe Strozzi. Malgré leurs soins, son caractère étrange ne tarda pas à se développer, singulier mélange de raillerie, d'inquiétude, de désir, de doute, d'impiété, d'humilité et de hauteur, sorte de créature hermaphrodite comme peut en produire la nature aux époques de dissolution. De temps en temps jaillissait de ces éléments hétérogènes un vœu ardent de gloire, de vertu ou d'immortalité, d'autant plus imprévu dans ce corps efféminé qu'en le voyant si mou et si humble, on ne l'appelait plus même Lorenzo, mais, par mépris, Lorenzaccio.

Voilà ce qu'était l'homme qui s'était mis à courtiser le duc Alexandre avec tant d'adresse et une si feinte humilité que non seulement il était devenu son unique ami, mais encore son serviteur complaisant et indispensable pour les besognes les plus honteuses. Le duc avait en lui une confiance absolue, et la preuve la plus certaine qu'il pût lui en donner était de le prendre pour entremetteur dans toutes ses fantaisies amoureuses; aussi Lorenzaccio était encore plus détesté à Florence que le duc lui-même.

Telle était la situation, quand le duc Alexandre s'amouracha d'une femme de vertu inattaquable et de haut rang, cousine de Lorenzaccio, et le chargea de s'entremettre auprès d'elle. Loin d'instruire sa parente, qu'il estimait fort, des desseins du duc, Lorenzaccio vit dans ces circonstances un moyen assuré de se défaire d'Alexandre qu'il haïssait férocement. Après avoir longuement attisé la passion du duc et avoir exalté les résistances qu'il prétendait rencontrer, Lorenzo, sous le prétexte d'un rendez-vous enfin consenti, attirait chez lui le duc seul, sans escorte, et l'assassinait le 6 janvier 1537, aidé d'un sbire entièrement à sa dévotion. Lorenzo ne profita point de son crime; pris de terreur, il alla d'une traite jusqu'à Venise, ne songeant qu'à se mettre hors de portée et abandonnant le pouvoir auquel il avait droit. A Florence, en l'absence du meurtrier passé pourtant à l'état de héros sauveur, le conseil, composé d'âmes damnées des Médicis, nomma à l'unanimité comme chef de l'État le jeune Cosme de Médicis, âgé de dix-huit ans, fils de ce Jean des Bandes Noires, créateur de la célèbre infanterie de ce nom si populaire à Florence (1537).

Cosme, à ce moment, offrait toutes les garanties à ceux qui l'élevaient au pouvoir; sa jeunesse, son inexpérience leur semblaient des gages auxquels ses goûts paraissaient en ajouter d'autres. Il avait toujours vécu à la campagne, occupé uniquement à la chasse et à la pêche; on le croyait facile à conduire et à gouverner; aussi la surprise fut-elle extrême quand il montra une ambition effrénée et une volonté de fer pour n'en agir qu'à sa tête. Ayant obtenu de Charles-Quint la reconnaissance de ses droits, Cosme prit possession du pouvoir, mais ce ne fut qu'en 1569 qu'il prit officiellement pour lui et pour sa descendance le titre de grand-duc et de prince souverain. Il ne rencontra aucune opposition à ses ambitieuses visées, tant il avait su se défaire de ses ennemis par l'exil ou la mort, et, comme rien ne l'arrêtait, il faisait assassiner les derniers Lorenzaccio et Soderini à Venise où ils s'étaient réfugiés.

Sa domination bien établie, Cosme écarta des affaires avec une rare habileté tous ceux dont un conseil aurait pu le gêner et, sans scrupule, se débarrassa de toute entrave, sans qu'il put jamais être accusé positivement d'y avoir trempé les mains. Personne ne sut user comme lui de la confiscation; il avait une police inquisitoriale et, par des lois féroces, il interdisait jusqu'à la liberté de penser.

Il entrait dans la politique de Cosme, puisqu'il écartait systématiquement les citoyens des affaires publiques, de donner un but et une occupation à leurs esprits en développant toutes leurs tendances vers la vie facile et somptueuse, vers le luxe démoralisateur, tandis que, par des conquêtes faciles et sans gloire, il abaissait le niveau des idées de justice. Mais, s'il pouvait annexer Sienne, il ne pouvait régénérer l'art, et la décadence atteignait le pays jusque dans ses manifestations intellectuelles et artistiques.

Sous le joug dédaigneusement protecteur de Cosme, les lettres purent fleurir, les arts multiplier leurs productions, tout ne se ressentit pas moins de ce milieu et porta le caractère d'une époque d'absolutisme, incapable de rien de grand. Pour que le génie puisse se développer, il faut que la liberté de conception et d'exécution soit respectée, il faut que le despotisme n'intervienne pas, et que, par crainte du lendemain, l'artiste n'en soit pas réduit au rôle de courtisan.

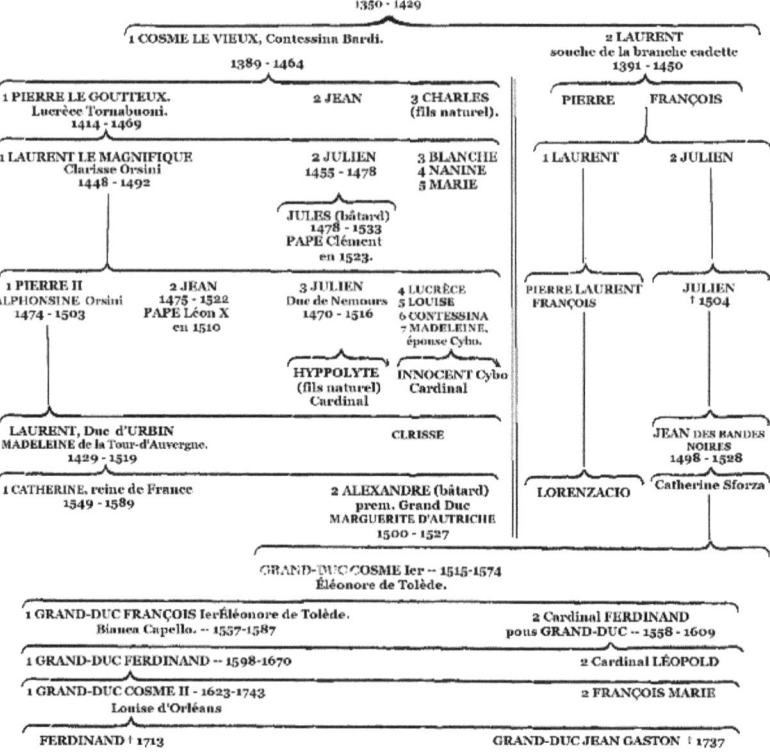

L'installation royale au palais Pitti, devenu désormais l'habitation des grands-ducs, attira une nuée de dessinateurs, de sculpteurs, de peintres chargés de ses embellissements. Les fêtes, les spectacles interrompus si longtemps par les malheurs publics, reprirent de plus belle. Cosme faisait exécuter les premiers opéras marquants dans l'histoire de la musique, il réorganisait l'université de Pise et fondait partout des académies. Plusieurs des principaux historiens du XVe siècle sont florentins et les Varchi, les Segni, les Nerli et les Pitti forment un rare assemblage d'esprits remarquables auxquels sont dus d'impartiaux et précieux documents sur l'histoire de leur pays. Sous ce régime fastueux, les étrangers affluèrent et ils furent dès lors la principale source de richesse d'une ville dont le trafic allait tous les jours diminuant.

Les Médicis avaient de tout temps habitué les Florentins aux désordres et à la licence de leur vie privée; mais, si grand qu'eût été le scandale, aucun n'était encore parvenu aux raffinements d'ignominie de Cosme et de ses successeurs. Pour Cosme, après avoir assassiné un de ses fils, fait mourir de chagrin sa femme Éléonore de Tolède, aimé d'un amour sacrilège sa fille Isabelle, il donna dans sa famille le plus affreux exemple de vices monstrueux.

A sa mort, en 1574, son fils, le grand-duc François, continua dignement les traditions paternelles. Héritier présomptif, il avait pris comme maîtresse une fille de la noble maison vénitienne des Capello, qui avait fui Venise au bras d'un amant et qui s'était réfugiée à Florence. François, éperdument épris de Bianca, voulait l'épouser; mais, comme le grand-duc avait arrangé pour son fils un mariage destiné à rehausser l'éclat de sa maison, il dut plier devant la volonté de Cosme et épousa Jeanne d'Autriche, sans pour cela cesser aucunement de vivre, comme par le passé, avec Bianca Capello.

François, devenu lui-même grand-duc et maître tout-puissant, fit construire pour elle une demeure somptueuse aux portes mêmes du palais Pitti. Un abandon si outrageux et si public frappa au cœur la malheureuse Jeanne d'Autriche qui mourut bientôt de chagrin, en faisant jurer à son mari d'abandonner cette femme néfaste et de se soustraire à son influence redoutable. Un an plus tard, François épousait sa maîtresse, et Bianca Capello devenait grande-duchesse de Toscane.

Au bout de plusieurs années passées parmi les plaisirs et les fêtes, Bianca n'ayant pas donné d'héritier au grand-duc, et obsédée par le désir fou d'exercer la régence, si François venait à mourir avant elle, eut recours à un simulacre d'accouchement et à une supposition d'enfant. Mais son beau-frère, le cardinal Ferdinand, découvrit la supercherie, et elle en conçut contre lui une haine si féroce qu'elle se résolut à l'empoisonner. Pour atteindre ses fins, elle lui servit une pâtisserie dont elle le savait friand et qu'elle lui disait avoir, par une attention délicate, confectionnée elle-même; mais cette tentative se retourna contre elle, car Ferdinand, animé des plus justes soupçons contre sa belle-sœur, déclina son offre, et le grand-duc, froissé de ce refus blessant, voulut à toute force faire honneur au gâteau, pour réparer l'affront fait à sa femme. L'empêcher d'y toucher, c'était se trahir, et comme, François mort, elle n'avait plus rien ni à espérer ni à attendre, elle prit résolument son parti et partagea avec lui ce funèbre repas.

Le lendemain, François et Bianca avaient cessé d'exister et Ferdinand, jetant sa barrette aux orties, montait sur le trône (1587).

Avec son règne commence pour la Toscane une ère de calme plat, d'insignifiance complète et de honteuse léthargie. A Ferdinand succédèrent Cosme II, son fils (1606-1621), Ferdinand II (1621-1670) et enfin Cosme III (1670-1723) dont le règne de cinquante années fut marqué par l'établissement des Jésuites en Toscane et par l'épuisement du trésor public pour subvenir aux frais de leur installation.

Cosme III avait épousé Louise d'Orléans, la fille de Monsieur et la sœur de la grande Mademoiselle, «qui lui fit voir le diable» à telle enseigne qu'il dut la laisser rentrer en France où elle resta sans jamais consentir à rejoindre son mari. Du reste, tout, pour Cosme, prend une tournure fatale. Il semble qu'un mauvais génie pèse sur cette race destinée à succomber fatalement. Poursuivi par de sinistres pressentiments, aussitôt son fils aîné en âge de se marier, Cosme l'unit à Violente de Bavière, princesse vertueuse, mais stérile, et de chagrin, Ferdinand se plongea dans de telles débauches qu'il y consuma rapidement sa vie. Le grand-duc s'empressa aussitôt de marier son second fils, Jean-Gaston, avec une princesse allemande destinée, semblait-il, à lui donner une nombreuse postérité; mais la princesse de Saxe-Lövenburg refusa toute soumission à son mari, et les interminables querelles qui attristèrent le ménage du père vinrent assaillir et troubler celui du fils. Aussi Jean-Gaston, à l'exemple de son frère, se plongea dans tous les excès, et les Toscans virent avec effroi un tel prince arriver à la toute-puissance, tant ses orgies monstrueuses étaient devenues un sujet d'horreur. Lorsque Jean-Gaston monta sur le trône, il était le dernier de sa race et il était mourant lui-même; il rappela pourtant tout ce qui lui restait de forces pour réagir contre la situation désespérée où il trouvait le pays, et son premier soin, à peine au pouvoir, fut de chasser les prévaricateurs et les vendeurs de places si chers à son père; aussi, après l'avoir méprisé et redouté, finit-on par le bénir et l'adorer.

Comme aucune humiliation ne devait être épargnée au dernier des Médicis, d'après le droit réservé par Charles-Quint et Clément VII, le roi d'Espagne Philippe V, du vivant même de Jean-Gaston, lui nomma un successeur en la personne de son fils, l'infant don Carlos. A peine ce jeune prince avait-il pu faire apprécier son heureux naturel, qu'il fut appelé à la conquête du royaume des Deux-Siciles et qu'il abandonna la Toscane sans retour. On ne consulta pas davantage Jean-Gaston pour installer, à la place de don Carlos, le prince François de Lorraine, auquel on donnait la Toscane en dédommagement de ses États réunis à la France. Lorsque le grand-duc mourut, en 1737, le pays était plongé dans un tel marasme qu'il ne chercha même pas à recouvrer son indépendance et accepta ces changements de maître et de dynastie, sans aucune velléité de résistance (1745).

En 1801, par la paix de Lunéville, le grand-duc Ferdinand de Lorraine renonça à la Toscane qui, en treize années, eut un semblant d'indépendance comme république, fut incorporée à l'empire français et devint royaume d'Étrurie, pour faire, en 1814, retour à ses anciens maîtres.

Les grands-ducs de la maison de Lorraine se succédèrent avec des fortunes diverses jusqu'en 1860, où, par un plébiscite, la Toscane se réunissait définitivement au nouveau royaume d'Italie, et retrouvait dans l'unité qui se fondait, la vie éteinte depuis des siècles.

TOPOGRAPHIE GÉNÉRALE DE FLORENCE

Florence, divisée par l'Arno en deux parties inégales, est située dans une riante et fertile vallée où descendent les dernières ramifications des Apennins, dont le cirque imposant l'entoure de toute part.

Des hauteurs environnantes les points de vue sur Florence sont innombrables et de partout se découvrent ses monuments, ses églises, ses palais et ses tours sous l'aspect séduisant et élégant qui la caractérise.

Les anciens remparts, construits de 1285 à 1388, out cédé la place aux longs boulevards des quartiers neufs, prolongés à l'ouest sur les rives de l'Arno jusqu'aux Cascines.

Les portes, ainsi que les anciens ponts de l'Arno, sont mieux conservées. Six ponts mettent en communication les deux rives du fleuve, sur lesquels deux suspendus relient, à l'extrémité sud de la ville, le viale duca di Genova à la barrière San Niccolò et, à l'extrémité nord, la place Victor-Emmanuel aux Cascines.

Ponts anciens.

1° *Ponte alle Grazie*, le plus ancien de tous, fut construit en 1237.

2° *Ponte Vecchio*, dont la fondation remonte, dit-on, à l'époque romaine. Maintes fois détruit et rebâti, il doit à Taddeo Gaddi son aspect définitif (1302). Il est bordé de boutiques occupées dès 1593 par les orfèvres; elles sont surmontées par la longue galerie qui met en communication le musée des Offices et le palais Pitti et sont interrompues dans la partie centrale du pont où la galerie n'est plus soutenue que par trois arcades ouvertes, d'où l'œil embrasse l'admirable perspective de l'Arno.

3° *Ponte Santa Trinita*, fondé en 1252 et reconstruit vers 1567 par Bartolommeo Ammanati.

4° *Ponte alla Carraja*, bâti en 1218, détruit par la fameuse inondation de 1333, fut reconstruit aussitôt en 1337 et fut finalement restauré et modifié par Ammanati en 1572.

Sur les deux rives du fleuve s'étendent les larges quais formant le *Lung'Arno*; seule, la partie de la rive gauche comprise entre le Ponte Vecchio et le Ponte Santa Trinita a conservé son caractère et ses vieilles maisons dont les fondations reposent dans le fleuve.

Les rues de Florence laissent une grande impression de sévérité imposante, due à ses anciens palais dont les constructions massives lui conservent l'aspect d'un autre âge, comme leurs noms mêmes évoquent le souvenir des familles illustres et des corporations de la République.

Sur la rive droite, les principales artères sont:

La *via Tornabuoni*, qui va du Ponte Santa Trinita au cœur de la ville.

La *via Calzajuoli*, qui, parallèle à la précédente, relie la place de la Seigneurie à celle du Dôme.

Enfin la *via Cerretani*, qui réunit la place du Dôme à Sainte-Marie Nouvelle.

RIVE DROITE (LE CENTRE)

I
DU DOME AUX OFFICES

LA PLACE DU DOME ET SES MONUMENTS.
LA VIA CALZAJUOLI ET OR SAN MICHELE.
LA PIAZZA DELLA SIGNORIA, LA LOGGIA DEI LANZI ET LE PALAIS VIEUX.

LA PLACE DU DOME forme le cœur de Florence et réunit trois des plus beaux monuments de l'art: le Baptistère, le Dôme et le Campanile. LE BAPTISTÈRE (San Giovanni Battista), ancienne cathédrale de Florence, est un petit édifice octogonal à trois étages et à coupole. Il offre un des types les plus curieux de l'architecture romane italienne, avec la modification qu'elle subit dès le XIe siècle, sous l'action de Nicolas de Pise (1274) quand elle fut ramenée par ses découvertes au sentiment de l'antique. Ce n'était pourtant ni à Nicolas, ni même à Jean qu'était réservé l'honneur de fonder à Florence l'école des Pisans, mais bien à leurs élèves ANDREA PISANO et ARNOLFO DI CAMBIO, et à ces derniers la ville allait devoir ses plus beaux monuments.

Les premiers travaux d'ARNOLFO à Florence furent le dégagement et le revêtement du Baptistère dont les abords étaient encombrés de sarcophages et d'urnes funéraires, tandis que les faces extérieures en étaient bigarrées d'incrustations et d'inscriptions juxtaposées au hasard et en désordre.

Dans cette restauration qui eut lieu en 1293, ARNOLFO fit enlever tout ce qui déparait l'extérieur du monument et lui donna de la grâce et de la légèreté en dégageant le soubassement presque enseveli dans le sol. Il appliqua ensuite sur chaque angle de l'octogone deux pilastres corinthiens soutenant une corniche couronnée d'un second étage de même ordre, coupé de trois longues fenêtres à fronton. Enfin, pour achever cette belle décoration, il disposa des plaques en marbre noir de Prato dans les parties pleines ménagées entre les grandes lignes de l'architecture, tandis que, dans le troisième étage en retrait, il répétait sur chaque face les pilastres à chapiteaux corinthiens.

Trois portes donnent accès au Baptistère. Dès 1321, les Consuls avaient résolu de faire couler en bronze des portes pour Saint-Jean-Baptiste; seulement, comme il ne se trouvait alors à Florence aucun artiste en état d'entreprendre ce travail, la Seigneurie donna mission à un orfèvre florentin d'étudier les portes de Pise et de se rendre ensuite à Venise, qui passait alors pour posséder seule des fondeurs capables d'un pareil ouvrage.

Pendant le cours de ces recherches, ANDREA PISANO avait obtenu, par l'entremise de son ami Giotto, la commande d'une des portes, et cela, malgré les lois de la ville et l'interdiction absolue de donner du travail à un étranger. Aussi son contrat spécifiait-il qu'«il ne devrait livrer qu'un modèle de porte en terre ou en cire, dont l'exécution resterait confiée aux maîtres vénitiens».

Ce fut en l'année 1330 que ceux-ci entreprirent les opérations de la fonte, et, bien qu'elles aient duré jusqu'en 1332, elles se trouvèrent définitivement si manquées, qu'il ne fut pas possible de les reprendre en sous-œuvre. Andrea eut alors commission de mener à bien une nouvelle fonte, qu'il réussit en l'espace de deux mois (1335).

La porte d'ANDREA PISANO, divisée en vingt compartiments, est consacrée aux différents traits de la vie de *saint Jean-Baptiste*. De plus, dans sa partie inférieure, elle comporte huit panneaux de moindre dimension, avec les figures des Vertus.

PORTE DU SUD DU BAPTISTÈRE D'ANDREA PISANO (1335)

JOACHIM ET L'ANGE	JOACHIM CHASSÉ DU TEMPLE	JEAN DEVANT HÉRODE	JEAN MIS EN PRISON
RENCONTRE DE JOACHIM ET DE Ste ÉLISABETH A LA PORTE DORÉE	NAISSANCE DE St JEAN	LES DISCIPLES DE JEAN DEVANT SA PRISON	LES DISCIPLES DE JEAN INTERVIENNENT AUPRÈS DE JÉSUS
JOACHIM ÉCRIT SUR DES TABLETTES LE NOM QU'IL VEUT QU'ON DONNE A SON FILS	St JEAN DANS LE DÉSERT	FESTIN D'HÉRODE. SALOMÉ DANSE AU SON DU VIOLON	DÉCOLLATION DE St JEAN
PRÉDICATION DE St JEAN	St JEAN RENCONTRE JÉSUS-CHRIST	SALOMÉ PRÉSENTE A HÉRODE LA TÊTE DE St JEAN	SALOMÉ APPORTE A HÉRODIADE LA TÊTE DE St JEAN
JEAN BAPTISE LES NÉOPHYTES	BAPTÊME DE JÉSUS-CHRIST	LE CORPS DE St JEAN EST RENDU A SES DISCIPLES	ENSEVELISSE- MENT DE St JEAN
SPES	FIDES	CHARITAS	HUMILITAS
FORTITUDO	TEMPERANTIA	JUSTITIA	PRUDENTIA

Vantail de gauche.   **Vantail de droite.**

Dans cette maîtresse œuvre, le progrès réalisé sur les Pisans est considérable. Andrea y devine les lois de la perspective, épargne les figures et modère les mouvements. Il est aussi sobre de plans et de lignes que ses maîtres en furent prodigues, et rencontre du premier coup, comme Giotto, les lignes mères de la composition, c'est-à-dire l'ordonnance la plus simple et la plus claire. Tous les motifs sont conçus avec une parfaite convenance au sujet, et sont traités avec un sentiment profond, exprimé par des gestes harmonieux et sans violence, tels que les veut la gravité sculpturale. Si le sujet traité par Pisano est calme, les plis sont rares, comme, par exemple, dans la composition des Vertus; tandis qu'au contraire, si la scène réclame du mouvement ou dénote l'agitation intérieure, les plis se pressent, toutefois sans abondance inutile, et le maître a su donner à ses figures une grâce d'attitude qui fait de son œuvre une sorte de trait d'union entre l'art antique et l'art moderne.

Il reste à observer combien, en cela encore semblable à Giotto, le maître néglige l'indication du lieu; ses groupements sont au plus sur deux rangs, si bien que ses plans, rapprochés de la conception hellénique, présentent les premières figures en haut relief et les secondes en bas-relief.

La porte finie, la République donna pour récompense à l'artiste pisan le droit de bourgeoisie, accordé rarement et seulement aux étrangers de la plus haute distinction, ou d'un mérite éclatant. Placée à l'entrée principale de l'est, c'est-à-dire en face l'autel, elle dut, en 1446, céder la place à la porte de Ghiberti et fut transportée sur la face sud, qu'elle occupe depuis. C'est lors de ce transfert que le fils de Ghiberti, VITTORIO, l'entoura de la riche guirlande de fleurs et de fruits qui en fait le délicieux encadrement.

Après la mort de Pisano, l'achèvement des portes du Baptistère resta suspendu et ce fut seulement à la suite de la fameuse peste de 1403 que la Seigneurie en décida l'exécution. A cet effet, fut ouvert un concours dont le sujet était l'histoire de Jésus-Christ et auquel prirent part les DELLA QUERCIA, les NICCOLÒ d'AREZZO, les BRUNELLESCHI et les GHIBERTI, et où la préférence devait être donnée à la composition la plus rapprochée de l'œuvre d'Andrea Pisano. Brunelleschi s'étant retiré, GHIBERTI l'emporta en dernier lieu; il avait alors vingt-cinq ans.

Dans cette porte où il était strictement limité par l'obligation de se subordonner à l'œuvre gothique, Ghiberti adopta la même division en vingt panneaux supérieurs et en huit inférieurs contenant les figures des Évangélistes et des Pères de l'Église, et encadra chaque châssis de têtes saillantes, tandis qu'il couvrait les chambranles de fleurs, de fruits ou d'oiseaux. Cependant, si les figures dépassent celles de la porte gothique comme animation et comme expression, elles n'atteignent pas à la grandeur sévère et à la sérénité calme de celles d'Andrea. Elles ont pourtant une grâce ingénue et juvénile dont s'exclut encore tout soupçon de maniérisme et l'art plastique y atteindrait la perfection, si Lorenzo avait mieux compris les conditions du bas-relief, et son incapacité à exprimer les saillies nuancées, les plans successifs ou les profondeurs feintes. Ce grave défaut de son style, déjà sensible dans cette première œuvre, devait par ses développements ultérieurs entraîner la sculpture dans une voie funeste.

PORTE DU NORD DU BAPTISTÈRE DE GHIBERT I (1403)

XVII PORTEMENT DE LA CROIX	XVIII LE CALVAIRE	XIX LA RÉSURRECTION	XX LA PENTECÔTE
XIII LE JARDIN DES OLIVIERS	XIIII LE BAISER DE JUDAS	XV FLAGELLATION	XVI PILATE SE LAVANT LES MAINS
IX TRANSFIGURA TION	X RÉSURRECTION DE LAZARE	XI ENTRÉE A JÉRUSALEM	XII LA CÈNE
V BAPTÊME DE JÉSUS-CHRIST	VI TENTATION DANS LE DÉSERT	VII JÉSUS CHASSE LES MARCHANDS DU TEMPLE	VIII LA BARQUE SUR LA MER AGITÉE
I ANNONCIATION (*adorable figure presque en ronde-bosse*)	II ADORATION DES BERGERS	III ADORATION DES MAGES	IV JÉSUS ENSEIGNANT LES DOCTEURS
St JEAN	St MATHIEU	S^t LUC	St MARC
St AUGUSTIN	St JÉRÔME	St GRÉGOIRE	St AMBROISE

(Ces 8 admirables figures, d'une très noble allure, sont assises devant des pupitres, les évangélistes debout accompagnés de leurs symboles.)

(Ces 8 admirables figures, d'une très noble allure, sont assises devant des pupitres, les évangélistes debout accompagnés de leurs symboles.)

La première porte de Ghiberti ne fut pas plutôt achevée qu'on se décida à lui confier la seconde, considérée par ses contemporains comme son chef-d'œuvre, mais où s'accuse déjà fortement le parti pris d'obtenir du bronze les effets de la peinture par une fusion impossible des deux arts.

Cette fois, entière latitude lui était laissée. Aussi s'affranchit-il résolument de toute influence et divisa-t-il son sujet en dix panneaux où il traitait les principaux épisodes de l'Ancien Testament. Mais, comme cette donnée était trop considérable, il se résolut à réunir dans chaque panneau plusieurs actions différentes n'ayant aucun rapport entre elles. Il encadra chacun de ses tableaux d'une large bordure ornée de figurines placées dans des niches alternant avec des médaillons d'où sortent des têtes en ronde bosse et il décora les chambranles de guirlandes compliquées.

Il fallut seize ans à Ghiberti pour mener à bien son œuvre, mise en place seulement en 1452, et, dans le principe, entièrement dorée, comme les autres portes.

Les trois portes de San Giovanni sont surmontées de groupes de grandeur naturelle en bronze et en marbre.

PORTE DE L'EST DU BAPTISTÈRE
DITE DU PARADIS GHIBERTI (1425-1452)

I CRÉATION DE L'HOMME. DE LA FEMME. L'ARBRE DU BIÉN ET DU MAL. ADAM ET ÉVE CHASSÉS DU PARADIS TERRESTRE.	II CAÏN LABOURANT. ABEL GARDANT SES TROUPEAUX. AU FOND, SACRIFICE DE CAÏN ET D'ABEL. CAÏN TUANT SON FRÈRE. CAÏN ERRANT APRÈS LE CRIME.
III LA SORTIE DE L'ARCHE. LE SACRIFICE DE NOÉ. NOÉ IVRE ET SES TROIS FILS.	IV LA STÉRILITÉ DE SARA. VISITE DES ANGES A ABRAHAM LUI PROMETTANT UN FILS. AU FOND, SACRIFICE D'ABRAHAM.
V ESAÜ ET JACOB. *Scène dans un motif d'architecture.*	VI HISTOIRE DE JOSEPH. *La scène principale, la reconnaissance de ses frères se passe devant un portique formé par une rotonde.*
VII MOÏSE RECEVANT LES TABLES DE LA LOI.	VIII LA PRISE DE JÉRICHO.
IX BATAILLE CONTRE LES AMMONITES.	X SALOMON ET LA REINE DE SABA. *La scène se passe dans le temple dont l'architecture a été prise par Ghiberti sur celle du dôme.*

Au Sud: *Décollation de saint Jean* par VICENTE DONI (1571), d'un mauvais style.

Au Nord: *Prédication de saint Jean* par GIOVANNI RUSTICA (1500); élève de Verrocchio, supérieur au groupe précédent.

A l'Est: *Le Baptême de Jésus-Christ* par ANDREA SANSOVINO, de beaucoup le meilleur des trois morceaux (1500). L'ange qui seul le dépare, est de Spinazzo (XVIIIe siècle).

Intérieur: A l'intérieur de l'édifice on retrouve la disposition des trois étages extérieurs, décorés d'après le même principe de marbres alternés blancs et verts.

Les colonnes rondes en granit de la rotonde soutiennent, sur leurs chapiteaux corinthiens dorés, l'entablement portant la tribune circulaire du deuxième étage éclairée par les fenêtres extérieures et dont le balcon est décoré de *mosaïques* exécutées en 1225 par un moine nommé *Jacobus*. Le troisième étage enfin, également orné de mosaïques dues à Jacobus, sert de base à la coupole terminale, couverte de mosaïques du XIIIe au XVIe siècle.

L'abside carrée, destinée à contenir l'autel, est construite en dehors du monument. Décorée de mosaïques, elle renferme actuellement un *groupe* détestable de TICCIATI exécuté en 1732, dans ce que le «rococo» a pu offrir de plus flamboyant. Un autel mural, à gauche de la porte de l'est, est surmonté de la célèbre statue en bois de la *Madeleine* par DONATELLO, d'un réalisme désagréable, à force d'être violent. En face, près du maître-autel, sont les *fonts baptismaux*, ouvrage d'une recherche déplaisante, fondu en 1371 par un des nombreux élèves d'Andrea Pisano. Enfin, à droite, adossé au mur, est le *tombeau du pape Jean XXIII* (1419), déposé par le concile de Constance. Sa belle statue couchée est l'œuvre de DONATELLO et de MICHELOZZO (1420-1425), mais le dais qui l'abrite et le monument qui l'accompagne, par leur mauvaise ordonnance et leur lourdeur, ne sont pas dignes de Donatello.

Sur le côté nord de la place s'élève la COLONNE SAN ZENOBE, érigée en 1330 en commémoration de la translation des reliques de saint Zenobe, patron de Florence.

LE DOME, SANTA MARIA DEL FIORE, ainsi nommée des fleurs de lys figurant dans les armoiries de Florence, occupe l'emplacement d'une ancienne église consacrée à Santa Reparata. La décoration et le revêtement du Baptistère furent terminés en 1293; l'année suivante, la République rendait un décret mémorable ordonnant à ARNOLFO DI CAMBIO d'exécuter un modèle et des dessins pour la reconstruction de Santa Reparata: «Avec telle hauteur et magnificence qu'on ne puisse attendre de l'industrie humaine rien de plus noble et de plus beau, dans cette pensée que les œuvres entreprises par la commune doivent être conçues avec une grandeur correspondant à la grande âme que forment tant de citoyens réunis dans une seule et même volonté.»

Comme Santa Reparata dépendait de la corporation des marchands de laine, il fut établi qu'ils auraient à supporter la plus lourde part des frais de reconstruction, mais, à titre de dédommagement, on leur concéda un droit sur les exportations. Après avoir démoli Santa Reparata, Arnolfo traça le plan de sa basilique, d'après les traditions pisanes, en forme de croix latine, c'est-à-dire qu'il donna les mêmes dimensions aux bras du transept et du chœur, et il affecta au déambulatoire cinq chapelles polygonales développées extérieurement en cinq pans symétriques.

Arnolfo était trop imbu de l'antique pour prévoir l'effet qu'allaient produire dans le style gothique la nudité et la sécheresse de lignes qui en sont l'antipode. Une autre erreur de son plan fut l'importance donnée aux membres séparés, d'après ce principe que chaque chose grande en soi agrandit l'ensemble, ce en quoi il perdait de vue la loi architecturale, qui veut, pour l'harmonie d'un édifice, que toutes les parties se subordonnent à l'ensemble. Tout à l'opposé des cathédrales du nord où l'étroitesse relative de la nef élève les voûtes à l'infini, Arnolfo élargit les siennes dans de si vastes proportions qu'elles produisent à première vue une impression d'écrasement, aggravée encore par la vue des grands espaces de murs laissés nus entre les fenêtres aussi étroites que parcimonieusement ménagées.

Quand Arnolfo di Cambio mourut en 1300, il avait amené l'œuvre à la croisée, et la construction fut continuée par son successeur immédiat, le Giotto, auquel sont dus les revêtements extérieurs des transepts et du chœur.

En 1357, le plan d'Arnolfo subit une première modification, et, à partir de cette époque, s'ouvre la longue série des architectes du dôme, placés sous la direction de commissaires pris parmi les chefs des corporations et sans l'assentiment desquels nul n'avait le droit d'ajouter une pierre à la cathédrale. Ces gens sans connaissances techniques, qui n'obéissaient qu'au seul mobile de faire de Santa Maria del Fiore un monument unique, arrivèrent forcément à lui donner cette absence de coordination si fâcheuse et que la fameuse coupole, la belle œuvre de Brunelleschi, contribue, pour sa part, à rendre plus frappante encore.

C'est en 1418 que fut ouvert, pour le modèle de la coupole, le concours où Brunelleschi triompha de ses concurrents. Il ne lui fallut pas moins de quatorze années pour mener à terme cette entreprise hardie, et encore la lanterne ne fut-elle achevée qu'en 1462. La façade, qui fut détruite en 1588 pour être remplacée magnifiquement, a été refaite depuis quelques années seulement avec une complication et une surchage extrêmes. **Les quatre portes** latérales sont des XIVe et XVe siècles. Ce sont des ouvrages de l'école Pisane ornés de mosaïques et surmontés d'une statue. La plus remarquable de ces portes, la deuxième du nord (1408), est l'œuvre de PIERO D'AREZZO, aidé de NANNI DI BANCO. C'est à ce dernier qu'est dû le haut relief dit de la *Madona della Cintola*, où se pressentent déjà Ghiberti et

Donatello. La mosaïque du tympan, l'*Annonciation*, fut dessinée par le GHIRLANDAJO (1496).

L'Intérieur de Sainte-Marie des Fleurs est d'une austérité allant jusqu'à la froideur d'un temple méthodiste.

Le maître-autel, placé sous la coupole, est entouré d'une clôture en marbre, de forme octogonale comme la coupole, et ornée de *bas-reliefs* de BACCIO BANDINELLI, œuvre médiocre substituée à la belle clôture en bois de Ghiberti.

Derrière le maître-autel se trouve la fameuse *Déposition* de MICHEL-ANGE, œuvre de vieillesse et inachevée qu'il tailla dans un chapiteau antique du Temple de la Paix que lui avait donné le pape Paul III. Cet ouvrage pèche par des défauts de proportion malheureusement très apparents. Sainte-Marie des Fleurs contient nombre de monuments et d'œuvres remarquables.

Le mur de la façade est percé d'un vitrail rond, de FRANCESCO, exécuté sur les dessins de Ghiberti; au-dessous, dans la lunette de la porte est inscrite une admirable mosaïque, le *Couronnement de la Vierge* de TADDEO GADDI (1280), où, malgré le byzantinisme encore marqué, est déjà très sensible l'influence de la révolution naturaliste opérée dans l'art, grâce aux efforts de Cimabue et de Giotto.

Deux grandes fresques infiniment intéressantes occupent le mur au-dessus des portes latérales de la façade. Celle de gauche est le portrait équestre de *John Hawkwood*, condottiere à la solde de Florence, peint en 1392 par Paolo UCCELLO; tandis que celle de droite est l'admirable portrait équestre de *Niccolò Marucci da Tolentino*, œuvre d'ANDREA DEL CASTAGNO (1456), de la plus haute allure.

Nef de droite: Monument de *Brunelleschi*, tombeau médiocre dû à son élève BRUGGIANO.

Statue de l'homme d'État *Gianozzo Manetti* par CIUFFAGNI.

Monument du *Giotto* élevé par la commune sur l'initiative de Laurent le Magnifique, en 1490. Ce bel ouvrage de BENEDETTO DA MAJANO est placé au-dessus de l'inscription latine composée par Ange Politien. Au-dessus de la première porte latérale, le *sarcophage* du général *Pierre Farnèse* par AGNOLO GADDI et PISELLO (1395). Statue de *Josué* par DONATELLO (1412) où se trahit encore dans les draperies l'inexpérience de la jeunesse, bien que la tête en soit fort belle. Donatello y sacrifie déjà au goût qui lui fera, dans toutes ses statues, reproduire les traits de ses contemporains. A côté de la deuxième porte latérale est placé le buste en marbre du savant platonicien *Marsile Ficin*, avec la remarquable inscription latine de Ferrucci (1521). Au-dessus de la deuxième porte et malheureusement placé trop haut, est le beau *monument* de l'évêque *Antonio d'Orso*, le vaillant défenseur de Florence contre l'empereur Henri VIII, œuvre du Siennois TINO DI CAMAINO (1336). La statue de l'évêque est assise sur un sarcophage à l'antique.

Dans le transept droit, orné au-dessous des fenêtres de fresques médiocres peintes par Lorenzo de Bicci (1427), s'ouvre **la vieille sacristie**. Le tympan de la porte d'accès est décoré d'un magnifique bas-relief de LUCA DELLA ROBBIA, l'*Ascension*. Dans la sacristie, deux admirables anges agenouillés, œuvre monochrome de LUCA DELLA ROBBIA, tiennent des calices.

Le lavabo est un ouvrage contourné de BUGGIANO (1492).

La chapelle terminale du chevet est consacrée à saint Zenobe et contient le *reliquaire* en bronze du saint par GHIBERTI (1440).

Dans quatre autres chapelles sont des statues assises, primitivement destinées à la décoration de la façade.

Première à droite: *Saint Marc*, par NICCOLÒ D'AREZZO.

Deuxième à droite: *Saint Luc*, par NINO DI BANCO.

Quatrième chapelle à gauche: *Saint Mathieu*. Mauvais ouvrage de CIUFFAGNI.

Cinquième chapelle à gauche: *Saint Jean*, par DONATELLO. Quoique encore influencé par la tradition des «Trecentisti», le maître se montre ici d'une incomparable supériorité. La tête, d'une expression profonde et prophétique, admirable par sa grave austérité, fait penser à Michel-Ange. Cette œuvre de premier ordre est placée aussi mal que possible dans le jour le plus défectueux; il est difficile même d'en apprécier toute la beauté.

La nouvelle sacristie s'ouvre à la suite des chapelles supérieures de la croix. Le tympan de sa porte est occupé par un magnifique bas-relief de LUCA DELLA ROBBIA, la *Résurrection*. Jamais le délicat poète que fut Luca n'a été plus inspiré que dans cette composition, où la divinité triomphante du Christ s'oppose à l'humanité abandonnée des soldats endormis, ses gardiens.

La porte en bronze commandée d'abord à Donatello en 1437 et retirée au maître après dix ans passés, sans qu'il eût mis la main à l'œuvre, fut, en 1465 seulement, confiée à LUCA DELLA ROBBIA. Il y a représenté, en compartiments quadrangulaires, la Vierge et l'Enfant, la Résurrection, les quatre Évangélistes et les quatre Pères de l'Église, ces derniers en haut relief, assis entre deux anges. Aux angles des cadres sont des têtes en ronde bosse, d'une grande beauté. Luca s'est volontairement abstenu de toute complication et de tout mouvement susceptible de maniérer la composition. Ses figures tirent leur caractère de leur austérité et de la belle simplicité de leurs draperies, poussées cependant au dernier degré de la perfection. Elles laissent aussi loin derrière elles les œuvres de Ghiberti, si souvent gâtées par une recherche de l'effet de mauvais goût, écueil que Luca semble avoir évité avec soin, pour se rapprocher autant que possible du style pur et large d'Andrea Pisano. La sacristie est entièrement revêtue d'une marqueterie en bois dont les panneaux forment des tableaux; cette belle décoration est l'œuvre de BENEDETTO DA MAJANO.

En retournant par la nef gauche, à côté de la deuxième porte latérale, on trouve le portrait en pied du Dante, peinture sur bois exécutée par ordre de la République, en 1465. Domenico di Michelino a représenté Dante devant une vue de Florence, entouré de divers épisodes de la *Divine Comédie*.

A gauche, pour désigner l'Enfer, s'ouvre, au milieu de rochers désolés, la porte «où est laissée toute espérance», tandis qu'à droite un labyrinthe symbolise le Paradis et la difficulté d'y parvenir.

A côté de la première porte latérale, *monument* du musicien *Squarcialupo* (1490) par BENEDETTO DA MAJANO, d'une ordonnance analogue à celle du monument de Giotto auquel il fait face et sert de pendant. Enfin, au premier pilier, *Saint Zenobe*, en vêtements pontificaux, est une peinture d'ORCAGNA.

LE CAMPANILE de Sainte-Marie des Fleurs s'élève isolé à la hauteur de sa façade. En 1334, après la mort d'Arnolfo, la Seigneurie confia à GIOTTO, alors âgé de près de soixante ans, les travaux du dôme, avec ordre, d'abord, de se consacrer à l'érection du campanile qui faisait défaut. Le premier soin de Giotto fut d'asseoir les fondations à une profondeur inusitée alors, et de donner ainsi à sa construction une assiette telle, que, jusqu'à ce jour, elle n'a eu besoin d'aucune réparation. TADDEO GADDI l'aida jusqu'à 1336, époque de sa mort, et ANDREA PISANO reprit l'œuvre, qui fut achevée par François Talenti.

Le campanile carré comporte cinq étages de hauteurs inégales et croissant avec l'élévation, car, par un souci de perspective bien rare pour l'époque, Giotto reconnut et appliqua ce principe, que, plus une construction s'élève, plus les plans successifs doivent gagner en hauteur, pour que rien n'interrompe à l'œil la justesse des proportions. Par l'application de cette théorie, le campanile acquiert une grâce et une légèreté incomparables. La préoccupation qu'avait Giotto d'atteindre ce but était telle qu'elle l'amena à modifier ce qu'aurait eu de sec l'angle aigu sur une pareille masse et à rabattre les côtés en les flanquant de piles polygonales. Comme au dôme, il revêtit le campanile de marbres alternés noirs, rouges et blancs du meilleur effet décoratif.

Le plan de Giotto comportait une flèche quadrangulaire terminale qui devait exhausser la tour d'un tiers; mais Gaddi et Pisano, après sa mort, crurent devoir la supprimer comme de style gothique et déjà suranné. La vérité est que cette modification ne fut pas heureuse, et que le campanile, terminé en terrasse, semble tronqué au sommet.

La simplicité des lignes dans l'œuvre de Giotto contraste avec l'exubérance des ornements. Tout le premier étage est décoré d'une double série de *médaillons* en demi-relief exécutés sur ses plans par ANDREA PISANO. Ils sont inspirés par la riche symbolique du moyen âge et retracent, dans une large idée philosophique, les progrès de l'humanité en intelligence, en art et en industrie, depuis sa création.

A l'Ouest on voit, accompagnés de leurs attributs bibliques: La création. Les premiers travaux de l'agriculture, avec Adam et Eve labourant. La vie pastorale, Jacob et ses troupeaux. Jubal, inventeur de la musique. Tubal Caïn, premier forgeron. La viticulture personnifiée par Noé.

Au Sud: L'astronomie sous la figure d'un mage avec la sphère céleste. L'architecture représentée par des maçons construisant une maison. L'art du potier par des femmes achetant des ustensiles de terre. Viennent ensuite l'homme dompteur de chevaux; le tissage; la législation, figurée par un juge; Dédale, symbole des émigrations lointaines.

A l'Est: La navigation sous la forme d'une barque. Hercule, dompteur des éléments. Le cheval, attelé à un char comme bête de travail.

Enfin **au Nord**: La sculpture avec Phidias. La peinture avec Apelles. La grammaire avec Donatus. Le lyrisme avec Orphée. La philosophie avec Platon et Aristote. La géométrie avec Ptolémée.

La rangée supérieure des médaillons hexagonaux est consacrée aux Vertus théologales et cardinales, aux Sept Œuvres de Miséricorde, aux Sept Béatitudes et aux Sept Sacrements.

Le deuxième étage du campanile est orné de niches garnies de statues de docteurs, de prophètes, de sibylles ou de Pères de l'Église, et complète l'ensemble de cette magnifique décoration.

Parmi ces sculptures, il faut citer les statues des prophètes dues à Donatello, œuvres de premier ordre exécutées par le maître entre 1415 et 1425, et qui joignent à la perfection du travail le grand intérêt d'être de vivants et célèbres portraits, pour lesquels le sculpteur s'est livré à une véritable débauche de réalisme, sans aucun souci de la couleur historique pour les héros sacrés qu'il devait représenter.

La plus connue, sous le nom du «Zuccone», placée à l'ouest, représente le roi David, pour lequel le maître choisit comme modèle un certain Giovanni di Barduccio Cherichini, réputé le plus laid des citoyens florentins, remarquable par sa calvitie, sa maigreur et sa mine patibulaire: Cette vieillesse et cette laideur presque repoussantes ont été rendues par Donatello avec une prodigieuse vérité, tandis qu'il traitait l'anatomie avec son incomparable sûreté en traits aussi souples que larges. On raconte que, parmi tant de chefs-d'œuvre, le «Zuccone» resta celui dont le maître se montrait le plus fier, et cela, au point de jurer par lui, quand il voulait prêter serment. Sur ce même côté se trouvent encore deux statues: celle du *prophète Jérémie*, sous les traits de l'ami de Donatello, Francesco Soderini, et celle de *Saint Jean-Baptiste*, jeune et belle figure à laquelle nous sommes peut-être redevables du Saint Georges, le chef-d'Œuvre d'Or San Michele. Enfin, à l'est, on doit au maître la figure d'*Abraham sur le point de sacrifier Isaac*, pour laquelle il se fit aider par Nanni di Banco, et encore celle du prophète *Habacuc*, exécutée très postérieurement aux autres, et également le beau portrait d'un vieillard contemporain.

Autour de la place du Dôme s'offrent plusieurs édifices importants au point de vue artistique. A l'angle de la *via Calzajuoli* s'élève la **LOGGIA DEL BIGALLO**, petit monument du plus pur style gothique, élevé de 1352 à 1358 pour la confrérie des Capitani della Misericordia et plus tard occupé par celle del Bigallo dont il prit le nom. La loggia comporte trois arcades cintrées surmontées de deux fenêtres accouplées. Une troisième arcade fait retour sur la via Calzajuoli et, en face d'elle, s'ouvre, au fond du portique, un oratoire, petite chapelle décorée de trois statues, *la Vierge et deux anges*, ouvrage unique d'ALBERTO D'ARNOLDO (1364), où se pressent déjà la Renaissance. Un toit avancé sur des consoles sculptées couvre le charmant édifice du Bigallo.

A côté de lui, sur la place, se trouve l'orphelinat des Enfants trouvés, l'**ORFANOTROFIO DEL BIGALLO**. Dans la salle du Conseil d'administration, une fresque de GIOTTINO (1342), la *Miséricorde*, est placée au-dessus d'une vue de Florence.

Sur le mur du fond, une fresque plus petite d'un des giottesques, VENTURO DI MORO, représente la loggia del Bigallo où deux capitani recueillent les enfants qu'on leur amène. Si, dans cette œuvre remarquable, l'influence de Giotto subsiste par la simplicité des plans, les attitudes et le dessin plus étudiés sont déjà presque dignes des «Quatrocentisti», tout en laissant aux figures l'adorable naïveté des primitifs.

L'ORATOIRE DE LA MISÉRICORDE, situé au sud de la place, appartient à la confrérie de la Miséricorde, fondée en 1244, dans le but de secourir les pauvres et les malades, mais surtout d'ensevelir et de porter les morts. Toutes les classes sont représentées dans cette confrérie actuellement encore de plus de deux mille cinq cents membres, tous également vêtus de la cagoule en toile noire, lorsqu'ils font leur service.

Au-dessus de l'autel, une des meilleures œuvres d'ANDREA DELLA ROBBIA, *retable* en deux parties. Dans le bas-relief supérieur, Jésus-Christ bénissant. Dans l'inférieur, la Vierge entourée de chérubins entre deux saints. Une prédelle représente l'Annonciation, la Nativité et l'Adoration des Mages.

La salle contiguë à l'oratoire sert de vestiaire aux frères; au fond se trouve le dortoir où six frères doivent chaque nuit être en permanence.

L'OPÉRA DEL DUOMO (Musée du Dôme) est situé sur la place, directement derrière l'Abside. **L'intérieur**, où se conserve tout ce qui a trait au baptistère et au dôme, est un assemblage divers de qualité et de style, et constitue un musée très complet de l'histoire de ces deux monuments.

La première des trois salles du musée, au premier étage, contient des chefs-d'œuvre. Il faut en toute première ligne placer les dix admirables *Bas-reliefs des enfants danseurs et musiciens* exécutés de 1431 à 1440 pour la tribune des orgues de la cathédrale par LUCA DELLA ROBBIA. Vasari décrit ainsi ces magnifiques compositions: «Luca fit en ces compartiments les chœurs de la musique, chantant de diverses façons, et il y mit tant de talent et y réussit à tel point qu'on distingue, à la hauteur où ils sont placés, le gonflement de la gorge de ceux qui chantent, le battement des mains de ceux qui lisent la musique par-dessus l'épaule des chanteurs plus petits qu'eux, enfin les diverses manières de jouer, de danser, de chanter et les autres mouvements inspirés par la musique.»

Luca, lorsqu'il exécuta ces bas-reliefs, était véritablement arrivé à l'apogée de son talent. Il possédait toutes les qualités d'un grand sculpteur: la clarté dans la conception, la science du dessin et une extraordinaire habileté de main, qualités subordonnées pourtant à l'infinie poésie d'une âme raffinée et mystique tout ensemble.

A côté de l'œuvre de Luca, il faut placer le fameux *devant d'autel du baptistère*, en argent massif, une des principales œuvres d'orfèvrerie laissées par le XIVe et le XVe siècles. Le plan général et les encadrements datent de 1466; ils furent exécutés par LEONARDO DE SER CRISTOFANO, BELLO DI GERI, CRISTOFANO DI PAOLO et MICHELE DI MONTE. Le travail des hauts reliefs intérieurs fut exécuté par Antonio POLLAJUOLO, GHIBERTI et VERROCCHIO, et reproduit l'histoire de Saint Jean-Baptiste. Si ceux de la naissance, dus à Pollajuolo, sont de premier ordre, on retrouve, dans la partie centrale due à Ghiberti, les qualités et les défauts des portes du baptistère inhérents à son style.

Cette précieuse décoration est complétée par la *Croix* destinée à être placée sur l'autel, chef-d'œuvre de l'orfèvrerie du XVe siècle achevé par ANTONIO POLLAJUOLO en 1456. Il y employa avec une habileté consommée l'art de l'émailleur, du graveur et de l'orfèvre. La croix, enrichie de gravures d'émaux sur paillons et de statuettes, repose sur un pied de toute beauté, accompagné de deux précieuses figurines placées de chaque côté, où se retrouvent la grande allure du maître, son remarquable dessin et son précieux fini. Le tertre où est plantée la croix est couvert de minuscules animaux où la minutie poussée à l'excès montre une fois de plus le goût si cher aux artistes de l'époque pour l'exagération du détail.

ANTONIO POLLAJUOLO a encore fourni les dessins des magnifiques *ornements religieux* conservés dans cette salle et qui appartenaient au trésor du baptistère.

Dans une vaste salle contiguë sont réunis tous les modèles pour le dôme, parmi lesquels le modèle des absides par ARNOLFO DI CAMBIO et celui de la coupole par BRUNELLESCHI.

En descendant la via Calzajuoli, on arrive rapidement à l'**ÉGLISE D'OR SAN MICHELE**, édifiée en 1284 pour servir de marché et de halle aux grains. Cet édifice, brûlé en 1304, lors de l'incendie mis à la ville par le féroce prieur Neri degli Abbati, pour assouvir une haine de parti, fut réparé à deux reprises, en 1308 et en 1321; mais, comme cette loggia en bois, basse et obscure, déparait un quartier déjà embelli par les travaux du baptistère, on résolut, en 1336, de la rebâtir et d'en faire un palais. Les travaux furent confiés à TADDEO GADDI, à BENCI DI CIONE et à NIERI FIORAVENTI, et la nouvelle construction consista en une grande loggia quadrangulaire surmontée de deux étages.

Dans cette loggia était placée la peinture sur bois d'une Vierge miraculeuse, objet d'une si grande vénération chez les Florentins que leur piété la comblait d'offrandes. Aussi, à la suite de la peste de 1348, la riche confrérie des grainetiers d'Or San Michele se décida-t-elle à mettre à couvert la précieuse image peinte par BERNARDO DADDI. ORCAGNA, auquel fut confiée cette transformation de loge ouverte en loge fermée, s'en tira avec un rare bonheur. Il aveugla les arcades du rez-de-chaussée où se tenait la bourse et il éclaira l'intérieur par de belles fenêtres de marbre blanc ouvertes aux étages. Dans un angle de cette salle partagée en deux par des piliers, il enchâssa l'image sacrée dans un tabernacle que l'on peut considérer au double point de vue architectonique et sculptural comme un inestimable chef-d'œuvre.

Le rez-de-chaussée d'Or San Michele est composé d'arcades aveuglées jusqu'à mi-hauteur, remplies, dans leur partie supérieure, par une rose de pierre ajourée reposant sur de sveltes colonnettes, surmontées de *statuettes* exécutées par FRANSCESCO TALENTI. Le mur, entre chacune de ces arcatures, est occupé par une niche, variée de forme, en marbre blanc, où se trouve une grande statue de saint en marbre ou en bronze, don d'une corporation, toutes signées des plus grands noms des XVe et XVIe siècles.

A côté de l'entrée, sur la façade occidentale, la statue en bronze de *Saint Mathieu*, offerte par les changeurs, est une belle œuvre de GHIBERTI de 1420.

En face, celle de *Saint Étienne*, également par GHIBERTI, fut commandée en 1428 par les drapiers. Cette figure d'un caractère sobre et sévère, traitée dans le sentiment de la première Renaissance, fait grand honneur au maître. La troisième niche est occupée par *Saint Éloi*, patron des maréchaux ferrants, ses donateurs. Cette œuvre de NINO DI BANCO est d'une facture très développée pour son époque (1408). Ce qui lui manque est le sentiment de la vie intellectuelle, encore absent dans ses physionomies. Sur la face méridionale, la première niche contient la statue de *Saint Marc* offerte par les menuisiers, œuvre de jeunesse de DONATELLO (1411) déjà en pleine possession de ses qualités. La figure, noble et majestueuse, exprime la puissance et la force. La deuxième niche, don des pelletiers, est occupée par une statue en bronze de *Saint Jacques*, dans le caractère des «Trecentisti». Cet ouvrage est attribué à Ghiberti en raison du ravissant bas-relief en marbre blanc, encastré dans le mur au-dessous de la niche, qui représente la Décollation de saint Jean-Baptiste traitée comme le sujet analogue à la porte du baptistère.

La niche suivante contient la statue en bronze de *Saint Jean l'Évangéliste*, donnée par les tisseurs de soie, œuvre médiocre de BACCIO DA MONTELUPO (1515).

Sur la façade orientale, celle de la rue Calzajuoli, la première niche contient la statue en bronze de *Saint Jean-Baptiste*, don des marchands de drap, une des premières œuvres de GHIBERTI (1414), raide et durement ciselée.

L'architecture de la niche du milieu, due à DONATELLO, se compose de pilastres cannelés supportant un fronton angulaire où est représentée la Trinité. C'est une des dernières œuvres du maître, qui ne fit jamais la statue à laquelle elle était destinée. Le groupe en bronze qu'elle contient fut exécuté par ANDREA VERROCCHIO, à cette époque encore dans l'atelier de Donatello et directement sous son influence. Il représente le *Christ et saint Thomas*, et il serait digne du maître, s'il n'y avait pas dans les draperies quelque chose de tourmenté et de cherché qui nuit à la simplicité des lignes. Ce groupe, don des commerçants, fut exécuté en 1483. Dans la niche suivante, la statue en bronze de *Saint Luc*, due à JEAN DE BOLOGNE, fut donnée par les juges et les notaires, en 1562. Elle a déjà le caractère exagéré et le mouvement intempestif de la sculpture du XVIe siècle.

La première niche de la face nord, don des bouchers, a reçu une assez médiocre œuvre de la jeunesse de Donatello (1408) où le manque de proportion est très sensible. La seconde niche contient un *Saint Philippe*, patron des cordonniers, par NANNI DI BANCO. Dans la troisième, un groupe de NANNI DI BANCO se compose de *quatre Saints* offerts par les maçons, charpentiers, forgerons et tailleurs de pierre, et œuvre d'une valeur secondaire, exception faite du charmant petit bas-relief qu'elle surmonte.

Enfin, dans la quatrième et dernière niche, est placé le don des armuriers, l'admirable statue en marbre blanc de *Saint Georges* par DONATELLO, exécutée en 1416.

Cette œuvre de tout premier ordre représente un jeune homme debout et le cou nu, un manteau négligemment jeté sur l'épaule. La cuirasse et les brassards qui le protègent, ainsi que le haut bouclier hexagonal qu'il tient devant lui, n'empêchent pas de deviner ce qu'il y a de force et de souplesse dans ces membres si bien couverts. Sa figure juvénile, martiale et austère, son regard libre et fier caractérisent admirablement le chevalier chrétien, aussi éloigné du sentimentalisme que de la forfanterie. Jamais n'a été mise au jour une image plus saisissante du courage calme et sûr de lui.

Il faut encore mentionner le délicieux bas-relief exécuté pour être placé au bas de la statue, mais qui fut transporté sous la niche de la face méridionale. Le saint à cheval transperce le dragon, tandis que sainte Marguerite, pour laquelle il combat, prie avec ferveur. Par sa perfection ce chef-d'œuvre serait digne de compter parmi les merveilles de l'art grec.

Au-dessous de chaque niche sont des *médaillons* occupés par les armes des corporations donatrices; cinq d'entre eux sont dus à LUCA DELLA ROBBIA.

A l'intérieur, l'admirable ciborium d'ORCAGNA fascine par sa magnificence. Le caractère de ce petit monument est grave et la grâce en est sévère; c'est le triomphe du génie de la première Renaissance. En traversant le moyen âge, pour ressusciter après quatorze siècles, l'art antique, sans perdre sa beauté, semble avoir renoncé à sa sévérité et à son impassibilité, pour se laisser pénétrer par le sentiment qu'il cherchera désormais à exprimer. Il était seulement beau, il devient humain.

Après avoir conçu son ciborium dans le style ogival florentin, Orcagna recourut, pour le décorer et l'enrichir, à tous les procédés connus alors. Les colonnes torses qui soutiennent le baldaquin sont mirlitonnées de mosaïques de marbre et de verre polychrome; les marbres précieux alternent avec une profusion inouïe de sculptures. Le ciborium est entièrement fermé derrière l'autel par un mur sculpté dont les côtés en retour viennent former à l'image de la Vierge un cadre d'Anges de profil étagés en bas-relief les uns sur les autres. La face postérieure de ce mur est divisée horizontalement en deux parties représentant la mort de la Vierge et son Assomption. Les trois côtés qui portent les pilastres du baldaquin sont ornés de médaillons traités en bas-relief, ressortant sur un fond de mosaïque à dessins géométriques. Les sujets en sont: 1° la Naissance de la Vierge, la Foi, et la Présentation au Temple; 2° l'Ange venant annoncer sa mort à la Vierge, la Circoncision; 3° la Naissance du Christ, la Charité et l'Adoration des Mages. L'autel a une décoration analogue; trois de ses bas-reliefs sont remarquables: ce sont l'Annonciation, l'Espérance, et surtout le Mariage de la Vierge, œuvre sculpturale de premier ordre. Orcagna, pour protéger cette création délicate contre les allées et venues des gens affairés dans la Bourse, l'entoura d'une balustrade assez élevée formant deux étages de compartiments de marbre ajourés et remplis par de légères rosaces de bronze.

LA MAISON DES CARDEURS DE LAINE s'étend devant la façade d'Or San Michele, auquel la relie une galerie de communication jetée sur une haute arcade. Cette maison du XVe siècle est crénelée et porte l'Agneau pascal, armes de la corporation.

D'Or San Michele, la rue Calzajuoli mène en peu de temps à la **PLACE DE LA SEIGNEURIE**.

Si la Renaissance peut être considérée, à bon droit, comme la résurrection de la personnalité humaine, encore fallait-il, avant d'affranchir l'individu, chercher l'affranchissement des collectivités représentées par la commune; ce fut le grand travail de la première Renaissance. Cette marche lente, mais progressive, vers l'égalité civile, fut marquée en Toscane par la construction successive des palais publics, des tours et des loges communales. Aussi la place de la Seigneurie, avec ses monuments, doit-elle être considérée comme le cœur même de Florence, comme le berceau de ses franchises et de ses libertés, comme l'endroit où furent prises toutes les grandes décisions de son histoire et où sonnèrent également les heures les plus sombres de ses destinées, celles où les luttes sanglantes entre les Gibelins et les Guelfes, ou entre les Noirs et les Blancs, mettaient son existence même en jeu.

LA «LOGGIA DEI LANZI» est située à l'angle méridional de la place. Parmi les privilèges que possédait l'aristocratie à Florence, trois des principaux consistaient dans la dignité de chevalier, dans l'exercice des fonctions consulaires et dans la possession d'une loge.

Lorsque les Guelfes, devenus les maîtres de Florence, eurent fait construire par Arnolfo le palais de la Seigneurie avec sa vieille tour à mâchicoulis et à beffroi, destinée à dominer toutes les autres, leur première pensée fut de posséder la loge nécessaire pour offrir un abri digne de lui au premier magistrat de la République, lorsqu'il paraissait en public. La Seigneurie rendit donc, en 1335, un décret ordonnant la construction, à côté du palais, d'un portique destiné à cet usage. ORCAGNA en dressa les plans; mais l'édifice, commencé après sa mort, en 1376, par ses élèves BENCI DI CIONE et FRANSCESCO TALENTI, ne fut terminé qu'en 1391.

La Loggia dei Lanzi est un des plus beaux monuments profanes laissés par le style gothique tempéré du classicisme spécial à l'Italie.

L'harmonie des proportions y est telle que ses dimensions colossales disparaissent, tant l'impression produite est satisfaisante à l'œil. Le portique est formé par cinq piliers qui supportent l'arc en plein cintre de l'antiquité; à l'intérieur, la voûte à nervures très simples correspond aux arcs extérieurs. Entre ces arcs, AGNOLO GADDI plaça des médaillons en bas-relief représentant des *Vertus*, sujets qu'il emprunta sans scrupule à la porte du baptistère d'Andrea Pisano, et, afin que rien ne fût épargné pour donner à l'édifice plus de magnificence, ces médaillons furent peints et dorés, tandis que les murs intérieurs étaient décorés de fresques et que la voûte était semée des armoiries de Florence, de celles du pape Innocent VIII, de la maison d'Anjou et des Guelfes.

Au XVIe siècle, le grand-duc Cosme de Médicis, dans la crainte des souvenirs rappelés au peuple par ce monument, témoin de sa liberté et de son antique splendeur, eut un instant l'idée de le détruire. Grâce à Michel-Ange consulté, la Loggia fut conservée, mais toutes ses peintures furent effacées et elle devint le corps de garde des lansquenets de Cosme (dei Lanzi), auxquels elle doit son nom actuel.

Cependant, le souvenir vivace des jours passés persistant dans l'esprit des Florentins, les Médicis transformèrent la loge en musée, cherchant à distraire le peuple du souci de ses affaires par le spectacle journalier d'un art énervant et efféminé. Ils placèrent le sensuel Persée sous la statue de la Justice, tandis que le voluptueux groupe de Jean de Bologne se dressa au-dessous de la Tempérance.

Tout intéressantes et toutes belles que soient ces sculptures de la Renaissance, elles sont en dissonance complète avec le style grave et sévère de la loge d'Orcagna, de Cione et de Talenti.

A l'intérieur, sous l'arcade gauche, est placé le *Persée* en bronze de BENVENUTO CELLINI (1553).

Persée, debout sur le corps décapité de Méduse, en présente la tête d'une main et tient son glaive de l'autre. Ce groupe fameux manque de simplicité: empreint d'une grâce efféminée, il est pourtant la meilleure et la plus énergique œuvre d'un maître bien plutôt orfèvre que sculpteur. Le Persée est placé sur un socle de marbre blanc lourd et surchargé, où se manifestent déjà les tendances du barocco; les statuettes qui le décorent sont d'une complication et d'un maniérisme exagérés. En face, sous l'arcade droite, est le groupe célèbre de *l'Enlèvement des Sabines*, par JEAN DE BOLOGNE (1583), sculpture puissante et mouvementée d'un grand effet.

Cet ouvrage, comme le précédent, peut donner une idée parfaite du changement radical qu'un siècle a suffi pour amener dans la manière même de comprendre l'art! Tandis que les dernières années du XVe siècle voient l'effort admirable des artistes pour atteindre à la vérité naturaliste et réaliste, sans qu'il soit pourtant rien sacrifié des conditions idéalistes indispensables à tout art vraiment élevé, le milieu du XVIe siècle produit des virtuoses consommés pour lesquels tout consiste à résoudre quelque difficile problème de technique et à réussir le tour de force par une sorte d'acrobatie picturale ou sculpturale. Cette recherche excessive nuit à l'émotion qu'obtiennent parfois d'autres œuvres d'une facture bien moins accomplie.

Sous l'arcade, vers le vieux Palais, se trouve la *Judith* de DONATELLO, bien fâcheusement juchée sur un socle de granit en forme de candélabre d'où il est résulté le plus mauvais effet de raccourci. La Judith est la plus célèbre des statues de femmes faites par Donatello. Coulée en bronze, en 1440, pour Cosme l'Ancien, elle fut, en 1495, après l'expulsion des Médicis, installée devant le Palais Vieux avec la fière épigraphe «Exemplum Salutis Publicae Cives Posuere». Cet ouvrage peut compter pour un des premiers groupes profano-héroïques où Donatello se soit laissé emporter par son penchant au réalisme et au naturalisme. Cette tentative, hardie alors, peut motiver certaines critiques. Judith est embarrassée dans des draperies trop amples et trop riches qui lui enlèvent sa fierté, tandis que le geste par lequel elle brandit le glaive manque de noblesse; Holopherne, gisant à ses pieds, tourne le dos dans une position forcée, c'est une figure peu attrayante; mais l'admirable maîtrise de Donatello se retrouve dans la belle expression de la Judith et dans les magnifiques bas-reliefs du coffre triangulaire sur lequel est monté le groupe.

Les autres statues de la Loggia sont d'un intérêt très relatif. Des deux groupes placés au centre, l'un représente *Ajax avec le corps de Patrocle* ou *d'Achille*, antique très restauré, à la fin du XVIe siècle; l'autre, *Hercule terrassant le centaure Nessus*, de Jean de Bologne. Au fond sont rangées cinq médiocres statues antiques de femmes drapées.

L'immense masse sombre et carrée du **PALAZZO VECCHIO** déborde sur le côté est de la place.

La République, instruite par les leçons de l'expérience et voulant se mettre à l'abri des entreprises et des coups de main des factieux, fit élever, dès 1298, par ARNOLFO DI CAMBIO, un édifice communal puissant et robuste, mi-partie palais, mi-partie forteresse, dont l'aspect imposant serait complété par la fière tour du beffroi dressée au-dessus de lui. Imbu de l'esprit démocratique du temps, Arnolfo, dans cette maîtresse œuvre, se conforma merveilleusement aux vues d'un pouvoir ombrageux qui voulait tout à la fois protéger et surveiller Florence. Dans ce rude édifice tout parle, tout redit l'histoire des tourmentes florentines; elle est écrite tout entière dans ce formidable appareil de pierres brutes, saillant en énormes bossages, dans ces mâchicoulis démesurés qui surplombent et dont les profondes arcatures, portées par des corbeaux décorés, sont occupées par les fières armoiries florentines: lys de Florence, armes des prieurs avec la devise «Libertas», armes des Guelfes, armes de la maison d'Anjou, armes du peuple florentin ou armes mi-partie, communes à Florence et à Fiesole. Au nu des créneaux menaçants qui couronnent les mâchicoulis, s'élance, pour ainsi dire dans le vide, la tour carrée, elle aussi hérissée formidablement de mâchicoulis et surmontée du beffroi où était suspendue la cloche qui appela tant de fois les citoyens à la défense de la patrie et de la liberté.

La façade d'ARNOLFO est tout ce qui reste de l'ancienne splendeur du palais. Cet asile inviolable des magistrats florentins fut remanié au XVIe siècle par VASARI, le courtisan et l'ami des Médicis, animés eux-mêmes contre le Palais Vieux et la Loggia de la haine que leur inspirait tout souvenir de la grandeur et de la liberté florentines. Sur leurs ordres, Vasari coupa les étages, fit tous les agrandissements sur la via del Leone, décora somptueusement les appartements et transforma la sévère demeure des prieurs en une fastueuse résidence princière. Déjà en 1450, sur l'ordre de Cosme, MICHELOZZO avait dû ouvrir la cour intérieure entourée de portiques dont les colonnes, trouvées trop simples, furent surchargées ensuite par MARCO DA FAENZA d'arabesques en stuc dans le goût de la décadence raphaëlesque.

Des œuvres si nombreuses commandées par Laurent le Magnifique au VERROCCHIO, peu ont subsisté; l'une d'elles est *l'Enfant au Dauphin* placé au milieu de la vasque occupant le centre de la cour. C'est un ravissant petit amour en bronze qui s'envole en pressant contre son cœur un dauphin, charmant ouvrage, parfait de naturel et de grâce enfantine.

A l'intérieur, un escalier monumental conduit au premier étage et à l'immense **Salle des Cinq Cents** construite par VASARI, qui détruisit à cet effet toute une partie de l'intérieur du palais. Il la décora de fresques détestables et démesurées relatives aux guerres de Florence et de Sienne. Le plafond allégorique par Vasari est une apothéose des Médicis.

Un passage fait communiquer cette salle avec la **salle du Conseil** à laquelle donne accès une adorable porte du vieux Palais, exécutée en marbre blanc par GIOVANNI DI TEDESCO (1388). Les colonnes torses qui lui servent de cadre, supportent un admirable linteau où sont sculptées les armes de Florence, celles des Guelfes, et celles de la maison d'Anjou, triple association dont l'image mystique occupe le tympan sous la forme de la triple face de la Trinité. Des vantaux en bronze doré, ornés de compartiments à mascarons, complètent cette belle décoration.

La salle du Conseil est une magnifique pièce dont le beau *plafond* à caissons a été sculpté par MICHELOZZO.

Une frise décorée d'armoiries reliées par des guirlandes entoure la salle, dont les murs sont couverts de belles tapisseries de la manufacture de Florence où se déroule l'*Histoire de Joseph* d'après les dessins du BRONZINO. La petite salle voisine a également un magnifique plafond à caissons dû à BENEDETTO DA MAJANO.

Au deuxième étage subsistent encore quelques salles de l'ancienne disposition. **La salle du Gonfalonier** est actuellement nommée salle des Lys à cause de son beau plafond à caissons dorés contenant un fleuron autour duquel rayonnent les six fleurs de lys florentines, belle œuvre du XVe siècle. GHIRLANDAJO décora de fresques murales une grande Partie des salles du Palais Vieux. De ce travail il ne subsiste que la décoration de la salle du Gonfalonier, et encore est-elle mutilée par une porte ouverte, sous les Médicis, au beau milieu d'un des panneaux. Sous trois arcades d'une magnifique architecture saint Zenobe est représenté en riches ornements pontificaux; il est assis et bénit entre deux diacres debout. Cette belle œuvre de Ghirlandajo est traitée avec une puissance et une largeur de composition remarquables (1481).

Une ravissante *porte* sculptée par BENEDETTO DA MAJANO, en 1481, réunit la salle des Lys à **la salle d'Audience**. Les deux vantaux de la porte sont une mosaïque de bois où JULES DE MAJANO a représenté les portraits de Pétrarque et de Dante.

Le beau plafond à caissons du XVIe siècle, dans la salle d'Audience, est l'œuvre de MARCO DEL TASSO.

Après avoir traversé la petite **Chapelle des prieurs de Saint-Bernard**, où Savonarole passa sa dernière nuit, puis une succession de salles sans intérêt, à part une peinture sur bois de *la Vierge avec l'Enfant et Saint Jean-Baptiste* par BOTTICELLI, on arrive à la **salle de la Justice** décorée par BRUNELLESCHI d'une fontaine soi-disant copie de celle de la maison de Pilate à Jérusalem.

La **salle des Cartes géographiques** est l'ancienne bibliothèque. Elle est entourée d'armoires dont les portes sont décorées à l'extérieur de cartes géographiques peintes au XVIe siècle et reproduisant le monde connu alors.

Sur **LA PIAZZA DELLA SIGNORIA**, à droite de l'entrée du Palazzo Vecchio, est un groupe d'*Hercule* et de *Cacus* (1540) par BACCIO BANDINELLI, le rival malheureux de Michel-Ange. A l'angle nord-est du palais se voit aussi une fontaine surmontée d'un *Neptune* colossal et de *Tritons* par Bartolommeo AMMANATI (1575). Ces sculptures, comme les précédentes, se ressentent de l'influence déplorable exercée par Michel-Ange sur des artistes secondaires. Des *divinités* marines en bronze de JEAN DE BOLOGNE contribuent à l'ornementation de cette fontaine érigée à la place où se dressa le bûcher de SAVONAROLE, le 23 mai 1498. A côté s'élève la *statue équestre de Cosme* par JEAN DE BOLOGNE (1594).

LE PALAIS UGGUCIONE, sur un côté de la petite place, eut, dit-on, Raphaël pour architecte.

II
LES OFFICES

LA GALERIE DES OFFICES (Uffizi) occupe le palais que le grand-duc Cosme fit construire par Vasari, de 1560 à 1574, pour y réunir divers ordres de magistrats. Cet édifice est composé de deux longues galeries parallèles allant de la place de la Seigneurie à l'Arno et reliées du côté du fleuve par une courte galerie transversale. Un portique règne autour du monument, des niches contenant les statues modernes des Toscans célèbres sont disposées aux piliers. Du côté extérieur, face à l'Arno, placée haut, est la *statue de Cosme Ier* par JEAN DE BOLOGNE, entre celles de la Justice et de la Force. A l'entrée du portique de gauche, un escalier conduit à la galerie formée de la collection particulière des médicis et enrichie successivement par les ducs de la maison de Lorraine.

Dans le premier vestibule du Musée, bustes des Médicis, bas-reliefs antiques. Le deuxième vestibule a reçu des sculptures antiques: 1° *Cheval* qu'on présume avoir fait partie du groupe des Niobides; 2° *Sanglier antique*, célèbre et remarquable ouvrage grec.

Le long corridor occidental contient des sculptures et des tableaux. Les sculptures antiques de cette galerie n'ont qu'une valeur relative, elles consistent principalement en bustes et en sarcophages. Les murs des premières travées sont consacrés aux «Trecentisti». Au milieu d'œuvres d'un intérêt parfois secondaire se remarquent quelques joyaux précieux.

N° 17.—PIETRO LORENZETTI. Petit tableau des anachorètes, curieux à comparer avec la fresque du Campo Santo de Pise.

N° 25.—SIMONE DI MARTINO et LIPPO MEMMI. *Annonciation*. SIMONE est le maître le plus remarquable de l'école siennoise à l'époque de GIOTTO (1285-1344). Pendant les derniers temps de sa vie, son élève Lippo Memmi fut de moitié dans ses œuvres. Le meilleur ouvrage sorti de cette collaboration est l'*Annonciation* des Uffizi, peinte en 1333, où des figures très rehaussées d'or sur fond d'or nous montrent précocement appliqués les procédés de l'Angelico. Dans ce panneau sur bois d'un sentiment délicieux, peint en 1333, la Vierge assise ramène chastement autour d'elle le manteau dont elle est enveloppée. Un grand lys dans un vase d'or la sépare de l'ange agenouillé qui lui offre le rameau d'olivier, symbole de la réconciliation entre Dieu et les hommes amenée par la venue du Christ. Les ailes et la riche chasuble d'or de l'ange couronné de légères branches d'olivier, sont délicatement ouvragées, et son exquise figure est ravissante de grâce.

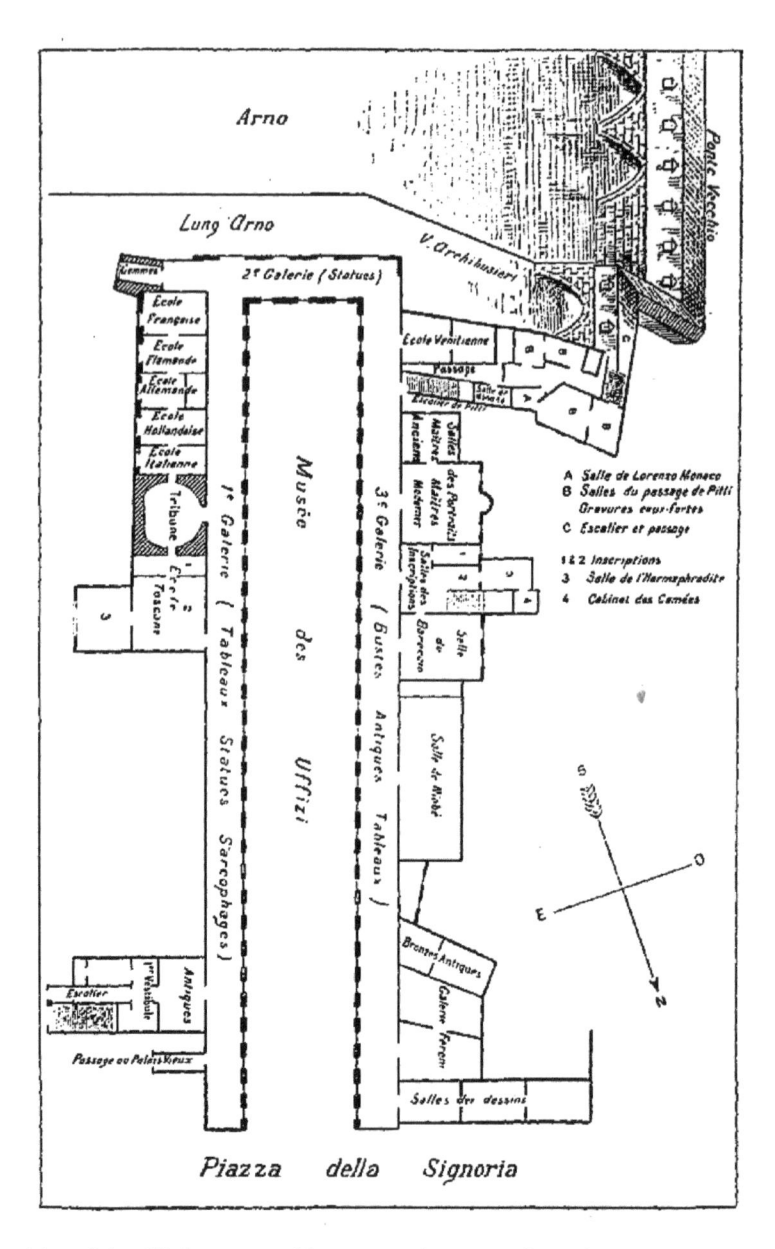

Nos 24 et 26.—Volets complétant ce triptyque: *San Ansano* en rose, tenant une bannière, et *Santa Giuletta*, en manteau gris, tenant la croix et la palme du martyre.

N° 45.—BICCI DI LORENZO (1350-1427). *S.S. Cosimo et Damiano*, patrons de la famille Médicis; debout à côté l'un de l'autre sur un fond d'or, vêtus de manteaux lie de vin, ils ont la tête couverte d'un voile rouge, et tiennent en main la plume et l'écritoire.

N° 52.—PAOLO UCCELLO (1397-1475). Tableau de bataille, un des quatre d'une série de mêmes sujets: mêlée de chevaux et de cavaliers se détachant sur un fond très sombre. La peinture est mouvementée pour l'époque, mais elle frappe bien plus par la recherche de la difficulté que par celle de la réalité et de la vie.

PIERO DEL POLLAJUOLO (1441-1489).

Nos 69, *l'Espérance*	Figures d'un grand
_"_ 70, *la Justice*	style, mais ayant
_"_ 71, *la Tempérance*	perdu leur caractère
_"_ 72, *la Foi*	sous de trop visibles
_"_ 73, *la Charité*	refaits.

N° 34.—LUCA SIGNORELLI. *La Vierge avec l'Enfant*. La Vierge, d'une expression charmante, est assise par terre, en corsage rouge et en long manteau bleu, et se penche vers l'Enfant entièrement nu qu'elle soutient de ses deux mains. Au fond, Signorelli a placé des figures nues tout à fait étrangères au sujet, celles d'un jeune homme faisant de la musique et d'un autre qui l'écoute appuyé sur un long bâton. Michel-Ange, inspiré par cette idée, usa de la même licence dans la Sainte Famille de la tribune.

Salles donnant sur le corridor occidental.

ÉCOLE TOSCANE
(TROIS SALLES)

1° Salle A.

N° 1157.—LÉONARD DE VINCI (?). Tête de jeune homme vue de face, les cheveux rejetés en arrière. Assez jolie de ton, mais d'un dessin un peu sec et d'une expression banale.

N° 1159.—LÉONARD DE VINCI (?). *Tête de Méduse* coupée et gisant à terre dans un effet de raccourci. Attribuée à Léonard, mais bien postérieure et probablement due à un peintre de l'école milanaise qui s'inspira de la description que Vasari avait faite d'une œuvre disparue du maître.

N° 1167.—MASACCIO (1401-1428). Beau portrait en buste d'un vieillard inconnu, vêtu et coiffé de blanc, se détachant sur un fond bleu pâle. Son visage rasé et ridé, légèrement incliné sur la poitrine, a une expression de bonhomie narquoise. Ce fragment de fresque est également attribué à Filippino Lippi.

N° 1154.—INCONNU. *Le Médailleur.* Portrait d'un jeune homme aux traits fins et intelligents; sur sa longue chevelure, il porte une calotte rouge. Vu à mi-corps, et vêtu de noir, il tient sur son cœur une médaille dorée, en relief, à l'effigie de Cosme de Médicis. Cette figure, dont les mains sont remarquablement modelées, se détache sur un très intéressant paysage; elle est connue sous le nom du Médailleur, et passe pour être le portrait de Pic de la Mirandole peint par Andrea del Castagno ou par Sandro Botticelli, à cette époque élève d'Andrea.

Nos 1156 et 1158.—SANDRO BOTTICELLI. *Histoire de Judith et d'Holopherne*, interprétée en deux très petits tableaux, avec ce délicieux sentiment de poésie allégorique propre à Botticelli. Si la précision, le fini précieux et l'anatomie sculpturale de l'Holopherne rappellent Mantegna, l'envolée et la grâce charmante de la Judith font de ce petit chef-d'œuvre une des meilleures pages du maître.

N° 1156.—*La Judith.* Judith, suivie de sa servante, retourne vers Béthulie qui forme paysage au fond. Elle tient d'une main un cimeterre recourbé et de l'autre présente un rameau d'olivier, comme annonce de la paix que par la mort d'Holopherne elle apporte à son peuple. Son ample robe flottante est retenue autour de sa taille par des liens compliqués, et sa démarche calme contraste avec la précipitation de sa servante, figure d'une beauté antique qui, pressant le pas dans un mouvement incomparable, d'une main relève sa robe pour n'être pas entravée dans sa marche, tandis que de l'autre elle soutient sur sa tête la corbeille où la tête d'Holopherne apparaît enveloppée de linges ensanglantés.

N° 1158.—*Holopherne*. Sur le lit placé au fond de sa tente, le général décapité gît nu. Deux groupes d'hommes, d'une facture remarquable et d'un relief saisissant, le contemplent consternés. Sous la draperie relevée de la tente on aperçoit encore deux cavaliers arrêtés dont les attitudes montrent l'effroi et la désolation.

N°1153.—ANTOINE POLLAJUOLO (1429-1498). *Les Travaux d'Hercule*. Ce tout petit diptyque représente Hercule frappant l'Hydre de Lerne et Hercule étouffant Antée. Ces compositions remarquables, modelées en pleine lumière, sont d'une beauté et d'une chaleur de coloris étonnantes. La vérité du mouvement, l'expression des physionomies, la finesse et le rendu des moindres détails ont été traités par le Pollajuolo avec la sincérité et l'emportement fougueux qui caractérisent son style.

Nos 1178 et 1184—FRA ANGELICO (1387-1445). *Les Fiançailles et les Funérailles de la Vierge*. Deux délicieux petits panneaux qui ont le fini de la miniature. Conçus avec la poésie exquise de l'Angelico, ils montrent, par la naïveté enfantine des détails matériels, à quel point toute recherche de la réalité était indifférente ou échappait au génie mystique du maître idéaliste.

N° 1182.—BOTTICELLI (1447-1510).—*La Calomnie*. Lucien fait d'un tableau disparu d'Apelles la description suivante:

«Sur la droite siège un juge qui porte de longues oreilles du même genre que celles de Midas. Debout à ses côtés, sont deux femmes: l'Ignorance et la Suspicion, ses conseillères. Il tend la main vers la Calomnie qu'on voit s'approcher sous les traits d'une femme divinement belle, mais à la figure enflammée, émue et comme transportée de colère et de fureur. De la main gauche elle tient renversée la torche de la justice, tandis que de la droite elle traîne par les cheveux un jeune homme nu, qui lève les mains vers le ciel, et semble le prendre à témoin de son innocence. Deux autres femmes accompagnent la Calomnie, l'encouragent, arrangent ses vêtements et prennent soin de sa parure, l'une est la Fourberie, l'autre l'Hypocrisie. En avant de ce groupe, marche une sinistre vieille voilée et vêtue de noir, c'est l'Envie, décharnée, pâle et hideuse.

En arrière se trouve une femme à l'extérieur désolé, c'est la Repentance; elle retourne la tête et, pleine de confusion, verse des larmes en regardant la figure nue de la Vérité, qui, seule et isolée, se tient debout, montrant le ciel du doigt, comme pour en invoquer la justice.»

Ce sujet était éminemment fait pour tenter Botticelli, et sa passion pour l'allégorie mythologique ne pouvait manquer de s'emparer d'un pareil motif. Interprète fidèle et presque scrupuleux du texte, il n'y apporta que son charme captivant et son incomparable maîtrise, appliqués aussi bien à la beauté des figures, aux vêtements somptueux et compliqués qui les parent, qu'au coloris lumineux et profond et aux architectures enrichies de statues qui forment décor au fond; ses portiques luxueux rappellent, par leur fini et même par une certaine sécheresse sculpturale, la manière du grand Mantegna, avec lequel du reste Botticelli a souvent plus d'un point de contact. Cette œuvre, par la réunion de ses qualités, est une des plus saisissantes compositions qu'ait laissées le riche XVe siècle, et les quelques défauts de composition ou de dessin qu'on pourrait lui reprocher se perdent dans la séduction exercée par l'ensemble.

ÉCOLE TOSCANE

2° Salle B.

N° 1257.—FILIPPINO LIPPI. *L'Adoration des Mages* (1496). Une certaine sécheresse dans la facture de ce tableau le rattacherait plutôt au style de Ghirlandajo qu'à celui de Masaccio, le maître de Filippino.

N° 1268.—FILIPPINO LIPPI. *La Vierge et quatre Saints*. Composition très supérieure à la précédente. La Vierge et l'Enfant assis sur un trône sont entourés des saints Victor et Jean-Baptiste et des saints Bernard et Zenobe. Ce dernier est une figure de vieillard de toute beauté.

N° 1112.—ANDREA DEL SARTO (1487-1531). *La Vierge avec l'Enfant, saint François et saint Jean l'Évangéliste*. Dans ce tableau célèbre se reconnaissent les qualités de coloris, de charme et de grâce extrême, propres à Andrea, mais aussi son absence totale de sentiment religieux et son impuissance à éprouver une émotion vraie.

N° 1279.—*Sodoma*. ANT. BAZZI (dit le Sodoma) (1477-1549). Saint Sébastien. Tableau peint pour servir de bannière à la confrérie de Saint-Sébastien à Sienne. Le martyre du Saint en occupe une des faces et l'autre est consacrée à la Vierge avec l'Enfant, accompagnés de sainte Gismonda, œuvre admirable d'une sincérité et d'une conviction qui ne laissent aucune place à la convention ou à l'à peu près.

N° 1252.—LEONARD DE VINCI. *L'Adoration des Mages*. Esquisse d'un tableau disparu, exécuté en 1478 pour le Palais Vieux. Tout incomplète que soit cette composition traitée en clair obscur, elle témoigne de la prodigieuse sincérité de Léonard et de la conscience avec laquelle il se livrait aux plus minutieuses études pour la moindre composition. Il a cherché ici le contraste violent entre le calme des personnages en adoration sur le premier plan et l'agitation des figures du second plan où se poursuivent des luttes et des combats.

N° 1257.—FILIPPO LIPPI (1454-1504). *Adoration des Rois.* Une des œuvres les plus remarquables et les plus considérables du maître. Commandée en 1496 par les Médicis, l'artiste dut y représenter leurs portraits sous les traits des Rois Mages, et il groupa dans leur suite ceux de tout ce que Florence alors comptait d'hommes illustres.

N° 1288.—LÉONARD DE VINCI. *L'Annonciation.* Ce tableau en longueur fut exécuté en 1471, pendant que Léonard était encore sous la direction de Verrocchio. Il avait été commandé par le couvent de Monte Oliveto, et si l'on sent encore quelque inexpérience dans la couleur un peu lourde et dans l'emploi d'architectures trop surchargées, les figures et les paysages sont déjà traités avec un art consommé.

Rien ne peut rendre le charme et la grâce de la Vierge, la noblesse de son attitude, l'ampleur de ses vêtements. Assise sur une terrasse au seuil de sa maison, elle lit un livre placé sur un pupitre dont la base est un admirable autel antique.

L'Archange reposant à peine sur terre, tant il semble encore soutenu par ses ailes déployées, s'agenouille en face de la Vierge pour la salutation angélique; un lys à la main, et vêtu de blanc, il est drapé d'un somptueux manteau rouge, rehaussé d'ors discrets.

La terrasse, parsemée de fleurs, laisse apercevoir par-dessus sa balustrade un paysage idéal auquel les cyprès du premier plan, avec leurs grêles silhouettes découpées sur le fond du ciel, donnent le caractère de poignante mélancolie particulière aux couchers de soleil toscans.

N° 1301.—ANTONIO DEL POLLAJUOLO. *Saint Eustache, saint Jacques et saint Vincent.* Ces trois magnifiques figures sont debout sur une terrasse d'où l'on découvre un vaste paysage. Elles sont peintes avec une vigueur de style et une fraîcheur de coloris admirables et vêtues avec une somptuosité extrême. Cette œuvre, une des plus parfaites d'un grand et noble artiste, est de premier ordre.

N° 1300.—PIERO DELLA FRANCESCA. Portraits de *Frédéric de Montefeltro*, duc d'Urbin, et de *Battista Sforza*, sa femme. Ce petit diptyque est considéré comme le chef-d'œuvre des peintures à l'huile du maître, tant la composition et l'exécution en sont d'une incomparable beauté. Le prince et la princesse, en buste et de profil, se regardent; ils sont modelés en pleine lumière, sans ombre, et se silhouettent avec une vigueur étonnante sur un fin et délicieux paysage.

Les volets extérieurs du diptyque sont, avec une égale perfection, peut-être plus curieux encore par l'idée mythologique qu'ils interprètent. Sur un fond de paysage faisant suite au précédent, s'avancent l'un vers l'autre deux chars triomphaux. Sur l'un, est assis le duc Frédéric couronné par la Victoire, debout derrière lui. Les chevaux sont conduits par l'Amour, et, devant le prince, sont groupées les Vertus cardinales.

La duchesse occupe l'autre, elle est assise également et escortée de deux figures de femmes. Son char est attelé de licornes, symboles de pureté, que précèdent la Foi et la Charité.

Toutes ces figures minuscules sont peintes avec délicatesse; elles n'occupent que la partie supérieure des panneaux, dont le bas est pris par une inscription latine.

N° 1290.—BEATO ANGELICO. *Couronnement de la Vierge.* Le sujet de ce tableau a permis au maître de s'abandonner sans réserve au ravissement de traiter des béatitudes célestes; aussi est-ce un de ceux qu'il a peints avec le plus de perfection et d'amour.

Sur un fond d'or strié figurant les rayons d'une gloire, trônent le Christ et la Vierge entourés d'un chœur immense de délicieux petits anges dansant, chantant ou jouant de divers instruments, tandis qu'en avant s'échelonnent les élus et les saints. Rien ne peut exprimer la grâce et la divine allégresse de toutes ces délicates figures vraiment béatifiées par le mysticisme profond et touchant d'une âme exquise. Les attitudes sont variées à l'infini, les visages sont peints avec le précieux fini de la miniature; quant aux vêtements, ils sont toujours traités de la même manière, dans les tons extrêmement vifs de l'enluminure, avec de nombreux rehauts d'or. Au premier abord, ce parti pris donne quelque chose d'un peu heurté, et presque de désagréable, auquel il faut que l'œil s'habitue pour subir dans sa plénitude le charme fascinateur propre aux compositions idéales de l'Angelico.

N° 1306.—ANT. DEL POLLAJUOLO. *La Prudence.* Superbe figure de femme assise sur un siège de marbre. Elle tient d'une main le miroir symbolique, tandis qu'autour de l'autre s'enroule le serpent de la sagacité. Elle est vêtue d'une tunique enrichie de pierres avec des manches de brocart; sur ses épaules et sur ses genoux est drapé un magnifique manteau dont la coloration fait déjà pressentir celle de Michel-Ange.

Le détail de cette œuvre de premier ordre est une merveille de rendu.

N° 1267bis.—SANDRO FILIPEPPI, dit BOTICELLI. *La Vierge et l'Enfant.* Ce tableau en forme de médaillon compte assurément parmi les meilleures compositions religieuses du maître, dont la nature, d'ailleurs éminemment profane, fut hostile par essence aux interprétations pieuses qui réclament une absence de recherche et une simplicité inconciliables avec la complication de son propre tempérament. La Vierge, assise de profil, tient l'Enfant mal dessiné et boursouflé; sa tête délicieuse, légèrement penchée, est couverte d'un fin tissu de gaze rayée noué autour du cou d'une manière recherchée. Debout devant elle, deux ravissantes figures d'adolescents lui présentent un livre ouvert et une écritoire, tandis que, plus en arrière, s'incline en souriant un troisième jeune homme.

N° 1289.—BOTTICELLI. *La Vierge et l'Enfant à la Grenade.*

N° 1299.—BOTTICELLI. *La Force.* On retrouve l'école dans ce tableau de jeunesse peint pour la série des Vertus, dans l'atelier de Pollajuolo.

Botticelli, n'étant pas encore maître de son talent, a appliqué à cette œuvre des principes contraires à son tempérament; aussi y contracte-t-elle quelque chose de dur et de heurté.

N° 1307.—FRA FILIPPO LIPPI (1412-1496). *La Vierge adore l'Enfant présenté par deux anges.* Ce tableau, peint pour la chapelle du palais de Cosme l'Ancien, est une des dernières et des meilleures œuvres du maître; la Vierge surtout est une des plus charmantes créations de la peinture florentine. Elle est représentée sous les traits d'une très jeune fille à l'expression naïve et pure, vêtue d'une robe coupée à la mode florentine et dont la légère chevelure est couverte de fins voiles transparents. Assise dans un fauteuil, elle joint les mains et contemple avec recueillement l'Enfant que lui présentent deux anges d'un dessin peu agréable et même défectueux.

N° 1291.—LUCA SIGNORELLI (1441-1524). *Sainte Famille.* Ce tableau rond, dans le style large, dépouillé de tout artifice du maître, montre avec ses admirables qualités de composition et de dessin, sa science consommée du clair obscur, égale souvent à celle de Léonard.

N° 1298.—LUCA SIGNORELLI. *L'Annonciation, la Nativité et l'Adoration des Mages.* Précieuse prédelle où les très petites figures sont traitées tout à la fois avec un fini remarquable et la largeur de style des «Fulminati» d'Orvieto ou des «soldats de Totila» du Mont-Cassin.

LA TRIBUNE

La décoration de la Tribune, haute pièce ronde surmontée d'une coupole, fut confiée par les Médicis, en 1581, à Pocetti; elle est ce qu'a pu donner de moins mauvais le style barocco, et les incrustations de nacre qui en forment l'ornementation ne manquent ni d'élégance ni de goût.

Au pourtour de cette salle sont placées de célèbres statues antiques.

N° 342.—*La Vénus*, dite de Médicis, ouvrage du sculpteur athénien KLEOMENES, fils d'Apollodoros, est environ du IIe siècle avant notre ère.

Entre toutes les représentations d'Aphrodite, la Vénus de Médicis est évidemment le meilleur spécimen de celles où les artistes tentèrent de montrer la déesse sous des traits jeunes et purs, peu en rapport, semble-t-il, avec l'idée évoquée par la déesse de l'amour, dans la plénitude d'une force physique exclusive de toute gracilité mièvre ou efféminée. Elle fut découverte en 1680, près de Tivoli, dans les premières fouilles de cette villa dont l'empereur Adrien avait fait un incomparable musée et d'où furent exhumés en même temps les deux chefs-d'œuvre, ses voisins à la Tribune: les Lutteurs et le Rémouleur. Les trois statues, achetées par le cardinal Ferdinand de Médicis, furent apportées à Florence dès 1681, sous le règne de Cosme III.

La Vénus, retrouvée sans bras, a été restaurée dans le mauvais style du XVIIe siècle, par des praticiens médiocres; il est donc difficile de la concevoir dans sa splendeur passée alors que la chevelure était dorée, que les oreilles étaient garnies de pendants précieux et que les yeux étaient peints.

N° 343.—*Les Lutteurs*. Des nombreux groupes de lutte, sujet si cher à l'antiquité, celui de la Tribune semble un des meilleurs.

Il a, par malheur, subi tous les remaniements possibles. Retrouvé sans têtes, on lui donna celles de deux Niobides, mais ce choix fut fait par quelqu'un de si versé dans l'art sculptural qu'elles s'adaptent de façon à faire croire qu'elles sont les têtes originales. A dire vrai, les torses seuls sont intacts, mais ils suffisent, tels quels, pour rendre ce groupe captivant par la prodigieuse sensation de mouvement et de vie qui s'en dégage.

N° 344.—*Le Satyre dansant*, œuvre grecque de la plus belle époque. La tête, les bras et les cymbales ont été refaits par Michel-Ange. Le reste du corps est un chef-d'œuvre de mouvement, tant le satyre apporte de vie et de passion à sa danse; le pied droit est appuyé sur le «scabillum», instrument en forme de soufflet, dont se tiraient des sons perçants.

N°345.—*L'Apollino*. La beauté de cette statue antique est singulièrement diminuée par l'enduit de stuc dont on dut la recouvrir pour la consolider.

N° 346.—*L'Arrotino* (*le Rémouleur*). Un des marbres les plus célèbres de l'école de Pergame, c'est-à-dire de la dernière période de l'art grec. Cette statue, dont la parenté avec *le Gladiateur mourant* du Capitole est évidente, représente un homme âgé, accroupi devant une pierre sur laquelle il aiguise son couteau, la tête relevée et le regard interrogateur.

La critique considère maintenant l'Arrotino comme un Scythe, esclave d'Apollon, et son action comme la préparation à l'écorchement de Marsyas.

Le polissage donné au marbre lors de sa découverte en 1675, l'a fait longtemps prendre pour une œuvre moderne de la Renaissance.

Les plus belles peintures des Offices sont réunies dans cette salle.

N° 1131.—RAPHAEL. *Portrait du pape Jules II* Les portraits peints par Raphaël sont d'un tout autre ordre que ceux de maîtres tels que le Titien ou Van Dyck, qui étaient spécialement des peintres de portraits. Raphaël ne fit le portrait qu'incidemment et toujours sous l'influence de sa manière du moment. Celui de Jules II est de l'époque romaine et d'une tonalité très sombre, fortement impressionnée comme coloris par les Vénitiens.

Dans cette toile qui appartenait à la famille de la Rovere, on regrette de ne retrouver ni la vivacité, ni le feu du regard qu'on serait en droit d'attendre du violent, passionné et fougueux pontife.

N° 129.—RAPHAEL. *La Vierge du Chardonneret*. Ce tableau, dans la première manière de Raphaël, fut exécuté en 1548, à Florence, pour la famille Nasi. D'une grâce charmante, mais banale, d'une perfection absolue, mais froide, sans aucun appel à un sentiment plus profond, il vous laisse indifférent.

N° 1127.—RAPHAEL. *Saint Jean dans le désert*, une des nombreuses copies de ce sujet traité par le maître et dont l'original a disparu.

N° 1123.—SEBASTIEN DEL PIOMBO. Portrait d'une jeune Vénitienne, tableau nommé *la Fornarina* et longtemps attribué à Raphaël. Fra Sebastiano peignit cette toile, véritable chef-d'œuvre, en 1512, à Rome, où l'avait appelé Agostino Chigi pour travailler à la décoration de la Farnésine. Si, dans cet ouvrage remarquable, il est encore sous l'influence de Palma le Vieux pour le dessin, il a bien davantage la coloration lumineuse et dorée de son maître le Giorgione.

N° 1120.—RAPHAEL. *Portrait d'une Inconnue* qu'on croit pourtant de la famille Doni. Ce portrait a été peint en 1505, au moment où Raphaël, à peine arrivé à Florence, était encore sous l'influence directe du Pérugin. C'est une très belle toile, d'une grande simplicité d'allure et d'une couleur superbe.

N° 1117.—TIZIANO VECELLI (LE TITIEN) (1477-1576). *La Vénus au petit chien*. Ce portrait de la duchesse d'Urbin la représente sous les traits d'une Vénus nue couchée sur un lit où se pelotonne son petit chien. Cette toile, d'une prodigieuse intensité de couleur, est superbe de modelé et de vie palpitante où débordent la joie et la volupté.

N° 1139.—MICHEL-ANGE BUONARROTI. *Sainte Famille*. Ce tableau en forme de médaillon est un des seuls de cet ordre et de cette dimension peints par le maître. Il y a uniquement recherché la difficulté, et la position de la Vierge assise à terre, élevant vers saint Joseph debout derrière elle l'Enfant qu'elle tient à bras tendus, donne un désagréable effet de raccourci où il n'a été apparemment visé qu'au tour de force. Le fond du tableau est occupé par des figures de jeunes hommes nus, que rien ne relie au sujet, placés là par Michel-Ange uniquement à l'instar de Signorelli, sans aucun des prétextes ni aucune des excuses de cet illustre devancier. En effet, à l'époque de Signorelli, l'art était limité par des bornes si étroites qu'il s'agissait avant tout de l'élargir, et, en plaçant avec une hardiesse presque téméraire des figures nues à l'arrière-plan d'un sujet sacré, Signorelli visait un but précis, celui d'émanciper l'artiste jusque-là asservi à des formules et de consacrer le principe de la liberté absolue dans le domaine des interprétations.

N° 1141.—ALBERT DÜRER (1461-1528). *Adoration des Mages*. Ce tableau, chef-d'œuvre de l'école allemande, atteint à la perfection. Le grand Dürer le peignit en 1504, après son voyage en Italie et au moment où il était à l'apogée de son beau et sincère talent. La foule des personnages qu'il a représentés dans des attitudes aussi nobles que variées, la somptuosité des vêtements, la diversité des physionomies, font de cette œuvre une peinture aussi intéressante qu'attachante. Dürer s'est livré à son goût pour la minutie dans sa recherche des détails: fleurs, insectes, papillons et scarabées traités avec le fini précieux de la miniature.

N° 1118.—CORRÈGE (1494-1534). *Le Repos en Égypte avec saint Bernard*. Ce tableau est un des premiers où le Corrège, se laissant aller à ses goûts personnels, fit d'un sujet religieux un tableau de genre. Malgré bien des imperfections et des incorrections encore, il a déjà son coloris lumineux et profond, ainsi que la beauté de son modelé.

N° 1111.—MANTEGNA (1431-1506). Triptyque admirable où sont peintes, *l'Adoration des Rois* et, sur les côtés, *la Circoncision et la Résurrection*.

Ces précieuses peintures, œuvres de la jeunesse de Mantegna, exécutées en 1454, décoraient la chapelle des ducs de Gonzague à Mantoue; le volet de droite, consacré à la Circoncision, est d'une beauté antique: c'est du grand art dans toute sa noble et sévère pureté et rien n'a jamais été fait de comparable comme élévation et comme forme.

ÉCOLE ITALIENNE
MAITRES DIVERS.
Salle IV.

Tableaux divers: *Albane, Allori, Bassano, Canaletto, Corrège.*

N° 1025.—ANDRÉ MANTEGNA. *La Vierge aux Rochers.* Cette petite perle, traitée comme de la miniature, fut peinte à Rome en 1489. La Vierge, assise sur un extraordinaire rocher de schiste hérissé de ses lamelles, est somptueusement vêtue: sur une jambe presque repliée, elle tient à califourchon l'Enfant pris dans un merveilleux raccourci, et sa tête austère et grave rappelle les belles figures des Van Eyck. Le long du rocher serpente en contre-bas une route suivie par des troupeaux et des personnages minuscules. La beauté du paysage est l'admirable complément de ce petit chef-d'œuvre.

ÉCOLE HOLLANDAISE
Salle V.

N° 695.—LUCAS DE LEYDE (?) (1494-1533). Petit portrait en buste de *Ferdinand, infant d'Espagne.*

Le profil, tourné à gauche et un peu sec, se détache sur un fond bleu clair. Le prince porte des cheveux longs et à son grand chapeau est fixé un insigne en pierreries.

Les Gaspard Netscher sont prodigués dans cette salle peu intéressante.

ÉCOLES ALLEMANDE ET FLAMANDE
(1re salle)
Salle VI.

N° 795.—ROGER VAN DER WEYDEN (1400-1468). *Jésus au Sépulcre*. Au-dessus du rocher où est creusé le sépulcre, on aperçoit les trois croix du Calvaire et la ville de Jérusalem. En avant du tombeau, saint Jean et la Vierge soutiennent les deux bras du Christ devant lequel est agenouillée la Madeleine, tandis que Nicodème et Joseph d'Arimathie supportent le corps raidi par la mort.

La coloration, le dessin et la pensée dont est animé ce tableau, sont admirables, et les costumes, traités avec le plus grand soin, sont remplis d'intérêt.

N° 784.—HANS HOLBEIN, LE JEUNE. *Portrait de Zwingli*. Le réformateur est un homme puissant, dont la large figure respire la bonhomie. Il porte la moustache et une longue barbiche blanche; l'œil est fin et intelligent.

Nos 777 et 768.—ALBERT DÜRER. *Portrait de son père en buste*. Cette œuvre admirable, d'une grande simplicité, appartient à la manière de Dürer avant l'influence italienne et forme un intéressant contraste avec les deux précédents.

N° 765.—HANS HOLBEIN, LE JEUNE. *Richard Southwell*. Il est en noir sur fond vert, coiffé d'une barrette noire; la tête a une certaine sécheresse.

N° 850.—HANS HOLBEIN (cadre contenant plusieurs petites têtes).

N° IX.—*Médaillon de Hans Holbein*. Charmante petite tête d'homme, de face; il porte toute sa barbe et est coiffé de la barrette noire.

N° 847.—LUCAS CRANACH (1472-1553). *Luther et Mélanchthon*.

N° 845.—*Jean* et *Frédéric*, électeurs de Saxe. Quatre petits portraits sur fond turquoise.

ÉCOLES ALLEMANDE ET FLAMANDE

(2e salle)
Salle VII.

SCHOUFFLEIN DE NUREMBERG (1492-1539). Plusieurs scènes de la vie de *Saint Pierre* et de *Saint Paul*.

N° 703.—JEAN MEMLING. *La Madone sur un trône*. Ce délicat petit tableau, d'une finesse exquise, si on le compare aux œuvres des primitifs florentins, donne peut-être la supériorité aux maîtres flamands pour le rendu et la minutie du détail. C'est de la peinture à la fois aussi large et aussi poussée que possible.

La Vierge, assise sur un trône derrière lequel est tendue une étoffe de brocart, est entièrement vêtue de rouge, y compris son voile, et le bas de sa robe tombe sur un superbe tapis d'Orient placé devant elle. De ses deux mains elle porte l'Enfant Jésus, qui tient de la main gauche une cerise et tend la droite pour recevoir une pomme présentée par un ange agenouillé. Cet ange, vêtu d'une dalmatique passée sur sa robe blanche, porte de l'autre main son violon et son archet, tandis qu'un second ange agenouillé joue de la harpe.

Le premier plan est séparé du fond par une arcade enrichie de motifs sculpturaux traités avec une étonnante perfection et à travers lesquels s'aperçoit un beau paysage flamand tout différent des fonds peints par les maîtres italiens.

ÉCOLE FRANÇAISE

Salle VIII.

N° 674.—LARGILLIÈRE. *Portrait de Jean-Baptiste Rousseau.*

La tête de face, d'une belle couleur, est coiffée d'un bonnet de velours bleu à la Rembrandt. Son costume se compose d'une robe du même velours bleu drapée avec art; elle est doublée de satin orange, brodée et garnie de dentelle.

N° 671.—ANTOINE WATTEAU. *Le Joueur de flûte.* Des cavaliers et des dames écoutent dans un jardin un joueur de flûte.

N° 667.—FRANÇOIS CLOUET (1500-1572). Petit portrait équestre du roi de France, *François Ier*, monté sur un cheval blanc harnaché d'entrelacs de velours cramoisi. Peut-être le chef-d'œuvre de Clouet.

Le roi est armé de toutes pièces, seulement le casque est remplacé par la petite toque noire à plume blanche; les détails infinis de l'armure noire niellée d'or sont traités d'une façon merveilleuse.

LES GEMMES

Salle IX.

La petite salle des gemmes est un cabinet de forme elliptique entouré de six armoires vitrées, où sont contenus les ouvrages en pierre dure, cristal de roche, lapis et autres gemmes, au nombre de quatre cents, qui constituaient la précieuse collection des Médicis.

Armoire II.—Cassette en cristal de roche, peut-être le plus précieux morceau de la collection. L'histoire de Jésus-Christ y est représentée en vingt-quatre compartiments gravés en creux. Cet objet fut commandé à VICENTINO BELLI par le pape Clément VII et fut donné par lui à François Ier, lors du mariage d'Henri II et de Catherine de Médicis. VICENTINO forcé, comme les della Robbia, par la matière à laquelle il s'était consacré, à une extrême tenue de style et à une simplicité sévère, déploie un art véritable dans ses ouvrages. Dans la même armoire, un autre exemple du goût de Vicentino est l'admirable coupe en cristal dont le couvercle en or émaillé, attribué à Benvenuto Cellini, porte les chiffres entrelacés d'Henri II et de Diane de Poitiers pour laquelle la pièce fut commandée.

Armoire V.—Coupe en pierre dure attribuée à Jean de Bologne et dont le couvercle est surmonté d'Hercule terrassant l'Hydre de Lerne.

Armoire VI.—Coupe en cristal de roche, par Benvenuto Cellini.

Corridor méridional donnant sur l'Arno.

N° 137.—*Autel antique* de la belle époque grecque. Il représente Iphigénie conduite au sacrifice.

N° 138.—*Le Spinero*, le tireur d'épines, réplique antique en marbre du beau bronze du Capitole.

N° 141.—*Base triangulaire* représentant trois belles figures de femmes en bas-relief, ouvrage grec du plus beau style.

MICHEL-ANGE. *Bacchus avec un satyre derrière lui*. Ce bel ouvrage de jeunesse fut exécuté pendant que le maître était encore tellement imbu de l'antiquité que tout l'art pour lui se réduisait à la reproduire exactement. C'est ce qui explique l'attribution d'antique donnée longtemps à cet ouvrage remarquable et d'un caractère unique dans l'œuvre du maître.

Dans le corridor occidental.

Nos 155 et 156.—*Deux statues de Marsyas* plus grandes que nature restaurées, l'une par Donatello, l'autre par Verrocchio.

Salles donnant sur le corridor occidental.

ÉCOLE VÉNITIENNE

(1re salle)

Salle XXIII.

ECOLE VÉNITIENNE. Le cardinal Léopold de Médicis acheta en 1654 la collection de Paul de Sera, riche marchand florentin établi à Venise. C'est de cette galerie que proviennent presque tous les tableaux de l'école Vénitienne du musée des Offices. Au milieu d'un ensemble plutôt secondaire, quelques toiles sont de premier ordre.

N° 767.—FRA SEBASTIANO DEL PIOMBO (attribué au Moretto). *La Mort d'Adonis*. Les belles formes et la noble attitude de Vénus accompagnée de nymphes désolées, rappellent la pure et grave manière de Palma. Le paysage du fond, franchement vénitien, est fort beau.

Nos 599 et 605.—TITIEN. *Portraits du duc François-Marie d'Urbin* en armure, sur un fond rouge, et de sa femme la *duchesse d'Urbin* assise dans un fauteuil et déjà âgée. Ces portraits, peut-être la plus remarquable œuvre de l'époque, furent peints en 1537; ils sont admirables de caractère, tout en étant d'un fini d'exécution précieux. On retrouve dans celui de la duchesse le même petit chien pelotonné que dans la Vénus couchée de la Tribune.

N° 626.—TITIEN. *La Flore*. Dans cette superbe toile on ne saura jamais la part réelle qu'a la nature ou qui revient à la fantaisie imaginative du maître. C'est une jeune et admirable Vénitienne blonde, vêtue d'une chemise légère, sur laquelle elle ramène une draperie rose, tandis que sa main tendue tient des fleurs. Rien ne peut rendre la largeur et la maëstria avec lesquelles le Titien a peint ce chef-d'œuvre.

N° 648.—TITIEN. *Portrait de Catherine Cornaro*, reine de Chypre. Elle est représentée avec la roue de sa patronne, sainte Catherine d'Alexandrie. Ce portrait est plus intéressant par le costume que par la facture.

ÉCOLE VÉNITIENNE

(2e salle)

Salle XXIV.

N° 629.—MORONE. *Portrait d'un savant*, remarquable peinture.

N° 631.—JEAN BELLIN (attribué à Basaiti). *La Vierge au lac.* Sur un rocher qui domine la rive d'un lac solitaire, la Vierge est adorée par saint Joseph, saint Paul, saint Sébastien et plusieurs autres saints. Le délicieux paysage du fond contribue à la beauté grave et mélancolique de ce délicat petit chef-d'œuvre.

Nos 601 et 638.—TINTORET. Deux très beaux portraits de l'*amiral Venier* et de *Jacob Sansovino*, sculpteur et architecte, peint dans sa vieillesse un compas à la main.

Au fond des salles de la peinture vénitienne s'ouvre le cabinet des médailles.

Retournant sur ses pas au corridor oriental, on prend un couloir conduisant à la salle dite de «Lorenzo Monaco» où ont été réunis quelques ouvrages remarquables des «Quatrocentisti». Ils sont mieux éclairés que dans les autres salles du musée.

SALLE DE LORENZO MONACO

N° 1309.—LORENZO MONACO. *Le Couronnement de la Vierge*, peint en 1413 et provenant de la Badia de Cerretan. C'est un grand retable sur fond or à trois compartiments, intéressant surtout par son style gothique absolu.

N°1310.—GENTILE DA FABRIANO(1425). *Sainte Madeleine, Saint Nicolas de Bari, Saint Jean* et *Saint Georges* dans quatre compartiments sur fond or; ces figures sont elles-mêmes richement rehaussées d'or.

N° 17.—BEATO ANGELICO. *Grand retable* à volets sur fond or. Peint en 1443 pour la corporation des marchands de tissus de lin. Au milieu est la figure colossale de la Vierge assise et sur les volets extérieurs et intérieurs sont les quatre Évangélistes. Dans ce tableau on peut se rendre un compte exact de l'impossibilité où se trouvait Angelico d'excéder certaines proportions hormis dans la fresque. Pour une œuvre de cette dimension, l'absence de science anatomique, le manque d'animation et de vie des personnages sont des défauts frappants, qui deviennent trop sensibles.

La véritable voie d'Angelico, celle où il est unique, est l'interprétation des joies et des béatitudes célestes par des figures hiératiques et mystiques de petites proportions; aussi les douze anges qui encadrent la Vierge et jouent de différents instruments sont-ils de beaucoup la meilleure partie de l'œuvre, et plusieurs d'entre eux peuvent compter parmi les plus idéales compositions du maître.

N°1297.—DOMENICO GHIRLANDAJO. *Vierge et Enfant.*—La Vierge est assise sur un trône entouré d'une balustrade derrière laquelle se pressent quatre chérubins avec des lys; sur son genou gauche L'Enfant porte la sphère et bénit. A ses côtés se tiennent saint Michel et L'archange Gabriel, au premier plan sont agenouillés deux saints évêques de chaque côté d'un vase de fleurs. La tonalité un peu grise de cette jolie composition la ferait plutôt attribuer à Ridolfo Ghirlandajo.

N° 1286.—SANDRO BOTTICELLI. *Adoration des Mages* (1466). Ce tableau, peint par Botticelli encore très jeune pour Cosme l'Ancien, se ressent des influences de ses maîtres et tel personnage semble échappé du pinceau de Pollajuolo, tandis que tel autre, comme la Vierge par exemple, est empreint du sentiment gracieux de Lippi. Toutefois, combien, par la science de la composition, par le groupement des personnages, Botticelli leur est-il déjà supérieur!

Devant un rocher, au milieu de ruines fantaisistes, la Vierge mince et élancée reçoit les Rois Mages agenouillés sur des plans différents et qui sont les portraits de Cosme, de son fils Jean et de son petit-fils Julien. Cosme, vêtu à la Pollajuolo d'une robe noire couverte de broderies d'or, est le plus rapproché de la Vierge.

Au premier plan, vu de dos, Jean, en manteau rouge à revers d'hermine, le chapeau posé à terre, est accompagné de son fils Julien vêtu de blanc.

Les autres personnages dont le groupement mouvementé concourt à l'action, sont également des portraits et quelques-uns même sont des portraits de premier ordre. Il faut citer particulièrement la splendide, austère et grave figure d'un homme jeune vêtu de noir avec des chausses vertes, puis celle d'un adolescent en manteau bleu clair dont le profil exprime l'adoration et l'extase, tandis qu'un autre portant la tunique florentine rouge à manches bleu de ciel, les mains croisées sur son épée fichée en terre devant lui, regarde d'un œil dédaigneux ce qui l'entoure; aussi, son voisin a-t-il l'air de le ramener à la réalité en lui montrant la scène.

On peut considérer cette œuvre comme une des plus précieuses qu'aient laissées les «Quattrocentisti» et une des plus complètement belles de l'art florentin.

N° 59.—SANDRO BOTTICELLI. *La Naissance de Vénus.* Autre œuvre de jeunesse, peinte simultanément avec l'allégorie du Printemps, sur l'ordre de Pierre de Médicis, pour la décoration de sa villa de Castello. C'est le premier sujet mythologique où s'essaya le maître; aussi est-il d'une jeunesse, d'une poésie et d'un charme inexprimables. Rien ne peut rendre la grâce de cette figure de Vénus quasiment vêtue de sa chevelure d'or, debout sur la conque à reflets dorés qu'elle va quitter pour descendre au rivage de Cythère. Son beau corps est légèrement penché en avant, sur son instable nacelle que poussent les zéphyrs, et le Printemps, figuré sous les traits charmants d'une jeune femme, sort d'un bois de lauriers à reflets dorés pour recevoir la déesse dans les plis d'un manteau semé de fleurs et gonflé par le vent. Moins énigmatique que celui de l'Académie, le Printemps est vêtu d'une flottante robe blanche, parsemée de bleuets, retenue autour de la taille par une ceinture formée de branches de roses. Ses admirables cheveux dorés flottent en arrière et toute son élégante silhouette se découpe sur le manteau de la déesse. Certaines naïvetés de facture, telles que les vagues de la mer, donnent encore une saveur particulière à cette charmante composition où les personnages sont d'une taille plus importante que ne le sont les figures habituelles de Botticelli.

N° 1309.—DOMENICO VENEZIANO. *La Vierge* trônant sous des arcades et entourée de quatre saints.

Cette peinture un peu blafarde est la seule sûrement attribuée à ce peintre, maître de Piero della Francesca.

SALLES DES PORTRAITS DES PEINTRES PEINTS PAR EUX-MÊMES

Salle XIX.

MAITRES ANCIENS.

N° 233.—*Rubens* sans chapeau (1610).

N° 228.—*Rubens* avec chapeau (1620).

N° 354.—*Giovanni Bellini*. Beau portrait d'homme faussement donné comme le sien, buste dont le visage rose est encadré de longs cheveux roux coupés à la florentine.

N° 549.—*Mme Vigée-Lebrun.*

N° 290.—Michel-Ange (mauvaise œuvre du XVIIIe siècle).

N° 292.—*Léonard de Vinci*. Portrait exécuté probablement par Schidone. Belle tête jeune et énergique où de longs cheveux blonds se confondent avec la barbe soyeuse et épaisse, d'un ton doré.

N° 288.—*Raphaël*. Ce joli portrait (1506) est de la même époque et de la même valeur que celui de Madeleine Doni. Cette œuvre intéressante de sa première manière a malheureusement beaucoup souffert. Raphaël s'y est représenté sous les traits d'un jeune homme vu de dos, la tête tournée à droite et le visage encadré de longs cheveux châtains. Il porte la tunique et la barrette noire.

N° 287.—PIETRO PÉRUGIN. Le plus beau des portraits dus au Pérugin (1494). Il représente l'espagnol *Lopez Perego* et est d'une individualité, d'une finesse de coloration et d'un ton doré remarquables. Le visage rasé, vu de face, encadré de cheveux blonds ébouriffés, est surprenant de vie.

N° 223.—*Antoine Van Dyck.*

N° 237.—*Quentin Matsys.*

N° 236.—*Antonio Moor* assis devant une toile blanche, sa palette et ses pinceaux à la main.

N° 232.—*Hans Holbein* le Jeune. Dessin au charbon et au crayon avec une légère coloration à l'aquarelle. La tête est très fine, les cheveux rares sont arrangés en curieuses mèches sur le front.

Nos 451-452.—*Rembrandt*. Le premier de ces admirables portraits produit une profonde impression; il montre le maître au déclin de l'âge, dont les atteintes ont laissé leur profonde mélancolie sur son grave et beau visage.

AU MILIEU DE LA SALLE.

N° 339.—*Vase Médicis*. Ce cratère, fameux par l'élégance de sa forme et par la beauté de son bas-relief, représente le Sacrifice d'Iphigénie. On le considère comme un très remarquable ouvrage grec trouvé à Rome dans les fouilles du XVIIIe siècle.

Salle XVIII.

MAITRES MODERNES.

SALLES DES ANTIQUES ET DES PIERRES GRAVÉES

Salle XV.

Inscriptions grecques et latines provenant de Rome pour la plupart.

Au milieu: Statues antiques de Bacchus et d'Ampelos, de Mercure, de Vénus, d'Uranie, de Vénus Genitrix.

Salle XVI.

Cabinet de l'Hermaphrodite (à la suite de la salle précédente).

N° 308.—*Ganymède et l'Aigle*, restauré par Benvenuto Cellini dans son sentiment personnel.

N° 315.—*Torse de Faune*.

N° 306.—*Hermaphrodite* couché sur une panthère. Cette statue n'est pas une des plus belles interprétations qui existent de ce sujet si cher aux anciens. Toute la partie inférieure a été restaurée.

Salle XVII.

(Suite de la salle de l'Hermaphrodite.) Cabinet des Camées et des Pierres gravées.

La collection des Camées et des Intailles de ce cabinet provient des Médicis. Cette belle collection de plus de 4.000 numéros est exposée en douze compartiments. Les camées antiques les plus remarquables sont contenus dans le premier.

Le n° 7 est un excellent ouvrage grec sur onyx. L'amour ailé jouant de la lyre est monté sur un lion rugissant qui symbolise le pouvoir de l'amour destiné à dompter les natures les plus féroces.

La vitrine n°6 contient des portraits sur camée de personnages célèbres au XVe et au XVIe siècle.

La vitrine n°11, au n°2458, renferme la fameuse bague à sphinx dont Auguste se servait comme cachet. Elle fut trouvée dans son tombeau à Corea près de Rome.

PIERRES GRAVÉES DU XVe SIÈCLE.

N° 371.—*Buste de Savonarole*, ouvrage superbe de Giovanni delle Corniole, gravé sur cornaline.

N° 373.—*Buste de Léon X* en jade, œuvre présumée de Michelino, orfèvre florentin.

N° 334.—*Scène allégorique de Mariage*, ouvrage attribué à Valerio Vicentino. Différents objets intéressants sont encore dans cette salle.

A. Masque du Dante, moulé après sa mort.

B. Petit modèle en cire de Michel-Ange pour la statue du «Penseur» de la nouvelle sacristie de Saint-Laurent.

G. Petit cadre où sont renfermées les miniatures de Henri II et de Catherine de Médicis entourés des princes et princesses de la maison royale de France.

E. Vingt-quatre petits portraits des Médicis depuis Jean de Bicci, père de Cosme l'Ancien; plusieurs sont l'œuvre du Bronzino.

SALLE DU BARROCCIO

Salle XIV.

Œuvres d'intérêt secondaire.

Salle XIII.

Salle de Niobé. Ainsi nommée des seize statues du célèbre groupe de Niobé. En l'année 1583, on trouva dans la villa Palombara à Rome, entre Sainte-Marie Majeure et le Latran, une véritable mine de statues, parmi lesquelles se trouvèrent les Lutteurs de la Tribune et les statues de Niobé, de ses sept fils, de ses sept filles et des pédagogues tombés sous les flèches d'Apollon et de Diane. Ces statues appartiennent à des époques très différentes et la qualité même de leur marbre tend à prouver que ce sont des copies romaines de l'époque de la décadence plutôt que d'anciens originaux grecs, comme on l'avait pensé d'abord. Elles ont presque toutes une raideur de mouvement et une exagération de pose résolument contraires à cette attribution. Les deux plus belles sont:

N° 241.—*Niobé et sa plus jeune fille,* sujet principal de l'ensemble.

N° 244.—*Jeune homme* gisant à terre, dans un beau mouvement.

La taille et les attitudes différentes de ces statues font présumer qu'elles décoraient le fronton d'un temple.

Nos 140 et 147.—RUBENS. Ces deux belles compositions, où le talent de Rubens se montre sous son meilleur jour, représentent Henri IV à la bataille d'Ivry et son entrée à Paris.

BRONZES ANTIQUES
Salles XI et XII.

La collection des bronzes contenue dans deux salles comprend des pièces d'ordre secondaire, exception faite toutefois des numéros suivants.

N° 424.—*Mercure,* connu sous le nom de *l'Idolino,* statue nue de jeune homme, trouvée à Pesaro en 1530; œuvre grecque remarquable.

N° 148.—Le bronze repose sur une base du XVe siècle, ouvrage de DESIDERIO SETTIGNANO, travail d'une beauté, d'une élégance et d'une richesse extrêmes, aussi bien dans les bas-reliefs que dans les ornements qui le décorent.

A l'extrémité du corridor oriental s'ouvrent trois salles où sont contenus les dessins.

La Galerie de Florence possède une des plus riches collections connues de précieux dessins originaux des maîtres anciens. Commencée par le cardinal Léopold de Médicis, on présume qu'il acheta, pour la former, le fameux recueil composé par Vasari, alors qu'il travaillait à son ouvrage sur les peintres. Enrichie, par la suite, de legs et de dons successifs, elle se compose actuellement de plus de 35.000 dessins dont on a exposé les plus remarquables, tous par conséquent de premier ordre.

Salle I.

La paroi du mur de droite est occupée par les dessins de l'école de Giotto, parmi lesquels s'en retrouve un à la plume, très rare, de Taddeo Gaddi. Ceux de Masolino, de Masaccio, d'Uccello, de Fra Angelico et de Benozzo Gozzoli remplissent la paroi suivante. Les œuvres les plus saillantes sont:

N° 254.—PIERO POLLAJUOLO. Remarquables anatomies d'hommes assis.

Nos 267, 268, 269.—ANTONIO POLLAJUOLO. Études de nu.

Nos 261, 262, 263.—ANTONIO POLLAJUOLO. Études de femmes nues pour ses Vertus.

Nos 276, 277, 278, 279.—ANTONIO POLLAJUOLO. Pape bénissant, études.

Nos 59 (256).—SQUARCIONE. Guerrier en armure.

N° 187.—BOTTICELLI. Anges lisant.

N° 190.—BOTTICELLI. Étude de femme nue.

N° 192 à 199.—BOTTICELLI. Études plus ou moins poussées, toutes d'un beau mouvement et d'une grâce exquise.

N° 212.—BOTTICELLI. Étude admirable pour la Vénus de la National Gallery de Londres.

Nos 200, 201, 202.—BOTTICELLI. Études.

N° 203.—BOTTICELLI. Étude connue sous le nom de «Circé». Deux femmes nues drapées de gazes sont à côté d'un brasier où l'une d'elles prend des tisons.

N° 1440.—PIERO DELLA FRANCESCA. Esquisse de «la Résurrection» de Borgo San Sepolcro.

N° 184 T.—FRA FILIPPO LIPPI. Dessin rehaussé de blanc, la Vierge adorant l'Enfant soutenu par deux anges, carton du tableau.

N° 1307.—Placé dans la troisième salle de l'école Toscane.

N° 139.—FILIPPINO LIPPI. Étude de tête pour la Vierge de la Badia (bistre).

N° 129.—FILIPPINO LIPPI. Étude pour le Saint Bernard de la Badia.

FILIPPINO LIPPI. Esquisses à la plume et études pour les fresques de la chapelle Strozzi à Sainte-Marie Nouvelle.

La paroi gauche de la salle est occupée par des dessins de maîtres divers.

Ceux de MANTEGNA sont de premier ordre; ils semblent des bas-reliefs antiques.

N° 395.—Hercule étouffant Antée.

N° 397.—Merveilleux dessin de Vierge en adoration.

N° 404.—Judith mettant la tête d'Holopherne dans un sac présenté par sa suivante.

Étude plume, bistre et noir, d'une rare perfection. Elle porte la date de 1491.

N° 336.—Femme dont le vêtement s'envole. Les dessins de GHIRLANDAJO sont presque tous des compositions et des études de sa fameuse fresque du chœur de Sainte-Marie Nouvelle.

Nos 1246 et 1250.—SIGNORELLI. Études de démons et de damnés pour la chapelle Saint-Brizio d'Orvieto.

N° 566.—SODOMA. Buste de jeune homme couronné de lauriers, admirable dessin au crayon de couleur.

N° 594.—JEAN BELLIN. Portrait de jeune homme à la sanguine, qu'on croit être le sien.

Des dessins de SÉBASTIEN DEL PIOMBO, d'autres d'ANDREA DEL SARTO, compositions ou études pour les fresques exécutées à Florence, sont dignes de remarque. Les maîtres vénitiens sont aussi nombreusement et bien représentés.

Salle II.

N° 164.—PIERRE PÉRUGIN est représenté par des dessins de premier ordre. Dans un même cadre se trouvent réunies les trois feuilles de la composition du tableau de la «Déposition de Croix» du Musée Pitti. Toutes les figures de cette pièce remarquable sont exécutées à l'aquarelle rehaussée de blanc et précieusement finies.

Autre étude pour la fresque du couvent de Sainte-Madeleine des Pazzi.

N° 408.—Sainte Catherine, étude pour le tableau de Bologne.

N° 402.—Vénus et l'Amour, étude pour le Cambio de Pérouse.

Vingt-sept précieux dessins de LÉONARD DE VINCI de la plus grande rareté atteignent tous le summum de la perfection.

N° 435 (1re salle).—Admirable lutte d'une chimère contre un lion (au lavis).

N° 426.—Tête de jeune femme couverte d'un voile.

N° 425.—Tête de femme vue de face.

N° 414.—Jeune femme au crayon rouge, en buste.

N°427.—Admirable portrait d'homme, crayon rouge et noir.

N°419.—Tête de jeune femme au crayon rouge, d'un modelé précieux, véritable petit chef-d'œuvre. Son front est couvert d'un voile retenu par une bandelette, ses longs cheveux tombent sur ses épaules, son profil noble et délicat a une expression énigmatique.

N° 428.—Étude de tête pour une Madeleine, à la plume et au bistre.

Puis des études de draperies à la détrempe, des caricatures, des études sur le laid, et enfin une curieuse feuille avec des esquisses de machines annotée de la main de Léonard et datée de 1478.

Trente-sept dessins sont de la main de Raphaël. Quelques critiques que l'on puisse justement adresser à l'incroyable fécondité de Raphaël et à sa facilité trop excessive, comme dessinateur il est incomparable et la pureté de son style reste unique.

«La Cavalcata». Un de ses plus fameux dessins à la plume, rehaussé d'aquarelle. Il porte en haut l'explication du sujet et représente un des épisodes de la vie d'Æneas Silvius Piccolomini, celui où il se rend au concile de Bâle.

Le Pinturicchio, qui avait reçu la mission de retracer la vie d'Æneas sur les murs de la Libreria de Sienne, n'avait pas eu de cesse qu'il n'eût obtenu de son jeune camarade d'atelier que celui-ci exécutât un des sujets à son choix. Le dessin en question est l'étude de cette composition.

N° 259.—Étude pour le petit Saint George du musée de l'Hermitage de Saint-Pétersbourg.

N° 530.—Étude pour le petit Saint George de la National Gallery à Londres.

N° 521.—Étude pour la femme portant des amphores dans «l'Incendie du Bourg» (Vatican, Chambres).

N° 531.—Dessin appelé «d'Idolino». Bacchus jeune porte un vase sur sa tête.

Dessin pour la «Déposition de Croix» du musée Borghèse à Rome.

Étude au crayon rouge pour la «Vierge au voile» de la Tribune du Louvre.

Étude pour le «Saint Jean dans le désert» de la Tribune.

N° 1127.—Deux aquarelles rehaussées de blanc pour les loges du Vatican: «l'Adoration du veau d'or» et «Moïse faisant jaillir l'eau du rocher».

Au crayon noir, la première esquisse de la «Vierge du Grand-Duc» du musée Pitti. Au crayon rouge la composition de la «Madonna del Pesce» du musée du Prado à Madrid.

Enfin, à l'aquarelle rehaussée de blanc, le fameux dessin de la peste dit «il Morbetto» qui a été gravé par Marc-Antoine.

Les dessins de Michel-Ange, au nombre de vingt, sont autant de chefs-d'œuvre.

N° 608.—L'un d'eux offre le plus grand intérêt. A la plume et à l'aquarelle, il donne le plan du fameux tombeau de Jules II, inexécuté, au grand désespoir du maître.

N° 607.—Esquisse des tombeaux des Médicis à la sacristie neuve de Saint-Laurent.

Deux esquisses du célèbre carton détruit de la «Bataille des Florentins et des Pisans».

N° 599.—Têtes de femmes; l'une d'elles, casquée et la poitrine nue, passe pour être le portrait de Vittoria Colonna.

N° 594.—Étude pour un des esclaves de la Sixtine.

N° 601.—La Furie appelée aussi «el Damnato». Tête de face, la bouche ouverte et convulsée, les yeux féroces, les cheveux hérissés sous une draperie soulevée par le vent.

Nos 606, 613, 616.—Études pour la Sixtine.

N° 601.—Ganymède (sanguine).

N° 614.—La Prudence, assise, avec son miroir, protège un enfant contre la Folie symbolisée par un autre enfant caché derrière un masque.

N° 609.—La Fortune, le torse nu, à cheval sur sa roue.

3e Salle.

N° 1123.—ANTONIO POLLAJUOLO. Christ en croix entre la Vierge et saint Jean.

N° 1129.—GHIRLANDAJO. «Le Mariage de sainte Catherine.» Figures en camaïeu rehaussées de ton chair.

ALBERT DÜRER, dessins à la plume, précieux d'exécution et admirables de composition.

N° 1077.—«Jésus portant sa Croix».

N° 1060.—Tête de jeune négresse.

N° 1063.—Homme debout, en armure, monté sur un lion; derrière lui, femme montée sur un chien.

N° 1073.—«Le Cavalier de la Mort».

N° 1074.—«Le Fauconnier».

N° 1068.—«Déposition de Croix».

N° 1082.—MARTIN SCHÖNGAUER, soldat combattant contre un diable.

N° 1080.—Tête de Madeleine.

N° 1084.—ROGER VAN DER WEYDEN. Vision, personnages debout, agenouillés devant une fenêtre; étude pour le tableau de Berlin.

A côté de la salle de Lorenzo Monaco, se trouve l'escalier descendant à la galerie qui relie les Offices au palais Pitti en traversant l'Arno sur le Ponte Vecchio. On remarque d'abord, dans cet interminable passage, des gravures sur bois et sur cuivre des maîtres italiens, jusqu'à MARC-ANTOINE RAIMONDI; d'autres plus intéressantes sont celles de MANTEGNA, de DÜRER et de MARTIN SCHÖNGAUER; des vues des villes italiennes au XVIIe siècle, et enfin une grande collection de portraits tous mauvais, mais intéressants au point de vue de l'histoire du costume: membres de la famille des Médicis, Papes, Cardinaux, Sultans, Rois de France; portraits de dames de la Cour d'Angleterre et de Florentines renommées pour leur beauté.

DES OFFICES A SANTA CROCE

LE BARGELLO, VIA DEL PROCONSOLO, LA BADIA, VIA GHIBELLINA, MUSÉE BUONARROTI, INSTITUT PHILHARMONIQUE, PLACE SANTA CROCE, SANTA CROCE, SAN AMBROGIO.

LE BARGELLO. La Révolution de 1250 ayant supprimé la charge de podestat, elle fut rétablie en 1255 et la Seigneurie décréta, pour loger ce magistrat suprême de la République, la construction d'un palais pouvant tout à la fois lui servir de demeure et de prison. TADDEO GADDI fut donc chargé d'élever un édifice destiné à ce double usage. En effet, la situation de ce souverain juge était peu enviable. Pour que son impartialité fût absolue dans l'exercice de ses fonctions, il devait être choisi à l'étranger et être non seulement comte et guelfe, mais encore n'avoir ni amitié ni parenté dans la ville. Une fois entré en charge et investi de sa redoutable puissance, il devait vivre solitaire et séquestré dans son palais, car les Florentins avaient mis à l'exercice de ce pouvoir les conditions les plus dures. Le podestat devait ne partager ses repas avec qui que ce fût, n'adresser dans la rue la parole à personne, ne marcher qu'avec une escorte de pages et de cavaliers armés. S'il était marié et père de famille, pendant l'année que durait son pouvoir, il ne pouvait ni voir sa femme ou ses enfants, ni même leur donner signe de vie. Enfin, avant de résigner sa charge, il lui fallait rendre compte du somptueux mobilier dont il avait dû reconnaître l'inventaire.

La méfiance d'un peuple jaloux, la dureté d'un juge choisi pour être inexorable, les sentiments inspirés par ce tyran à la fois tout-puissant et tenu en captivité, sont exprimés avec force dans ce monument où s'allient une richesse sombre et la sévérité la plus grande.

L'extérieur du Bargello a l'aspect austère d'une forteresse; sa masse sinistre, couronnée de mâchicoulis et de créneaux, est à peine percée de rares fenêtres; et la tour carrée, élevée à un de ses angles, contribue encore à accentuer ce caractère.

Sous les Médicis, tout ce qui pouvait rappeler la grandeur de la République étant proscrit, le palais du Podestat devint cour criminelle, siège de la police, prison, le «Bargello» pour tout dire en un mot. Il renferme aujourd'hui le musée national et contient des objets d'art remarquables.

Sous la voûte d'entrée deux salles voûtées divisées en nefs par des piliers, décorées des armoiries des anciens podestats, renferment des collections d'armes intéressantes pour l'histoire de la ville. Les deux pièces les plus importantes, placées à l'extrémité de la salle, sont une *rondache* et un *casque*, œuvres de BENVENUTO CELLINI exécutées pour François Ier, roi de France.

La rondache représente l'histoire de Persée et d'Andromède. Le casque, surmonté d'une chimère, est décoré d'une riche ornementation dorée en relief.

La cour du Bargello forme un carré dont une face est occupée par le mur froid et nu de la sévère construction de Taddeo Gaddi, tandis que les trois autres sont atténuées par un portique dont les arcades cintrées sont supportées par des colonnes. Cette partie fut construite vers 1350 par BENCI DI CIONE et NERI FIORAVANTI. Pour donner un accès plus facile au palais, les architectes du XIVe siècle élevèrent contre l'aile de Taddeo un escalier coupé par un palier fermé d'une grille qu'ils firent aboutir à une loggia ouverte sur tout un côté de la cour. La décoration des murs de cette cour, unique en son genre, est aussi variée qu'intéressante; elle est formée par les écussons en relief des podestats semés à profusion sur ses quatre faces et affectant toutes les formes. Ils sont en pierre dure ou en marbre avec les traces des peintures qui les rehaussaient.

Au milieu de ces marques de la puissance des podestats, la République, toujours jalouse de sa suprématie, a placé partout l'empreinte de son autorité et partout se retrouvent les armes de la ville, des Guelfes et du peuple. Le même sentiment apparaît encore sous les portiques où sont encastrés les écussons peints en relief des divers «sestiere», tandis qu'aux voûtes sont représentées les armes de leurs gonfalons.

Sous les portiques au rez-de-chaussée s'ouvrent deux salles:

I

Tombeaux du XIVe siècle.

II

Sculptures des XVe et XVIe siècles.

Cinq bas-reliefs d'une grande allure, de BENEDETTO DA ROVEZZANO. Ils proviennent du tombeau de saint Gualbert et furent mutilés par les Espagnols après le siège de Florence (1519). L'intérêt particulier de cette salle est dans les nombreuses œuvres de MICHEL-ANGE qu'elle contient.

A.—*Buste de Brutus*. Cette figure énergique et sombre ne pouvait manquer de séduire Michel-Ange. Ce buste, fait à l'époque où le maître quitta définitivement Florence pour Rome, reflète les pensées dont il était alors hanté et dont l'inscription du socle est un si frappant témoignage.

Dum Bruti effigiem sculptor de marmore ducit, In mentem sceleris venit et abstinuit.

Semblable en cela aux statues de San Lorenzo, le buste, inachevé, fut abandonné à la même époque.

B.—*Masque de satyre édenté.*

C.—*La Vierge, l'Enfant et Saint Jean.* La tête de la Vierge, seule partie achevée de ce médaillon, est d'une rare beauté.

D.—*Bacchus ivre.* Cette statue fut exécutée en 1497, pendant le premier séjour de Michel-Ange à Rome, pour A. Galli. Le maître a cherché à reproduire l'antique Dionysos, et a représenté le dieu sous la forme d'un très jeune homme aux formes élégantes, dont la figure exprime l'ivresse par la fixité du regard. Il est couronné de grappes de raisin et tient une coupe.

E.—Petit *groupe de Léda et du Cygne.*

F.—Réduction en marbre du *Moïse.*

PREMIER ÉTAGE

Sous la loggia sont conservées cinq cloches de bronze. La plus ancienne, fort simple, est datée de 1183.

Une autre, un peu plus grande, porte le millésime de 1249 et a été fondue par BARTOLOMEO PISANO.

La troisième est de 1352.

La quatrième, ornée des bas-reliefs du Calvaire et de l'Annonciation, est de 1670.

La cinquième, de 1675, est la plus ornée.

Ainsi que la précédente, elle est l'œuvre de GIOVANNI CENNI.

Salle I (à droite de la loggia).

Cette salle est exclusivement consacrée à DONATELLO, ce grand et puissant génie, malheureusement parfois trop inégal et inférieur à lui-même. Il faut citer en tout premier lieu les quatre admirables bas-reliefs de *Rondes d'enfants* qu'il exécuta de 1433 à 1440 pour une des tribunes des orgues de la cathédrale; ils faisaient face à ceux de Luca della Robbia; et ils reproduisent avec des variantes ceux de la chaire de Prato.

Donatello traita ses sujets tout autrement que ne le fit Luca et ce qui, à cette heure, constitue la remarquable supériorité de l'œuvre de Luca sur celle de Donatello fut tout justement ce qui, lors de leur mise en place, donna l'avantage à Donatello. En effet, la condition essentielle de l'œuvre décorative doit être de se subordonner à la place qu'elle doit occuper et c'est à cet unique point de vue que se plaça Donatello. Comme ses bas-reliefs destinés à la tribune d'un orgue devaient être vus à une grande hauteur, il se préoccupa seulement de l'effet à produire à distance. De là sont venus ces modelés trop sommaires, ces raccourcis trop osés dans les figures de second plan, enfin ces défauts destinés à donner à l'ensemble vu de loin, une vigueur et une netteté incomparables.

Original du *Marzocco* en pierre grise.

L'Amour appelé aussi le *Cupidon*. La grâce et la poésie qui débordent de cette figure bizarre sont inexprimables. Ces ailes naissantes, ces serpents enroulés autour des pieds, ces culottes maladroitement assujetties, forment le mélange le plus imprévu et le plus attachant. Quelle naïveté dans l'attitude du jeune dieu les bras encore levés, après qu'ils ont lancé la flèche vers un but invisible; quelle malice et quelle joie dans ce regard gai et narquois tout ensemble!

David. Le séjour que Donatello fit à Rome de 1432 à 1433 développa certainement les tendances latentes de son esprit secrètement influencé par l'antiquité. Aussi quand, à son retour, Cosme lui commanda une statue en bronze destinée au Palais Vieux, cette statue fut le David, c'est-à-dire la première et parfaite étude de nu exécutée par les sculpteurs de la Renaissance. Le jeune pâtre a pour tout costume un pétase et des jambières; il est debout, un pied posé sur la tête de Goliath, le glaive dans la main droite et une pierre dans la main gauche qu'il appuie sur sa hanche. Son visage entouré de longs cheveux bouclés rayonne de joie et son beau corps trahit la force et la jeunesse. Il y a dans la poésie de cette figure enchanteresse un parfum antique et biblique tout ensemble qui lui donne sa grâce et son charme inexprimables.

Buste en terre cuite colorée de *Niccolò da Uzzano*, homme politique florentin considérable.

Ce morceau prodigieux est d'un réalisme à outrance, effrayant et d'une brutalité presque féroce. La tête est si profondément fouillée qu'elle paraît comme ravagée; on la dirait moulée sur nature, tant la laideur saisissante du modèle, galvanisée par l'intelligence, déborde de vie.

Buste en bas-relief et en pierre grise de *Saint Jean-Baptiste enfant*. La figure de saint Jean est une de celles qui tentèrent le plus l'imagination de Donatello; il représenta le saint en ronde bosse, en bas-relief, en buste, en pied, dans toutes les situations, à tous les âges, tant il s'était épris de passion pour l'ascète austère et le précurseur enthousiaste avec lequel les caractères osés de son art et de sa propre nature lui donnaient tant de points de contact.

Autre statue en marbre de *Saint Jean-Baptiste* en pied et debout. Donatello a représenté ici l'ascète décharné, aux traits sévères et inspirés; le prophète dévoré par le feu de l'enthousiasme ou illuminé par la vision intérieure.

PREMIER ÉTAGE DU BARGELLO

Via del Proconsulo.

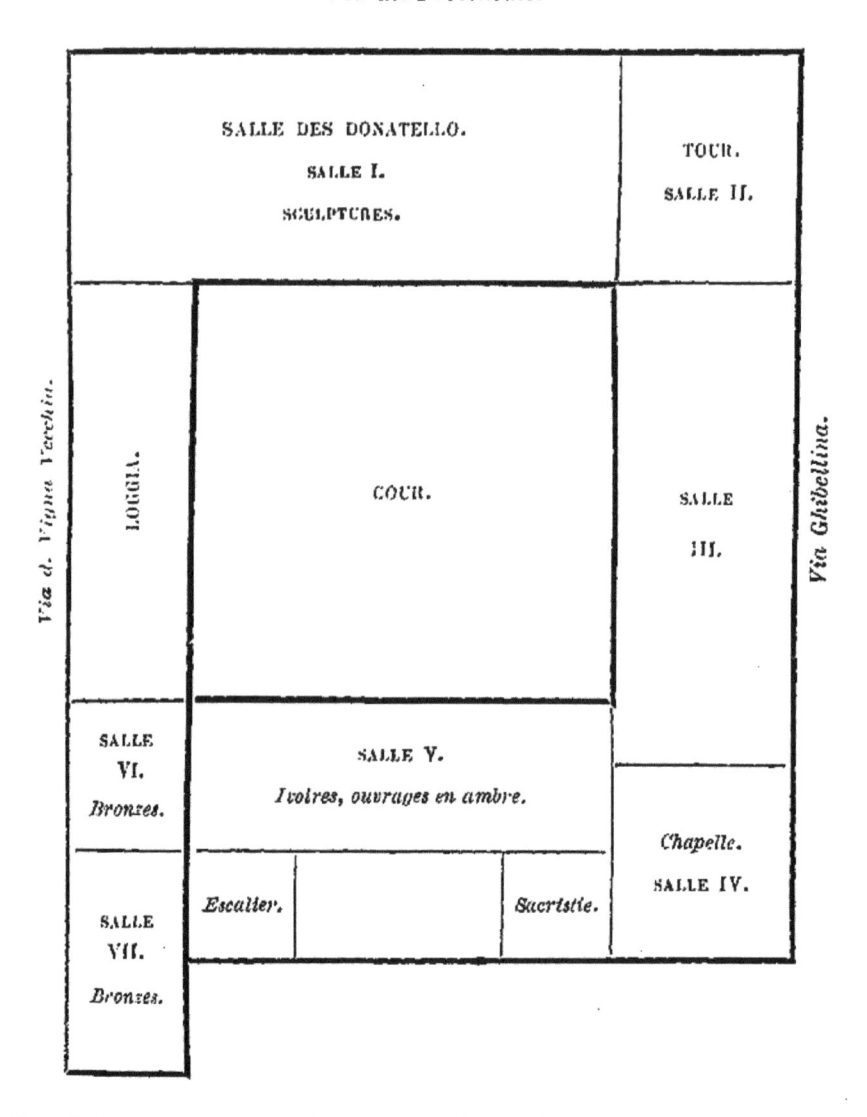

```
┌─────────────────────────────────────────────┐
│         SALLE DES DONATELLO.    │   TOUR.   │
│            SALLE I.             │  SALLE II.│
│           SCULPTURES.           │           │
├──────┬──────────────────┬───────┴───────────┤
│      │                  │                   │
│      │                  │                   │
│LOGGIA│       COUR.      │      SALLE        │
│      │                  │       III.        │
│      │                  │                   │
├──────┼──────────────────┴───────┬───────────┤
│SALLE │       SALLE V.           │           │
│ VI.  │  Ivoires, ouvrages en    │           │
│Bronzes│       ambre.            │ Chapelle. │
├──────┼──────────┬───────────────┤ SALLE IV. │
│SALLE │ Escalier.│   Sacristie.  │           │
│ VII. │          │               │           │
│Bronzes│         │               │           │
└──────┴──────────┴───────────────┴───────────┘
```

Via d. Vigna Vecchia. (left) — *Via Ghibellina.* (right)

David. Cette statue en marbre et en pied semble être la première étude que Donatello ait faite pour son Saint Georges, le chef-d'œuvre d'Or San Michele (1408). La pose et les draperies sont les mêmes, seulement avec des proportions moins parfaites et une expression incomplète.

A côté des Donatello, quelques sculptures marquantes se trouvent encore réunies dans cette première salle.

La plus célèbre est *l'Adonis mourant* de Michel-Ange. Cette œuvre paraît avoir été exécutée vers 1502, comme un délassement du labeur qu'imposait au maître son colossal David. Aussi peut-on presque dire que l'Adonis garde quelques traces de cette simultanéité et que les proportions y semblent un peu outrepasser le sujet. La tête est fort belle, et la chevelure, par son arrangement, se rattache au type adopté plus tard par Michel-Ange et dont la statue de Julien de Nemours fut la réalisation la plus haute. Cette composition doit pourtant être considérée comme secondaire dans l'œuvre du maître.

MICHEL-ANGE. *Groupe* nommé *la Victoire*. Vainqueur agenouillé sur un vaincu et ramenant son manteau dérangé par la lutte. Ce groupe n'est pas des meilleurs.

Salle II (dans la tour).

Meubles anciens et cristaux

Salle III.

Cette salle précède la chapelle et elle était nommée la salle des Condamnés, parce qu'ils y attendaient l'heure de leur dernière prière.

Elle renferme la collection des anciens vases de la pharmacie du couvent de San Marco, en faïence de Faënza, XVIe siècle.

Salle IV (chapelle).

Elle est décorée de fresques célèbres du GIOTTO respectées par l'incendie de 1337, mais malheureusement très détériorées par des badigeonnages successifs et par le partage, sous les Médicis, de la chapelle en trois étages de prisons.

Les huit divisions du mur de droite sont consacrées à sainte Madeleine et à sainte Marie l'Égyptienne. Le fond est occupé par le Paradis avec les portraits de Dante, de Corso Donati et de Brunetto Latini. Au-dessous de cette fresque deux petits panneaux sont attribués à GHIRLANDAJO. Ils sont datés de 1490 et représentent la *Vierge* et *Saint Gérôme*. Des stalles en marqueterie et le lutrin sont de bons ouvrages du XVe siècle.

Dans une vitrine, petit bas-relief en pierre de Sonthofen, par ALBERT DÜRER. Avec une finesse excessive, il représente *Adam et Ève* au pied de l'arbre de la connaissance où est enroulé le serpent.

Autre vitrine. *La Cène*, retable en argent doré, par JEAN DE BOLOGNE.

Huit baisers de paix en argent niellé et en émaux, dont trois sont d'admirables œuvres d'art.

I. La plus remarquable pièce des nielles, *le Couronnement de la Vierge*, fut exécuté en 1452, par MASO FINIGUERRA, pour le Baptistère Saint-Jean.

Maso, né à Florence en 1425, excellait dans l'art des nielles; c'est en travaillant à ce genre de gravure, qu'il imagina d'en tirer à l'aide de la presse des épreuves sur papier, invention qui fait de lui le créateur d'un art nouveau, celui de la gravure.

II. Autre paix niellée d'un beau caractère, *le Crucifiement*, pièce exécutée également pour le Baptistère, par MATTEO DEI.

III. *La Déposition de Croix*, ouvrage de toute beauté, d'ANTONIO POLLAJUOLO, en émail sur paillons.

Salle V.

1° Ivoires. 2° Ouvrages en ambre des XVIIe et XVIIIe siècles.

A.—Deux admirables triptyques d'ivoire des XIIIe et XIVe siècles, par ANDREA ORCAGNA.

B.—Deux superbes selles en ivoire du XIVe siècle: l'une, un travail allemand avec figures de princes, de chevaliers, de dames en bas-relief sur fond noir; l'autre, italienne, avec la devise «Amor aspetta tempo», ornée de scènes de chasse, d'armoiries et d'ornements fantastiques.

3° Coupes du XVIe siècle en cristal taillé et gravé. Certaines de ces pièces sont d'une rare beauté.

Salle VI (Bronzes).

GHIBERTI. *Reliquaire de sainte Jacinthe*. Il a la forme d'un petit sarcophage antique dont la face principale est simplement ornée de deux anges d'un mouvement gracieux qui soutiennent une couronne. Ghiberti montre une fois de plus dans cette œuvre combien il gagne à la simplicité (1428).

BRUNELLESCHI et GHIBERTI. Deux médaillons dorés polylobés représentant le *Sacrifice d'Abraham*. Ces médaillons sont les fameuses pièces du concours pour les portes du Baptistère à la suite duquel Brunelleschi retira sa candidature (1403).

Dans le relief de Brunelleschi se trouve déjà fortement accusée la tendance au naturalisme qui se développa chez Donatello. Le mouvement d'Abraham est sauvage, l'ange arrête son bras d'un geste peu admissible, le bélier et l'âne sont autant de recherches réalistes. A gauche, Brunelleschi a placé le tireur d'épines, «le Spinaro», dont l'antique venait d'être découvert. La composition manque d'unité, de simplicité et de grandeur.

Ghiberti au contraire sut tirer parti du sujet avec un art incomparable et placer ses personnages en observant strictement la loi de la valeur des plans. La figure d'Isaac retourné vers son père pour le questionner est de premier ordre.

LORENZO VECCHIETTA de Sienne (1412-1480). Statue couchée de *Mariano Soccino* provenant de son tombeau et certainement modelée sur le cadavre.

VERROCCHIO. *Le David* (1476). Cette statue fut exécutée sur l'ordre de Laurent le Magnifique désireux de voir, dans un sujet analogue, le Verrocchio surpasser Donatello. Il devient donc très intéressant de comparer deux œuvres si dissemblables. Tandis que Donatello faisait de son David un héros idéal, sorte de Persée moderne, Verrocchio faisait du sien un adolescent, presque un enfant, dont les formes encore frêles et anguleuses semblent plutôt délicates. Ce qui est de premier ordre est la tête adorable dont le sourire énigmatique et mystérieux est déjà celui du Vinci, les cheveux courts et bouclés encadrent le visage où à la joie du triomphe s'allie une certaine timidité.

Dans la vitrine.

ANTONIO DEL POLLAJUOLO. Petit groupe d'*Hercule étouffant Cacus*, d'une sauvage énergie et d'une superbe allure.

Salle VII (Bronzes).—BENVENUTO CELLINI. Buste colossal de *Cosme Ier*.

BENVENUTO CELLINI. Deux modèles pour son *Persée*. Ils présentent des différences notables; l'un est en bronze, l'autre en cire: ce dernier, très supérieur, même à l'exécution définitive, par la simplicité des attitudes et des formes.

DONATELLO. Petite frise en relief représentant une *Bacchanale d'Enfants* qui traînent le vieux Silène ivre dans un char. Ce petit chef-d'œuvre, exécuté pour Cosme de Médicis, est ce qui a pu exister depuis l'antiquité de plus parfait en ce genre.

JEAN DE BOLOGNE. *Le Mercure*. Cette statue, faite en 1598 pour une fontaine de la Villa Médicis, à Rome, est certainement la maîtresse œuvre de Jean de Bologne, celle où, dans une période de décadence, il s'est le plus rapproché de l'antiquité. Mercure s'envole d'un mouvement léger, au souffle d'Éole dont la tête lui sert de base.

DEUXIÈME ÉTAGE

Salle I.—Elle est décorée de huit *portraits* à la fresque peints par ANDREA DEL CASTAGNO en 1430, pour la Villa Carducci à Legnaia, et représentant en pied et plus grands que nature des poètes, des héros et des sibylles.

1° *Dominus Philippus Descolaris Relator Victorie Theucrus*. Filippe Scolari del Pipo Spano, chef du comitat de Temeswar, vainqueur des Turcs. Il est en armure et tient son yatagan des deux mains.

2° *Dominus Farinata de Ubertis, sue patrie liberator* (Farinata degli Uberti), de profil, en armure, avec surcot et bonnet rouge; il s'appuie sur son épée.

3° *Magnus Tetrarcha d'Acciarolis neapleani regni dispensator* (Niccolò Acciajuoli, grand sénéchal de Naples, fondateur de la chartreuse d'Ema). Une robe bleuâtre à longues manches de fourrure recouvre son armure; il tient le bâton de commandement.

4° *Sibylle de Cumes* en tunique rouge à reflets bleuâtres sur une jupe verte. Elle tient un livre et lit, le doigt au ciel.

5° *Esther Regina, gentis suæ liberatrix*. Demi-figure formant dessus de porte, robe et voile blancs bordés d'or, manteau vert, couronne en tête, dans une attitude pleine de noblesse.

6° *Thomirta se de filio et patriam liberavit suam* (Tomyris).

C'est une guerrière en robe jaune, les bras recouverts d'une armure, fièrement campée; elle s'appuie sur sa lance, qu'elle tient la pointe en terre.

7° *Dantes de Alligieris, Florentinus* (Dante Alighieri), en robe rouge.

8° *Dominus Franceschus Petrarcha*. Pétrarque est en manteau rouge fendu pour le passage des bras, la tête couverte d'un capuchon doublé de vert.

9° *Dominus Johannes Boccacum* (Boccace) en manteau bleuâtre et capuchon rouge.

Cette œuvre magistrale est malheureusement très mal placée; les personnages sont hors de proportion avec la salle, ce qui est nuisible pour le bon effet de l'ensemble.

DEUXIÈME ÉTAGE DU BARGELLO

Via del proconsolo.

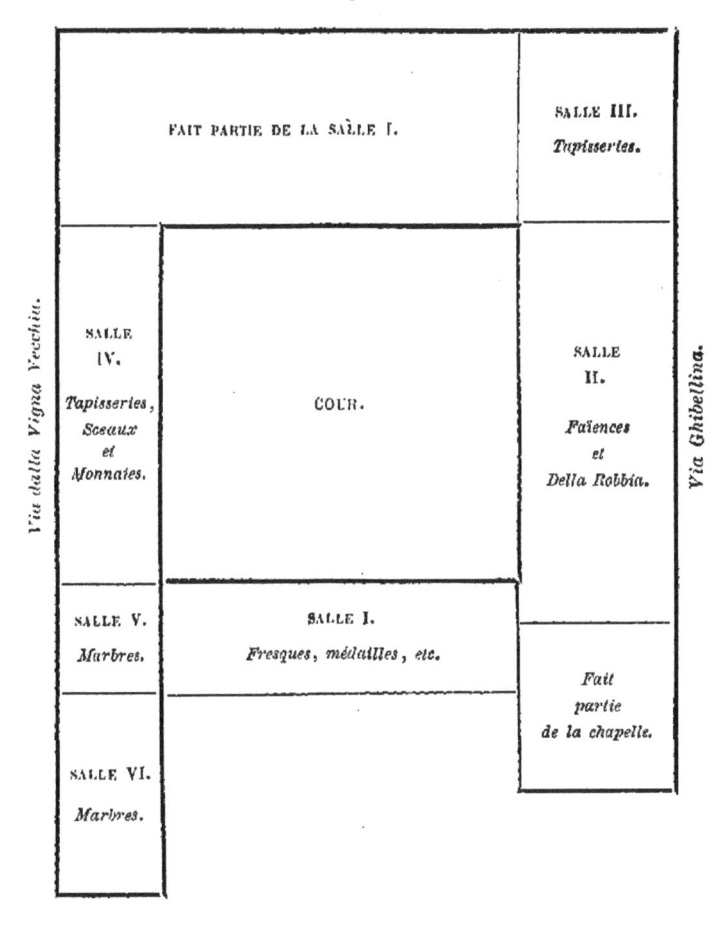

FAIT PARTIE DE LA SALLE I.		SALLE III. *Tapisseries.*
SALLE IV. *Tapisseries, Sceaux et Monnaies.*	COUR.	SALLE II. *Faïences et Della Robbia.*
SALLE V. *Marbres.*	SALLE I. *Fresques, médailles, etc.*	Fait partie de la chapelle.
SALLE VI. *Marbres.*		

Via dalla Vigna Vecchia. — *Via Ghibellina.*

Salle II.—*Bas-reliefs* en terre cuite émaillée par les DELLA ROBBIA. Les plus anciens, bleus sur fond blanc, sont d'Andrea; il faut remarquer deux *Vierges*, dont l'une a un joli socle en grès du style de Donatello. Les moins anciens sont de Giovanni et polychromes: *Annonciation, Adoration de l'Enfant* (1521), *Pietà, Jésus et Madeleine, saint Dominique* et cinq *Saintes*.

Trois vitrines contiennent des faïences.

1°.—*Urbino.* Vases, coupes et plats: décor raphaélesque.

2°.—*Urbino*, avec sujets. *Deruta* et *Gubbio*, très fins.

3°.—*Faenza, Florence et divers.* Belle collection avec quelques pièces hors ligne. Buste en terre cuite donné comme étant le *portrait de Charles VIII, roi de France* et l'œuvre d'ANTONIO DEL POLLAJUOLO.

Coupe en verre de Venise bleu, avec décoration peinte représentant le *Triomphe de la Justice* suivie des autres *Vertus* (XVe siècle).

Salle III.—Dans la tour. Suite de tapisseries allégoriques des Gobelins représentant les *Cinq parties du monde*, d'après LEONARDO BERNINI (1719).

En revenant sur ses pas, à gauche de la salle I, on passe dans la:

Salle V (marbres).—MINO DA FIESOLE. Buste de *Rinaldo della Luna* (1461), figure d'un aspect sévère.

ANDREA VERROCCHIO. Curieux haut relief représentant la femme d'un Tornabuoni, *Francesca Pitti*, morte en couches, et la remise de l'enfant au père éploré.

ANDREA VERROCCHIO. Portrait en bas-relief de *Frédéric Montefeltro*, de profil à gauche; portrait en bas-relief de FRANCESCO SFORZA, de profil à droite.

BENEDETTO DA MAJANO. Buste de *Pietro Mellini*, le donateur de la chaire de Santa Croce, tête très énergique, couturée de rides; il est vêtu d'une robe qui couvre ses épaules et où sont figurés des rinceaux de damas.

MINO DA FIESOLE. Bas-relief. Buste de *Jeune femme* et *Sainte Famille*.

ANTONIO DEL POLLAJUOLO. Buste dit le *Jeune Guerrier*, en terre cuite. Cette œuvre admirable est marquée du caractère puissant du maître. La tête imberbe, d'une énergie farouche et indomptable, est encadrée de cheveux coupés à la florentine et casquée d'une chimère. La cuirasse forme un buste bombé dont les bras sont absents; Pollajuolo y a représenté en bas-relief ses sujets favoris. D'un côté Hercule terrassant l'hydre de Lerne, et de l'autre Hercule vainqueur du sanglier d'Érymanthe.

Un second buste en terre cuite, connu sous le nom du *Prêtre Florentin*, a été indûment attribué à Antonio del Pollajuolo dont il n'a aucun des caractères; il paraît plutôt être l'œuvre de BENEDETTO DA MAJANO. C'est un jeune homme coiffé à la florentine, sans barbe, et portant une soutanelle ajustée avec une ligne de petits boutons.

Salle VI (marbres).—VERROCCHIO. *La Vierge et l'Enfant Jésus*. Bas-relief.

VERROCCHIO. *Buste de femme* serrant un petit bouquet sur sa poitrine. Tête plate peu agréable.

MATTEO CIVITALI. *La Foi* (bas-relief). Gracieuse figure de jeune femme assise dans une niche. Ses mains sont jointes en adoration devant le calice que lui apportent des chérubins. Une des rares œuvres de ce maître charmant dont les compositions sont presque toutes à sa ville natale, Lucques.

MINO DA FIESOLE. Buste de *Pierre de Médicis le Goutteux*.

MINO DA FIESOLE. Médaillon. *La Vierge et l'Enfant*.

BENEDETTO DA MAJANO. *Saint Jean*. Le saint, sous les traits d'un adolescent en tunique de peau de mouton, est maigre et décharné.

SANSOVINO. Statue de *Bacchus*, jeune, levant une coupe.

MICHEL-ANGE. *Apollon* (statue ébauchée). Il est adossé contre un tronc d'arbre, fléchissant la jambe droite placée sur une élévation, et regarde en arrière. Il porte sa main gauche à hauteur de l'épaule droite pour saisir une flèche dans un carquois. Cette œuvre, quoique à peine tirée du bloc, est admirable et rappelle la beauté des statues antiques.

Salle IV (sceaux et monnaies).—Suite de six tapisseries des Gobelins d'après Oudry. *Chasses de Louis XV*.

VIA DEL PROCONSOLO.

PALAZZO NONFINITO (occupé par le télégraphe). Construit en 1592 par BUONTALENTI. Lourde façade du style Barocco.

Au numéro 10 le **PALAZZO DE RASTI** (anciennement Quaratesi) a été construit par BRUNELLESCHI dans le style des beaux palais de Florence; il porte les armoiries des Pazzi, ses anciens propriétaires.

L'ÉGLISE DE LA BADIA fondée en l'an 1000 et reconstruite en 1285 par ARNOLFO DI CAMBIO, fut remaniée en 1625 par Ségaloni qui ne conserva de l'édifice précédent que le chevet et le ravissant clocher octogonal de 1330, dont la flèche de pierre forme avec la tour du Bargello un des points de vue les plus caractéristiques de Florence.

MINO DA FIESOLE obtint, après avoir terminé le monument de Salutati à Fiesole, la commande des deux tombeaux qui décorent la Badia:

1° A droite de l'entrée. *La Vierge assise avec l'Enfant entre deux diacres*, bas-relief à trois divisions où Mino n'est resté que trop fidèle au retable de la chapelle de Salutati.

2° Dans le bras gauche du transept, *tombeau du comte Hugo*, bienfaiteur de l'église (1481).

Dans ces deux monuments, Mino copia, pour ainsi dire, les tombeaux du Marsuppini et de Bruni de Santa Croce, plaçant les sarcophages sous une arcade et les surmontant de l'effigie couchée des défunts.

Dans la chapelle de la famille del Bianco, à gauche de l'entrée, le tableau d'autel: *l'Apparition de la Vierge à saint Bernard*, a été peint en 1480 par

FILIPPINO LIPPI, encore à cette époque dans l'atelier de Botticelli. Saint Bernard, en robe blanche drapée à la perfection, est assis devant un rocher lui servant d'ermitage, dans les anfractuosités duquel sont placés ses livres. Le pupitre où il écrit est disposé sur un tronc d'arbre, mais il interrompt son travail et reste plongé dans une profonde adoration au moment où la Vierge lui apparaît et vient poser la main sur son manuscrit. La Vierge est entourée d'un groupe charmant de petits anges tout surpris de se trouver sur la terre et qui, par leur attitude, manifestent leur curiosité. Dans le bas du tableau, le donateur, à mi-corps, vêtu d'une robe noire à revers rouges, joint les mains en prière.

Cette composition, charmante de délicatesse et d'expression, a conservé toute sa vivacité de coloris, et l'ensemble est si parfait qu'on peut vraiment la considérer comme le chef-d'œuvre de Filippino Lippi.

Le cloître est entouré de deux étages de portiques. Sous le portique supérieur sont conservées des fresques d'ANTONIO SOLARIO LE ZINGARO (1512) d'un joli ton doré. Toutes ces peintures retracent la *Vie de saint Benoît* et semblent comme la préparation aux fresques si remarquables traitant le même sujet à l'église de San Severino, à Naples.

L'œuvre de la Badia, fort intéressante, montre des perspectives très bien traitées et des groupements harmonieux. Quelques-unes de ces compositions sont même de premier ordre; il faut citer:

A.—*Saint Benoît enfant prie aux côtés de sa mère.*

B.—*Saint Benoît reçoit l'habit.*

C.—*Apparition d'un ange pour inviter le saint à la vie monacale.*

D.—*Portique avec des moines agenouillés et debout.*

E.—*Maure sauve Placide qui se noie.*

F.—*Repas des moines.*

G.—*Seigneurs et dames à cheval.*

CASA BUONARROTI (Musée Michel-Ange, 64, Via Ghibellina).—Cette maison où Michel-Ange vécut à Florence fut consacrée au XVIIe siècle par son arrière-neveu le poète, son homonyme, à la gloire de son grand-oncle. Il la fit décorer, en 1620, par les meilleurs artistes de ce temps, de fresques et de peintures sur toile où sont retracés les principaux faits de la vie de Michel-Ange.

La «Casa Buonarroti» est en somme un musée intime et fort inégal, où, à côté de documents écrits, lettres autographes, papiers de famille, dessins d'architecture et croquis de toute sorte, brillent quelques pièces inestimables, comme le bas-relief de «la Guerre des Centaures et des Lapithes», celui de «la Vierge assise avec l'Enfant», l'esquisse du «David», le modèle en terre cuite de la «Vierge de Médicis», et enfin ce merveilleux carton à la sanguine d'une «Vierge avec l'Enfant», morceau de toute beauté, d'une incomparable maîtrise.

Chambre I.—*Combat des Centaures et des Lapithes*, une des premières œuvres de Michel-Ange. Il avait dix-sept ans quand il entreprit ce travail. C'est une composition de style héroïque où tous les personnages sont nus et où règne dans la mêlée une étonnante fougue épique; ce morceau non terminé garde encore les traces du ciseau. La jeunesse du maître se révèle par de certaines inexpériences; il n'a pas introduit de variété dans les formes et toutes les figures ont une saillie si faible qu'elles en sont comme déprimées; pourtant on y reconnaît déjà quelques traits de cet idéal dont la poursuite sera la constante obsession de sa vie.

Chambre II.—*Dessins originaux*. Cadre I.—N° 2.—Buste de Cléopâtre bizarrement coiffée. Elle est entourée d'un serpent qui lui mord le sein.

N° 3.—Belle tête de vieille femme de profil.

Cadre 9.—N° 75.—Projet de façade pour Saint-Laurent de Florence.

Cadre 13.—N° 65.—Esquisse primitive du *Jugement dernier*.

Cadre 14.—N° 70.—Sacrifice d'Abraham.

Cadre 15.—N° 75.—La Vierge allaitant l'Enfant. Ce dessin de toute beauté est au crayon noir, rouge et blanc.

Cadres 25, 26, 27, 30, 31, 32.—Divers plans des fortifications de Florence, à la plume, au crayon rouge et au bistre, faites pendant le siège de 1529.

Dans la **Chapelle** se trouve l'admirable bas-relief (n° 72) de *la Vierge assise avec l'Enfant* auquel elle donne le sein. Cette composition que Michel-Ange exécuta à la fois en marbre et en bronze, vers l'âge de seize ans, est influencée par le génie de Donatello et montre la forte emprise qu'un tel maître exerça sur lui par son réalisme viril et son naturalisme puissant. Mais tout grand que soit Donatello, ce qui dès l'abord le différencie profondément de son génial élève, est que chez l'un l'œuvre se double volontiers du portrait et recherche l'individualité, tandis que chez l'autre la conception tout idéale jaillit de son puissant cerveau pour ainsi dire par génération spontanée.

N° 78.—*La Vierge avec l'enfant Jésus*. Maquette en terre cuite, pour le groupe en marbre de la nouvelle sacristie de Saint-Laurent. La tête manque.

Bibliothèque. Armoire V.—N° 10.—*David*. Deux petites statuettes en cire, délicieuses et premières ébauches du *David* colossal de l'Académie des Beaux-Arts.

INSTITUT PHILHARMONIQUE (83, Via Ghibellina).—Dans l'escalier, protégée par des volets, est la curieuse fresque du GIOTTINO, l'*Expulsion du duc d'Athènes* chassé de Florence en 1308, le jour de la Sainte-Anne. Aussi l'artiste a-t-il peint sainte Anne remettant aux nobles florentins agenouillés à ses côtés les étendards de la ville et du peuple, pendant qu'au fond de la fresque saint Zenobe chasse de son trône le duc, qui fuit en barque sur l'Arno.

PIAZZA SANTA CROCE où se trouvent le monument moderne du Dante, le Palazzo dell'Antella décoré de fresques de 1610 en partie effacées, et enfin, sur le côté est, la façade moderne de l'église Santa Croce.

SANTA CROCE fut construite par ARNOLFO DEL CAMBIO en 1294 pour les Franciscains. L'architecte était tenu par son contrat «à élever une église comme il convient à l'humilité d'un ordre mendiant», c'est-à-dire une église dont les dimensions contiendraient tout un peuple appelé par la vogue extraordinaire dont l'ordre jouissait alors, mais où tout viserait uniquement à la simplicité et à la pauvreté en rapport avec l'esprit de l'ordre. Aussi les dispositions d'Arnolfo furent-elles sévères et froides dans le détail, mais grandioses par les immenses dimensions de la nef et des bas-côtés, dont l'aspect majestueux rappelle la basilique antique. Mais les transepts et la branche supérieure de la croix, à peine figurée par un chœur court et mesquin, ne répondent aucunement à ces proportions.

Au milieu du mur terminal s'ouvre, en guise de chœur, une sorte de chapelle accompagnée de chaque côté de cinq chapelles moins importantes, ouvertes sur les transepts. A ces chapelles du mur oriental s'en ajoutent quatre autres, deux ouvertes sur le mur occidental et deux fermant les transepts.

Il était de mode, dès le XIVe siècle, de se faire enterrer à Santa Croce et toutes les grandes familles de Florence y avaient leurs caveaux. Cet usage se perpétua si bien que l'église est devenue en quelque sorte le panthéon de l'Italie. Les tombes qu'elle contient appartiennent à toutes les époques et se trouvent soit adossées aux murs des bas-côtés, soit encastrées dans le pavé de l'église.

Placée trop haut, au-dessus du portail de l'église, est la belle statue de *Saint Louis de Toulouse* par DONATELLO. Ses vêtements, d'une grande somptuosité, sont d'une exécution poussée à l'extrême.

La chaire, le chef-d'œuvre de BENEDETTO DA MAJANO, d'une extrême légèreté, malgré son excessive richesse, fut exécutée en 1475. Pour ne pas déranger les lignes de son monument, Benedetto dissimula l'escalier de la chaire dans un des piliers auxquels elle est adossée, qu'il creusa à cet effet, et qu'il ferma par une délicieuse porte en marqueterie ouverte sur le bas-côté. La chaire, en marbre blanc, est pentagonale, et ses cinq pans, séparés par des colonnettes portées sur des consoles, sont consacrés à l'histoire de saint François traitée à la manière de Ghiberti, c'est-à-dire avec des bas-reliefs en ronde bosse au premier plan, pour finir au fond par des méplats.

1°.—*Le Pape approuvant l'ordre des Franciscains.*

2°.—*La destruction des livres hérésiarques.*

3°.—*Saint François recevant les Stigmates.*

4°.—*Obsèques du Saint.*

5°.—*Martyre de Franciscains.*

Cinq petites niches intermédiaires contiennent des statuettes de *la Foi*, de *l'Espérance*, de *la Charité*, de *la Justice* et de *la Force* qui sont peut-être ce que la sculpture de la première Renaissance a produit de plus parfait.

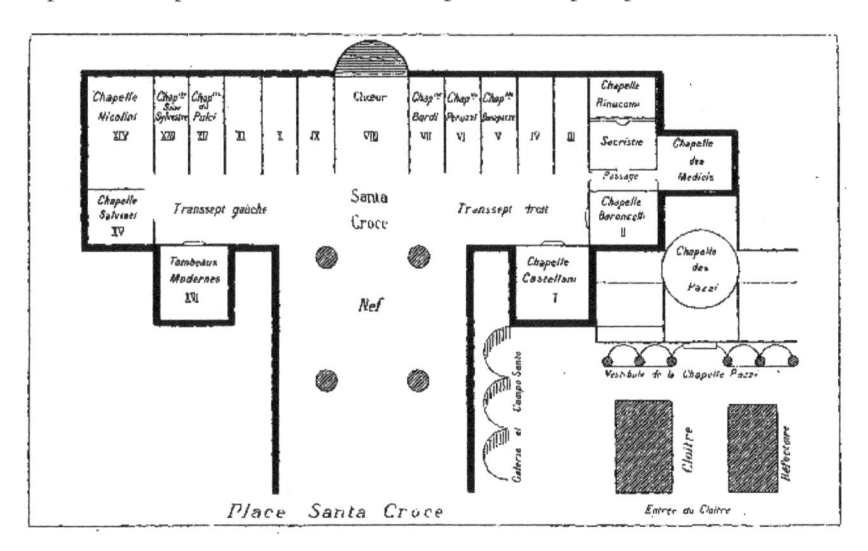

Nef de droite.—*Monument de Michel-Ange*, érigé en 1570 et œuvre de VASARI. Des trois figures de la Sculpture, de l'Architecture et de la Peinture, la moins mauvaise, celle de l'Architecture, est de GIOVANNI DEL OPERE. Si Michel-Ange avait jamais pu prévoir que Vasari lui élèverait un jour un tel tombeau, sa mort certes en serait devenue amère.

Sur le pilier, au-dessus du bénitier, *Madonna del Latte*, bas-relief de ROSSELLINO.

Cénotaphe du Dante, affreux monument de 1829.

Monument d'Alfieri par CANOVA, érigé par la comtesse d'Albany.

Monument de Machiavel, de 1787.

Tombeau de Lanzi.

DOMENICO VENEZIANO (attr. à Andrea Castagno). Ces deux petites fresques représentent *Saint Jean-Baptiste* et *Saint François d'Assise* sous les traits d'ascètes décharnés. La critique a rendu ces peintures à Domenico Veneziano, tant leur ressemblance est frappante avec le tableau de la salle de Lorenzo Monaco au musée des Offices et tant les figures de ces deux Saints en semblent détachées.

L'*Annonciation*, tabernacle sculpté en 1406 pour la chapelle Cavalcanti par DONATELLO. Cet ouvrage d'un jeune homme de dix-neuf ans est le plus pur et le plus suave des hauts-reliefs de Donatello; il s'y trouve une préoccupation d'élégance et de noblesse rares dans ses autres œuvres. Dans l'attitude de la Vierge l'afféterie coudoie la grâce et la recherche se mêle à l'émotion; debout, retournée vers l'Ange, elle met la main sur son cœur pour indiquer sa soumission à la nouvelle qu'il lui apporte. Quant à la figure de l'Ange, un genou en terre, la main droite relevée, elle est d'un si incomparable mouvement par son expression idéale, par son admirable pondération entre l'action et le mouvement, qu'elle ne saurait être dépassée.

Donatello a placé ses personnages au milieu d'une étonnante architecture dont les pilastres les enferment dans une sorte de cadre profond. Il a surmonté le fronton de deux petits génies en terre cuite, premiers et délicieux essais de ces figures d'enfants dans lesquelles il était destiné à passer maître.

Tombeau du secrétaire d'État florentin *Leonardo Bruni*, mort en 1444, par ROSSELLINO.

Sur un soubassement formé de guirlandes retenues par des enfants, repose le sarcophage de forme antique, sévère et pure, décoré uniquement de deux anges soutenant le cartouche de l'inscription, tandis que deux autres anges portent sur leurs ailes étendues la civière où repose la superbe effigie du défunt. Cette partie inférieure du monument est d'une grande beauté; la partie supérieure, un peu lourde, est mal venue. Le sol de Santa Croce est jusqu'à cette hauteur dallé de *plaques tombales* très simples des XIVe et XVe siècles, portant presque toutes des armoiries.

A partir des transepts, elles deviennent beaucoup plus belles et remontent, pour la plupart, à la fondation de l'église. Ce sont des monuments giottesques où les effigies sont sculptées en relief.

Transepts (Bras droit).—1°—*Chapelle Castellani* ou du Saint-Sacrement. Elle est décorée de fresques très abîmées d'AGNOLO GADDI relatives à *Saint Nicolas* et à *Saint Jean-Baptiste* d'une part, et à *Saint Antoine* et *Saint Jean l'Évangéliste* de l'autre (1380).

Saints François et *Antoine de Padoue*, belles statues en terre blanche vernissée de LUCA DELLA ROBBIA.

2°—Entre cette chapelle et la suivante, joli petit monument gothique de 1327.

3°—**Chapelle Baroncelli**, aujourd'hui *Giugni* (extrémité du transept).

Fresques de la Vie de la Vierge par TADDEO GADDI (1352-1356), ouvrage médiocre.

4—Sur le mur de droite, *la Vierge à la ceinture*, fresque de Menardi.

5°—**Chapelle à droite** du passage de la sacristie.

Le combat de l'archange saint Michel, fresque du temps de Cimabue.

SANTA CROCE

		CHAPELLE CASTELLANI. — TADDEO GADDI	
ANNONCIATION.	VISITATION.	JOACHIM CHASSÉ DU TEMPLE.	VISION DE JOACHIM.
LA NAISSANCE DE JÉSUS ANNONCÉE AUX BERGERS.	NATIVITÉ.	RENCONTRE A LA PORTE DORÉE. La plus remarquable de ces fresques.	NAISSANCE DE LA VIERGE. La femme qui apporte une corbeille sur sa tête, celle qui tient l'enfant et celle en vert qui est agenouillée à côté, ont inspiré Ghirlandajo pour le même sujet à Santa Maria Novella.
LA NAISSANCE DE JÉSUS ANNONCÉE AUX MAGES.	ADORATION DES MAGES.	PRÉSENTATION AU TEMPLE. Personnages disproportionnés. Mauvaise architecture du Temple.	MARIAGE DE LA VIERGE.

(Mur du fond / Mur gauche)

8°—**Chapelle Peruzzi**. Elle contient deux fresques, œuvres admirables de GIOTTO, d'une conservation précieuse.

Celle de droite représente les _Funérailles de Saint Jean l'Évangéliste_. Le saint s'élance de sa tombe vers le Christ qui vient le chercher. D'un mouvement souple et plein de vie il s'élève vers Jésus qui l'attire à lui et l'enveloppe de ses rayons, tout en planant dans le ciel. Autour de la fosse béante se presse le groupe des disciples de Saint Jean, qui contemplent étonnés la scène prodigieuse accomplie sous leurs yeux. Quelques-unes de ces figures peuvent compter parmi les plus admirables créations des Trecentisti; le disciple penché vers le tombeau pour s'assurer qu'il est vide, celui qui d'un superbe mouvement s'abrite les yeux pour n'être pas aveuglé par les rayons divins et enfin une figure de vieillard absorbé dans la prière sont des œuvres magistrales.

La fresque de gauche, d'un sentiment plus archaïque, est consacrée à l'histoire de *Saint Jean-Baptiste* et présente en deux parties, à gauche, la décollation, le festin d'Hérode, la danse de Salomé, et sur la droite, la remise à Hérodiade de la tête de saint Jean, par Salomé à genoux.

Les autres fresques placées au-dessus des précédentes, complètent l'histoire des deux Saints, mais elles ont été tellement restaurées qu'il est impossible d'y retrouver la facture large et les belles qualités du maître.

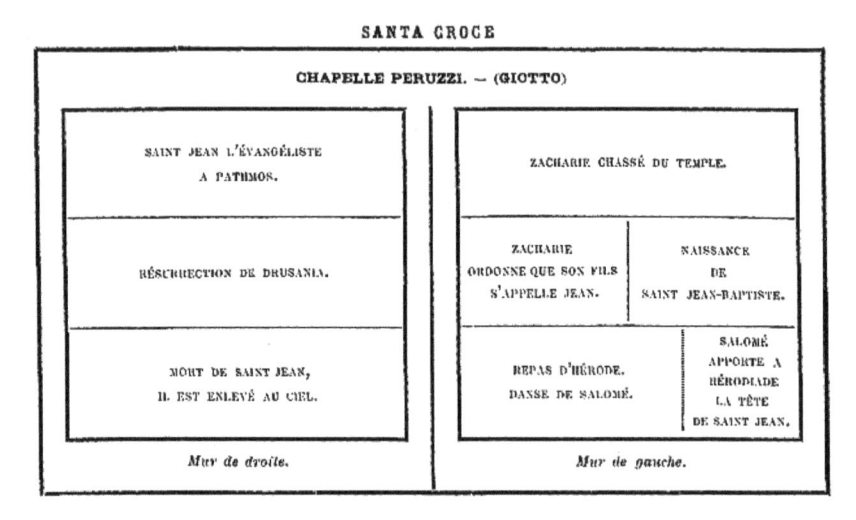

SANTA CROCE

CHAPELLE PERUZZI. — (GIOTTO)

SAINT JEAN L'ÉVANGÉLISTE A PATHMOS.	ZACHARIE CHASSÉ DU TEMPLE.	
RÉSURRECTION DE DRUSANIA.	ZACHARIE ORDONNE QUE SON FILS S'APPELLE JEAN.	NAISSANCE DE SAINT JEAN-BAPTISTE.
MORT DE SAINT JEAN, IL EST ENLEVÉ AU CIEL.	REPAS D'HÉRODE. DANSE DE SALOMÉ.	SALOMÉ APPORTE A HÉRODIADE LA TÊTE DE SAINT JEAN.
Mur de droite.	*Mur de gauche.*	

9°—**Chapelle Bardi**.—Sur ses deux murs GIOTTO a représenté la *Légende de Saint François d'Assise*. Malheureusement ces fresques, découvertes en 1853 sous le badigeon, comme celles de la chapelle Peruzzi, ont subi de telles restaurations qu'il ne reste plus que l'idée poétique et élevée de la composition.

10°—**Le Chœur** est décoré de fresques d'AGNOLO GADDI consacrées à l'*Invention de la Croix*, XIVe siècle; compositions un peu grises, d'un médiocre intérêt.

Transept gauche.—11°, 12°, 13°.—Chapelles sans intérêt.

14°—**Chapelle dei Pulci**.—Fresques de BERNARDINO DADDI. *Martyres de Saint Étienne et de Saint Laurent.*

Sur l'autel, *bas-relief* de JEAN DELLA ROBBIA.

15°—**Chapelle Saint-Sylvestre**.—*Fresques de Saint Sylvestre*, par MASO DI BANCO, XIVe siècle.

Tombeau de *Uberto di Bardi*, dont le sarcophage sculpté occupe la partie inférieure.

Autre tombeau du XIVe siècle; ces monuments appartiennent à l'école Pisane et sont encastrés sous de profondes niches ogivales.

16°—**Chapelle Nicolini.**

17°—**Chapelle Salviati**, où se trouve le fameux *Crucifix de Donatello* fait en concurrence avec celui de Brunelleschi placé à Sainte-Marie Nouvelle.

Nef de gauche.—*Monument* du secrétaire d'État *Carlo Marsuppini*, mort en 1445, par DESIDERIO DA SETTIGNANO. Placé en face de celui de Bruni, il en reproduit la disposition générale, mais avec plus de richesse et peut-être aussi plus de maniérisme.

Monument de Galilée.

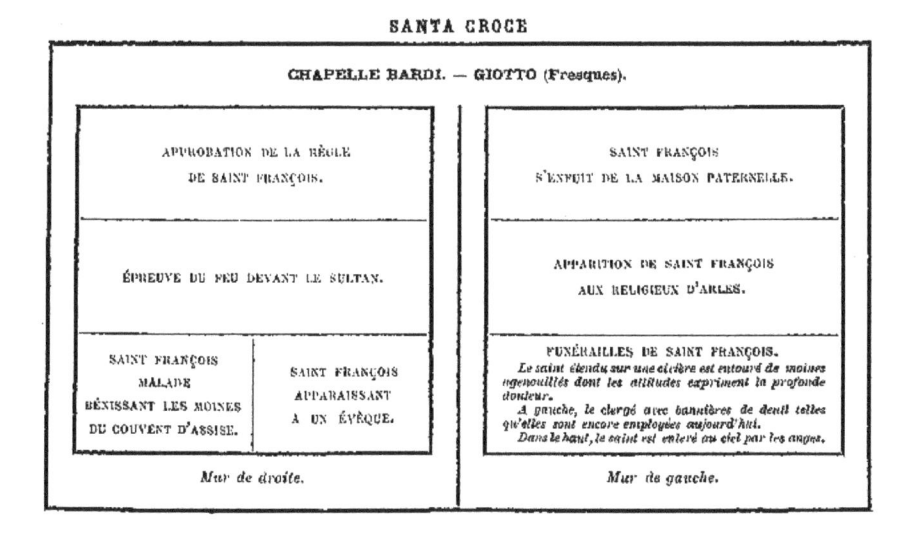

```
                         SANTA CROCE
              CHAPELLE BARDI. — GIOTTO (Fresques).

  ┌─────────────────────────────┬─────────────────────────────┐
  │   APPROBATION DE LA RÈGLE   │      SAINT FRANÇOIS         │
  │     DE SAINT FRANÇOIS.      │  S'ENFUIT DE LA MAISON      │
  │                             │       PATERNELLE.           │
  ├─────────────────────────────┼─────────────────────────────┤
  │                             │  APPARITION DE SAINT        │
  │  ÉPREUVE DU FEU DEVANT      │       FRANÇOIS              │
  │       LE SULTAN.            │   AUX RELIGIEUX D'ARLES.    │
  ├──────────────┬──────────────┼─────────────────────────────┤
  │ SAINT        │ SAINT        │ FUNÉRAILLES DE SAINT FRANÇOIS│
  │ FRANÇOIS     │ FRANÇOIS     │ Le saint étendu sur une     │
  │ MALADE       │ APPARAISSANT │ civière est entouré de moines│
  │ BÉNISSANT    │ À UN ÉVÊQUE. │ agenouillés dont les attitudes│
  │ LES MOINES   │              │ expriment la profonde douleur.│
  │ DU COUVENT   │              │ À gauche, le clergé avec    │
  │ D'ASSISE.    │              │ bannières de deuil telles   │
  │              │              │ qu'elles sont encore employées│
  │              │              │ aujourd'hui. Dans le haut,  │
  │              │              │ le saint est enlevé au ciel │
  │              │              │ par les anges.              │
  ├──────────────┴──────────────┼─────────────────────────────┤
  │       Mur de droite.        │       Mur de gauche.        │
  └─────────────────────────────┴─────────────────────────────┘
```

Sacristie.

(Le couloir qui s'ouvre dans le bras droit du transept conduit à la sacristie et à la chapelle des Médicis.)

La sacristie est une admirable salle carrée dont la charpente apparente a conservé sa décoration primitive. Elle est entourée sur deux côtés d'armoires basses du XIVe siècle, en marqueterie de citronnier et d'ébène à dessins géométriques. En arrière de ces armoires, le mur est revêtu d'un lambris du XIVe siècle également en marqueterie, dont chaque panneau est séparé par des pilastres à arabesques toutes différentes et rajoutées au XVe siècle. Les admirables vitrines et les lambris qui entourent le reste de la sacristie sont l'œuvre de BENEDETTO DA MAJANO, et rien n'est plus simple et plus riche à la fois que la mosaïque de bois traitée de manière à faire presque partie de l'architecture. Ces vitrines contiennent des missels dont quelques-uns sont fort beaux.

Le mur de droite est décoré de trois grandes fresques, *le Chemin de la Croix, la Crucifixion* et *la Résurrection.*

Une magnifique grille du XIVe siècle, en fer forgé, sépare la sacristie de la chapelle Rinuccini ouverte en face de l'entrée. Cette chapelle est décorée des fresques exécutées en 1365 par GIOVANNI DA MILANO dans la manière de Giotto ou, mieux encore, dans celle de son maître Taddeo Gaddi, avec un sentiment plein de charme et de mouvement et une perspective des mieux observées, pour l'époque.

A la voûte, les *Évangélistes* peints à fresque, et au-dessus de l'autel, le retable *Vierge et Saints* sur fond d'or, sont également de GIOVANNI DA MILANO.

La chapelle des Médicis fut construite par MICHELOZZO pour Cosme l'Ancien, «le Père de la Patrie». De chaque côté de l'autel, petits bustes de *Saint François* et de *Saint Bernard* d'ANDREA DELLA ROBBIA; au-dessous, *Vierge* avec des *Saints*: figures détachées en blanc sur un fond bleu également d'ANDREA; enfin, sur la porte, le *Christ entouré de deux anges*, du même.

Bas-relief en marbre de l'école de Donatello *Vierge accroupie avec l'Enfant* entre ses genoux et un groupe de trois anges.

Enfin, *Tabernacle* de MINO DA FIESOLE, dont l'entrée est gardée par quatre anges en haut relief.

SANTA CROCE
SACRISTIE. — CHAPELLE RINUCCINI. — FRESQUES DE GIOVANNI DI MILANO.

Mur de droite.				Mur de gauche.	
Serviteur desservant descendant un escalier.	MADELEINE LAVE LES PIEDS DU CHRIST. LES SEPT PÉCHÉS CAPITAUX SOUS LA FORME DE CHAUVES SOURIS S'EN-VOLENT AU-DESSUS DU TOIT. *Les perspectives de cette fresque sont remarquables.*	Serviteur apportant un plat par une porte entr'ouverte.	JOACHIM CHASSÉ DU TEMPLE.		
JÉSUS CHEZ MARTHE ET MARIE. *Cette fresque est traitée avec un réalisme étonnant, Marie accroupie devant Jésus, Marthe en tablier de cuisine.*	RÉSURRECTION DE LAZARE.		RENCONTRE A LA PORTE DORÉE.	NAISSANCE DE LA VIERGE. *A gauche, beau groupe de deux personnes.*	
APPARITION A MARIE MADELEINE. LES SAINTES FEMMES AU TOMBEAU. *Ce groupe est admirable, ainsi que les trois Anges qui l'arrêtent à l'entrée du tombeau.*	MIRACLE DE SAINTE MARIE MADELEINE.		PRÉSENTATION AU TEMPLE. *Cette fresque est curieuse à comparer avec celle de Taddeo Gaddi de la chapelle Castellani dont elle reproduit exactement les dispositions, bien que lui étant très supérieure.*	MARIAGE DE LA VIERGE.	

Le premier cloître, bâti par ARNOLFO DEL CAMBIO, s'étend à droite de Santa Croce; il est de forme irrégulière; la galerie qui longe le mur de l'église à gauche est à un niveau plus élevé que les autres, il faut y accéder par un escalier; derrière ses belles arcades en marbre noir et blanc, les murs sont décorés de fresques très effacées de l'école de Giotto, au-dessus desquelles sont alignées les armoiries sculptées des familles qui reposent dans le Campo Santo, les Alamanni, les Pozzi, les della Torre, etc...

Au milieu du cloître s'élève la statue de Dieu le Père, une des moins mauvaises de Baccio Bandinelli. Sur le côté qui fait face à l'entrée se trouve la **chapelle des Pazzi**, rendus célèbres par la conspiration contre les Médicis. Elle a été construite en 1420 par BRUNELLESCHI et est un des plus élégants, des plus purs spécimens de l'architecture classique. Elle est précédée d'un vestibule dont la voûte en berceau repose sur six colonnes à chapiteaux corinthiens, au milieu desquelles s'ouvre une grande arcade coupant une ravissante *frise* composée de petits médaillons contenant des têtes de chérubins sculptées par DONATELLO.

Toutes ces petites têtes, plus charmantes les unes que les autres, sont variées à l'infini et ont chacune leur expression.

La voûte du vestibule, à la hauteur de la grande arcade médiane, est une coupole à cassettes émaillées de diverses couleurs. Une seconde frise avec des têtes de chérubins règne également sous le portique et s'étend sur le mur de la chapelle; les médaillons en terre cuite qui la composent sont dus à DESIDERIO DA SETTIGNANO.

L'intérieur de la chapelle, en forme de croix grecque, est orné de pilastres corinthiens en granit; malgré sa petitesse, l'harmonie de ses proportions en fait une œuvre parfaite. Elle est surmontée d'une coupole dont les pendentifs sont ornés de quatre médaillons en terre émaillée polychrome des DELLA ROBBIA, représentant les quatre Évangélistes accompagnés de leurs attributs. Enfin, sa partie supérieure est décorée de douze superbes médaillons de LUCA DELLA ROBBIA, représentant les douze Apôtres assis.

L'ancien réfectoire se trouve sur le côté droit du cloître; le mur du fond a conservé les fresques qui décoraient entièrement la salle. Dans le bas est un très curieux et très beau *Cenacolo* de TADDEO GADDI, où le Christ et les Apôtres sont simplement figurés assis derrière la table, sans qu'aucun détail d'architecture ou aucune fantaisie imaginative atténue la grandeur de la scène. Judas, très laid, isolé en avant, est seul à ne pas avoir la tête entourée du nimbe doré en relief dont sont encadrées celles de Jésus et des autres Apôtres.

Au-dessus de cette belle composition est une grande fresque de FRANCESCO DE VOLTERRA (fin du XIVe siècle) dont le sujet, des plus intéressants, montre le *Christ en croix entouré du groupe des Saintes Femmes*; saint François à genoux devant la croix l'embrasse. La croix forme la souche de l'arbre généalogique des Franciscains, entre les rameaux duquel sont représentés tous les membres célèbres de l'ordre. Sur les côtés sont quatre scènes de la *Légende de saint François d'Assise*. Enfin à gauche du réfectoire s'ouvre une petite salle où une fresque de Giovanni représente *la Multiplication des pains*, miracle opéré par saint François.

SANTA CROCE

RÉFECTOIRE

L'Arbre généalogique de Saint François
et de l'ordre des Franciscains

FRANCESCO DA VOLTERRA

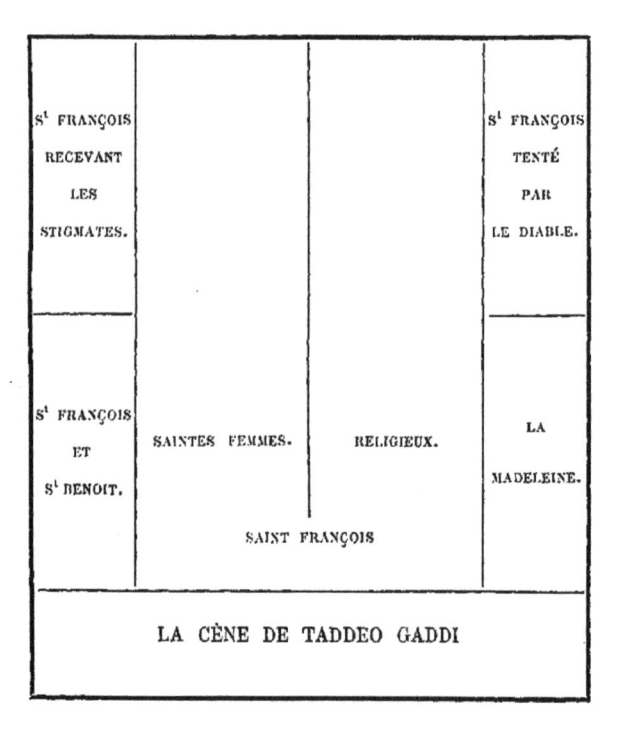

S¹ FRANÇOIS RECEVANT LES STIGMATES.			S¹ FRANÇOIS TENTÉ PAR LE DIABLE.
S¹ FRANÇOIS ET S¹ BENOIT.	SAINTES FEMMES.	RELIGIEUX.	LA MADELEINE.
	SAINT FRANÇOIS		
LA CÈNE DE TADDEO GADDI			

Le second cloître, construit par BRUNELLESCHI, s'étend à droite du premier et appartient aujourd'hui à la caserne établie dans l'ancien couvent des Franciscains.

SAN AMBROGIO.—A gauche de l'entrée on a découvert un fragment de fresque de l'école de GIOTTO, représentant *le Martyre de Saint Sébastien*. Le Saint est attaché à un pilastre, les pieds reposant sur une console placée à une certaine hauteur, de sorte que les archers qui lui décochent des flèches tirent en l'air, tandis qu'un ange lui apporte la palme du martyre. Sur le côté gauche de la nef est une petite niche sculptée, dont les montants sont couverts d'arabesques; elle contient une charmante statuette de *Saint Sébastien*, œuvre de LEONARDO DEL TASSO (XVe siècle); les deux anges en grisaille, peints dans la partie supérieure, et la petite Annonciation qui est placée dessous dans un médaillon sont de FILIPPINO LIPPI.

La chapelle à gauche du chœur est décorée d'une fresque de COSIMO ROSSELLI, représentant le *Miracle de l'Enfant Jésus* apparaissant dans le ciboire pendant la communion. La scène se passe au seuil d'une église, devant un palais, et présente une foule de personnages à costumes florentins du XVe siècle, très habilement groupés (1486).

Au fond de la chapelle, un *tabernacle* en marbre blanc, de MINO DA FIESOLE, reproduit le même miracle.

RIVE DROITE (EST)

DE SANTA CROCE A SAN MARCO

SANTA MADDALENA DE PAZZI; SANTA MARIA NUOVA, MUSÉE
ARCHÉOLOGIQUE ET DES TAPISSERIES, INNOCENTI, SANTA ANNUNZIATA,
ACADÉMIE, ÉGLISE ET COUVENT SAN MARCO, LO SCALZO.

SAINTE MADELEINE DES PAZZI (1, Via delle Colonne).—**La salle du Chapitre** contient une grande fresque du PÉRUGIN, *le Christ en croix*, peinte entre 1492 et 1496, l'ouvrage le plus important que Florence possède de l'artiste, maîtresse œuvre par la noblesse des figures, la gravité des attitudes, la richesse du coloris et enfin la beauté du paysage. Le Christ sur la Croix avec la Madeleine éplorée, comme écrasée de douleur à ses pieds, occupe le milieu de la fresque. Séparés du groupe principal par des pilastres et des arcatures se trouvent la Vierge et saint Benoît d'un côté et saint Jean avec saint Bernard de l'autre. Le réel défaut de ce parti pris a été de couper l'action où les personnages, isolés et séparés les uns des autres par l'architecture, ne semblent pas reliés à la scène principale dont l'intérêt réside dans le groupe de la Madeleine et du Christ.

ARCISPEDALE DE SANTA MARIA NUOVA.—Ce grand hôpital fut fondé au XIVe siècle par Falco Portinari, le père de la Béatrice du Dante. La façade de **l'église San Egidio** qui en dépend fut au XVIe siècle augmentée d'un portique, œuvre de Buontalenti, sous lequel deux fresques très restaurées sont intéressantes en ce qu'elles sont ce qu'au XVe siècle on appelait des fresques de *Cérémonie*, c'est-à-dire des compositions destinées à commémorer un événement. L'une, par LORENZO DE BICCI, fut peinte en 1420 et représente la consécration de l'église par le cardinal Correz, en présence du pape Martin V. L'autre, exécutée en 1435 par GHERARDO, rappelle les privilèges accordés à l'hôpital par le pape Martin V, à la requête du cardinal Correz.

La porte de l'église San Egidio est décorée du *Couronnement de la Vierge* (1420), bas-relief en terre cuite de LORENZO DE BICCI. A l'intérieur, derrière l'autel, a été placé un charmant bas-relief en bronze émaillé d'ANDREA DELLA ROBBIA, *la Vierge et l'Enfant*. Le délicat tabernacle du maître-autel est l'œuvre commune de ROSSELLINO et de GHIBERTI. Les anges en adoration sont du premier, et le bas-relief en bronze de la porte fait d'autant plus honneur au second qu'il est d'une plus grande simplicité.

GALERIE DE PEINTURE DE L'HOPITAL (25 et 29, place Santa Maria Nuova).

N° 104.—ANDREA DEL CASTAGNO. *Crucifiement*. Lunette provenant du cloître de l'hôpital. Le Christ est entre la Vierge, saint Jean et deux bénédictins agenouillés. Les figures de la Vierge et de saint Jean, animées par la plus grande des douleurs, sont de premier ordre.

(Au n°29, sur le pilier du premier étage.)

A.—Bas-relief en terre cuite rehaussée de peintures, *la Vierge, l'Enfant, Saint Jean et deux Anges* de l'école de Donatello.

F.—Admirable haut relief en terre cuite du VERROCCHIO. La Vierge, en buste, tient l'enfant debout sur un coussin. Verrocchio a certainement modelé d'après nature ce groupe d'une beauté et d'une vérité accomplies.

Salle I.—Nos 48, 49, 50.—HUGO VAN DER GŒS. *L'Adoration des Mages*, triptyque peint à Bruges, vers 1400, pour Francesco Portinari, agent des Médicis dans cette ville. C'est l'ouvrage le plus important et le chef-d'œuvre de ce maître excellent. Si le sujet principal, l'Adoration des Mages, est d'un ensemble plutôt défectueux avec des plans mal observés et des figures sans élégance ni charme, les détails sont en revanche d'une rare perfection et la coloration d'une fraîcheur et d'un éclat incomparables. Les deux volets, de toute beauté, furent pour le portrait l'école où les artistes florentins du XVe siècle vinrent apprendre leur art. Sur le volet de gauche, le donateur, Francesco Portinari, et ses deux jeunes fils sont agenouillés en avant de leurs patrons, saint Antoine abbé et saint Mathieu. Sur le volet de droite, sa femme agenouillée lui fait face; coiffée du hennin et vêtue du riche costume flamand, elle est accompagnée de sa fille, jeune enfant d'une dizaine d'années; leurs visages, ainsi que ceux de sainte Marguerite et de sainte Madeleine debout derrière elles, respirent la sérénité et portent l'expression idéale des figures des Memling et des Van der Weyden.

N°23.—BOTTICELLI. *Vierge et l'Enfant, Saint Jean-Baptiste et anges.*

Cette œuvre de sa jeunesse a longtemps été attribuée à Fra Filippo Lippi, tant il y est encore influencé par la manière de son maître. La Vierge se penche vers l'Enfant couché sur ses genoux qui lui tend les bras, tandis que deux anges délicieux les contemplent. La tête, entourée de légers voiles d'une disposition compliquée, est ravissante de grâce.

N° 71.—FRA BARTOLOMMEO. *Le Jugement dernier*. Cette grande fresque, peinte de 1498 à 1499, est malheureusement mal conservée. Elle n'en constitue pas moins, telle qu'elle est, un ouvrage d'une haute portée artistique, première œuvre où l'art italien ait uni au sentiment profond des primitifs, la noblesse et la beauté des formes, telles que les concevait la Renaissance.

Par la belle ordonnance du demi-cercle où sont rangés les Saints, par la rigoureuse observation de la perspective, par la profondeur de l'inspiration, cette composition est si remarquable que Raphaël l'a placée, presque intégralement, dans la partie supérieure de la Dispute du Saint-Sacrement, peinte, en 1508, pour les chambres du Vatican.

L'ANCIENNE ÉGLISE SANTA MARIA DEGLI ANGIOLI (Via degli Angioli) sert de bibliothèque à l'hôpital. Dans un de ses cloîtres est conservée une belle fresque d'ANDREA DEL CASTAGNO, le *Christ en Croix entre la Vierge, saint Jean, la Madeleine* au pied de la croix et deux bénédictins agenouillés de chaque côté, composition d'un sentiment et d'une facture admirables.

MUSÉE ARCHÉOLOGIQUE, PALAIS DE LA CROCETTA. Le premier étage renferme le Musée égyptien et deux des plus riches collections qu'ait l'Italie en antiquités étrusques et en numismatique italienne du moyen âge et de la Renaissance.

Le MUSÉE ÉTRUSQUE se compose des objets découverts dans des fouilles faites à Chiusi, Orvieto, Grossetto et dans les nombreuses nécropoles mises au jour autour de ces villes.

La Salle II contient dans des vitrines toute la série des vases étrusques depuis l'époque la plus reculée jusqu'à l'apogée de cet art (VIe siècle avant J.-C.).

Ces vases contenaient les offrandes aux morts ou servaient d'urnes cinéraires; ils sont, en grande partie, décorés des emblèmes relatifs à leur emploi, soit de colombes ou de coqs chargés d'écarter des cendres les mauvais esprits, soit de panthères ou de cavaliers symbolisant, les uns les animaux dévorants, les autres le transport des âmes. Les poteries de ce temps, presque toutes en terre noire, ont des formes admirables.

La Salle IV renferme une très belle collection de petits bronzes étrusques d'un grand intérêt: groupes, candélabres, armures avec traces de dorure, miroirs, etc., etc.

La Salle V possède quelques pièces hors ligne.

A.—Statue de Minerve de grandeur naturelle, superbement drapée. La tête a un grand caractère, les orbites vides des yeux étaient remplis par des pierres précieuses (Arezzo).

B.—Statue d'orateur; portrait de Metellus, fils de Vesia, citoyen de Chiusi (IIe siècle avant J.-C.). Cette pièce célèbre a été découverte près du lac Trasimène (1570).

C.—Chimère affectant la forme d'un lion; sa queue, faite d'un serpent, vient mordre une tête de bouc greffée sur le dos de l'animal. Cette tête fantastique, remarquable comme mouvement et comme étude approfondie de la forme, appartient à la plus belle période de l'art grec (IVe siècle avant J.-C.) (Arezzo)

D.—*Situla*, petit vase suspendu, de la plus belle époque étrusque, il fut trouvé à Bolsène en 1871. Primitivement doré, orné de bas-reliefs de la plus extrême finesse, il représente Vulcain ramené à l'Olympe par Bacchus et Ariane.

Une vitrine isolée renferme des merveilles.

N° 1.—*Tête de jeune homme* (IIe siècle avant J.-C.).

N° 2.—Statuette de *Bacchus avec un génie ailé sur les épaules* (IVe siècle avant J.-C.).

N° 3.—*Statuette de Jupiter* (copie grecque du IIe siècle avant J.-C., d'après Phidias).

N° 4.—Statuette de *Castor conduisant un cheval* (art étrusque d'après l'art grec, IVe siècle avant J.-C.).

N° 5.—*Minerve Medica*.

N° 6.—*Athéné*, statuette très archaïque.

N° 9.—Statuette d'*Hercule* (IIIe siècle avant J.-C.).

Salle IV.—Au milieu de la salle, le fameux *Vase François*, ainsi nommé de son premier propriétaire, est orné de peintures divisées en bandes sur lesquelles sont représentées les chasses de Méléagre, Thésée et le Minotaure, le combat des Lapithes et des Centaures, les funérailles de Patrocle, les noces de Pélée et de Thétis, la procession des dieux quittant l'Olympe pour y assister, Bacchus et Vulcain, un combat des Pygmées contre les Grues, et enfin, sur les anses, la lutte autour du corps d'Achille. Cette belle œuvre grecque est du VIe siècle avant J.-C.

Salle VIII.—*Sarcophage* en terre cuite de *Larthia Seranthia*. La défunte, le torse redressé sur son lit funèbre, le bras gauche relevé sur un coussin, tient un miroir et procède à sa toilette. Ce splendide monument de la plastique chiusienne a conservé de nombreuses traces de peinture (IIe siècle avant J.-C.).

Salle IX.—I. *Sarcophage en albâtre*, non décoré de sculptures, mais peint à tempera, de scènes représentant les combats des Lapithes et des Centaures (art étrusque, Ve siècle av. J.-C).

II. *Sarcophage en albâtre* ayant conservé les traces de sa décoration polychrome. Sur le couvercle en ronde bosse, le mari, le torse nu, appuie la main sur l'épaule de sa femme assise à ses pieds qui relève son voile pour le regarder; elle porte un collier d'or et ses cheveux ont conservé leur peinture rouge (Ve siècle avant J.-C.).

III. *Sarcophage de pierre* également en ronde bosse. Aux pieds du défunt, une Parque accroupie lui montre le rouleau de sa vie terminée.

IV. *Statue cinéraire* en terre cuite de la Mater Matuta des Chiusiens. Elle est assise dans un fauteuil, tenant dans ses bras un enfant couché. La tête mobile sert de couvercle à l'urne contenue dans l'intérieur du corps (Ve siècle avant J.-C.).

DEUXIÈME ÉTAGE. **GALERIE DES TAPISSERIES (ARAZZI).**— La plupart des tapisseries proviennent de la fabrique de Florence fondée par le grand-duc Cosme Ier sous la direction de Nicolas Karcher et de Jean van Boost de Bruxelles. Après leur mort, l'atelier fut tenu par des Italiens et devint une véritable école, si bien que ce fut Pierre Lefèvre, français d'origine et directeur vers 1630, qui, appelé avec un brevet par Louis XIV en 1648, créa aux Tuileries un atelier où seraient appliqués les procédés italiens et développés les procédés français des manufactures érigées sous Henri IV, tandis que la manufacture de Florence, dès 1744, cessait d'exister.

Salle I.—Brocarts des XVème, XVIe et XVIIe siècles.

Salle II.—Devant l'autel de Sainte-Marie Nouvelle, *le Couronnement de la Vierge*, superbe broderie du XVe siècle.

Salles III, IV, V.—Broderies et étoffes.

Salle VI.—Tapisseries de Florence aux armes des Médicis (XVIIe et XVIIIe siècles). *Les quatre Éléments* d'après Moro.

Salle VII.—Tapisseries flamandes du XVIe siècle.

Salle VIII.—Tapisseries de Florence (XVIe siècle).

Salle IX.—Suite des mêmes tapisseries. *Ensevelissement du Christ* (Florence, XVIe siècle).

Nos 118 et 119.—*Ecce Homo* et *Déposition* (Florence, XVIe siècle).

Salle XII.—*Histoire d'Esther.* Trois tapis séries des Gobelins d'après Audran, XVIIIe siècle, splendides pièces de cette suite connue.

Salle XIII.—Suite de l'*Histoire d'Esther*. Les costumes turcs, remarquables, sont interprétés avec la fantaisie du XVIIIe siècle.

Salle XIV.—Trois tapisseries flamandes du XVIe siècle tissées d'or.

N° 74.—Série de tapisseries du XVIe siècle représentant des fêtes données à l'occasion du mariage d'Henri II et de Catherine de Médicis.

Salle XV.—Nos 67, 68, 69.—Suite de la même série.

Salle XVI.—Six bandes de tapisseries allemandes du XVIe siècle, *Histoire de David et de Bethsabée*.

N° 66.—*Baptême du Christ* (Flandres, XVe siècle).

Salle Galerie XVII.—Nos 67, 68.—*Enlèvement de Proserpine* et *Chute de Phaéton*, d'après les cartons de Bernin (Florence, XVIIIe siècle).

Nos 53, 54, 55, 56.—Admirable série de tapisseries des Flandres du XVIe siècle. Cette collection, la plus belle du musée, se compose de quatre pièces de grandes dimensions tissées d'or. Les sujets en sont: *la Création de l'homme, la Création de la femme, la Tentation, Adam et Ève chassés du Paradis.* Le paysage, la composition et le coloris de ces tapisseries sont de toute beauté.

N° 51.—*Triomphe de déesse*, d'après Coypel (Gobelins, XVIIIe siècle).

Nos 42, 50.—*Histoire de Phaéton*, d'après Allori (Florence, XVIIe siècle).

Salle XIII.—*Fête champêtre.*

Salle XIV.—Cinq scènes de la *Passion* (Florence, XVIIe siècle).

Salle XX.—Trois scènes de la même série, d'après Allori.

Salle XXI.—*Les Douze Mois de l'année*, d'après Bacchiacco (Florence, XVIe siècle).

Salle XXII.—Sept tapisseries avec grotesques sur fond jaune, d'après Bacchiacco (Florence, XVIe siècle).

LA PLACE DE L'ANNUNZIATA est bordée à droite par l'hospice des Enfants-Trouvés, les *Innocenti*, à gauche par la confrérie des Servi di Maria, bâtiments identiques, entre lesquels s'ouvre, au fond de la place, l'église de l'Annunziata. A l'angle de la Via dei Servi, le palais Manelli, de 1565, est une construction en brique de Buontalenti. Au milieu de la place, la statue équestre du grand-duc Ferdinand Ierest la dernière œuvre de Jean de Bologne, coulée en 1608 avec le bronze des canons enlevés aux Turcs.

De chaque côté, deux fontaines de Ph. Rocca, placées en 1629, sont ornées de monstres marins.

L'HOSPICE DES ENFANTS-TROUVÉS fut construit en 1421 par FRANCESCO DELLA LUNA, d'après les plans laissés par son maître Brunelleschi; il avait été commandé par la corporation des tisseurs de soie. Le rez-de-chaussée est bordé d'un beau portique précédé de marches qui, du côté de la place, offre entre ses arcatures des médaillons en terre vernissée blanche sur fond bleu, exécutés en 1460 par ANDREA DELLA ROBBIA. Ces médaillons, au nombre de quatorze, représentent chacun un enfant emmailloté, chef-d'œuvre de grâce et de délicatesse. Dans ces figures variées à l'infini, la manière d'Andrea diffère déjà profondément du style simple et sévère de Luca et se rapprocherait bien plutôt, par une recherche de douceur et de charme excessive, de celui des Ghiberti ou des Benedetto da Majano. La lunette de la porte de la Chapelle, où l'on entre par la cour, est occupée par une Annonciation, magnifique bas-relief émaillé d'Andrea della Robbia.

Au-dessus de l'autel de la chapelle **Santa Maria degli Innocenti**, le GHIRLANDAJO a peint, en 1488, une belle adoration des Mages fortement influencée, semble-t-il, par le Van der Goes de l'hôpital Santa Maria Nuova. Cette page réunit à un haut degré les qualités du Ghirlandajo; non seulement il s'y révèle dessinateur émérite et savant coloriste, mais bien encore dans les moindres détails il pousse la conscience à l'excès et reste irréprochable comme exécution.

En face des Enfants-Trouvés le bâtiment des **SERVI DI MARIA** fut également construit, sur les plans laissés par Brunelleschi, par ANTONIO DA SANGALLO.

L'ÉGLISE SANTA ANNUNZIATA date de 1250, mais depuis elle fut agrandie et constamment modifiée. Sous le mauvais péristyle qui la précède, élevé en 1650 par CACCINI, s'ouvrent trois portes. Celle de gauche donne accès au cloître de l'ancien couvent des Servites, celle de droite à la chapelle des Pucci, et enfin celle du milieu au parvis décoré de fresques qui précède l'église. Ces fresques, abritées maintenant contre les intempéries par une galerie vitrée, furent en grande partie exécutées par Andrea del Sarto et sont un des plus beaux monuments du grand art italien.

A.—*Saint Philippe donnant son habit à un malade.*

B.—*Joueurs frappés de la foudre pour s'être moqués de saint Philippe.*

C.—*Guérison d'un possédé.*

D.—*La mort de saint Philippe.*

E.—*Un enfant guéri par le contact du manteau de saint Philippe.*

L'artiste exécuta ces peintures dans sa jeunesse, vers 1510. Le paysage a quelque importance, mais n'est pas suffisamment traité; ce ne sont plus les fonds idéalisés et mystérieux des primitifs, et d'autre part les artistes de l'époque d'Andrea sont encore loin de la perfection des maîtres qui rendront plus tard si merveilleusement la nature; ce sont des œuvres d'une époque de transition, n'ayant plus les qualités des anciens maîtres, sans pour cela avoir encore celles des nouveaux. Dans les fresques de l'Annunziata les personnages manquent de mouvement, mais leur défaut principal est l'absence de la foi profonde, de l'émotion et des sentiments vrais qu'auraient mis dans un tel sujet les «Quatrocentisti».

A droite, deux belles compositions d'Andrea del Sarto sont très supérieures aux précédentes.

1° *L'Adoration des Mages* bien groupée, avec le portrait de Sansovino tourné vers le spectateur, et au premier plan le portrait du peintre par lui-même.

2° *La Naissance de la Vierge* (1514), représentée dans une riche chambre du XVIe siècle avec des femmes portant les beaux costumes de l'époque. Au milieu de cette fresque remarquable, deux portraits de femmes dont l'une est la Lucrezia Fede, la terrible femme de l'artiste.

Les trois médiocres fresques suivantes sont dues à des amis ou à des élèves d'Andrea: *Le Mariage de la Vierge* par FRANCIABIGIO (1513). *La Visitation* par le PONTORMO (1516). *L'Assomption* par ROSSO (1517).

L'intérieur de l'Église, décoré au XVIIe siècle avec une triste somptuosité, consiste en une nef unique sur laquelle donnent des chapelles latérales, et qui aboutit à une grande rotonde où se trouve le chœur entouré de chapelles rayonnantes. A gauche de l'entrée, sous un baldaquin du XVIIe siècle de très mauvais goût, s'ouvre la chapelle «della Vergine Annunziata», construite aux frais de Pierre de Médicis par MICHELOZZO en 1448. Derrière l'autel, une Vierge miraculeuse, fresque du XIIIe siècle, est l'objet d'une grande vénération.

Au-dessus de la porte qui conduit du croisillon gauche au cloître des Servites est une fresque d'ANDREA DEL SARTO, «da Madone au Sac» (*Madonna del Sacco*), peinte en 1525, et justement considérée comme un chef-d'œuvre; elle est d'une grâce charmante avec des figures bien groupées. Saint Joseph debout, appuyé sur un sac, lit à côté de la Vierge assise à terre. Près de la fresque d'Andrea est le *tombeau des Falconieri*, fondateurs de l'église: sarcophage supporté par des consoles. Dans le deuxième cloître, grande statue de *Saint Jean-Baptiste* en terre cuite, bel ouvrage où MICHELOZZO a reproduit le Saint Jean qu'il avait placé dans le fameux reliquaire du musée du Dôme.

ACADÉMIE DES BEAUX-ARTS (46, Via Ricasoli)

Salle I.—N° 31.—BALDOVINETTI. *La Trinité.*

N° 27.—ANGELICO. Retables.

Salle à Coupole.—MICHEL-ANGE. *David.*—Le *David* fut sculpté en 1501 par Michel-Ange tout jeune, qui fut rappelé de Rome tout exprès pour tirer d'un gigantesque bloc de marbre mal venu, une colossale statue destinée à être placée devant le Palais Vieux. Loin d'être arrêté par cette difficulté de métier, jamais Michel-Ange ne semble avoir été plus en possession de son admirable talent, plus maître de son art, que dans cette juvénile figure où la justesse des rapports, la perfection du modelé et le fini parfait excitent la plus vive admiration. Le maître a choisi l'instant où le héros va lancer sa fronde, et l'attente du geste décisif est parfaitement marquée par l'expression sévère et concentrée du visage qui frappe par sa ressemblance avec celui du *Saint Georges* d'Or San Michele, ce chef-d'œuvre de Donatello.

MICHEL-ANGE. Ébauche pour un *Saint Mathieu*. C'est la seule ébauche des statues des Apôtres que Michel-Ange devait exécuter pour Sainte-Marie des Fleurs, œuvre infiniment intéressante, puisqu'elle permet de saisir sur le fait son procédé de travail et sa préoccupation de mener de front l'étude de la forme et la recherche de l'effet. Dans l'espèce de grande dalle où la statue est encore engagée, il semble que le maître ait dessiné au ciseau toutes les valeurs, jusqu'à donner à l'œuvre l'aspect du bas-relief ou à produire l'impression d'un puissant et singulier carton.

Grande Salle III.—N° 36.—MASACCIO. *La Conception.*

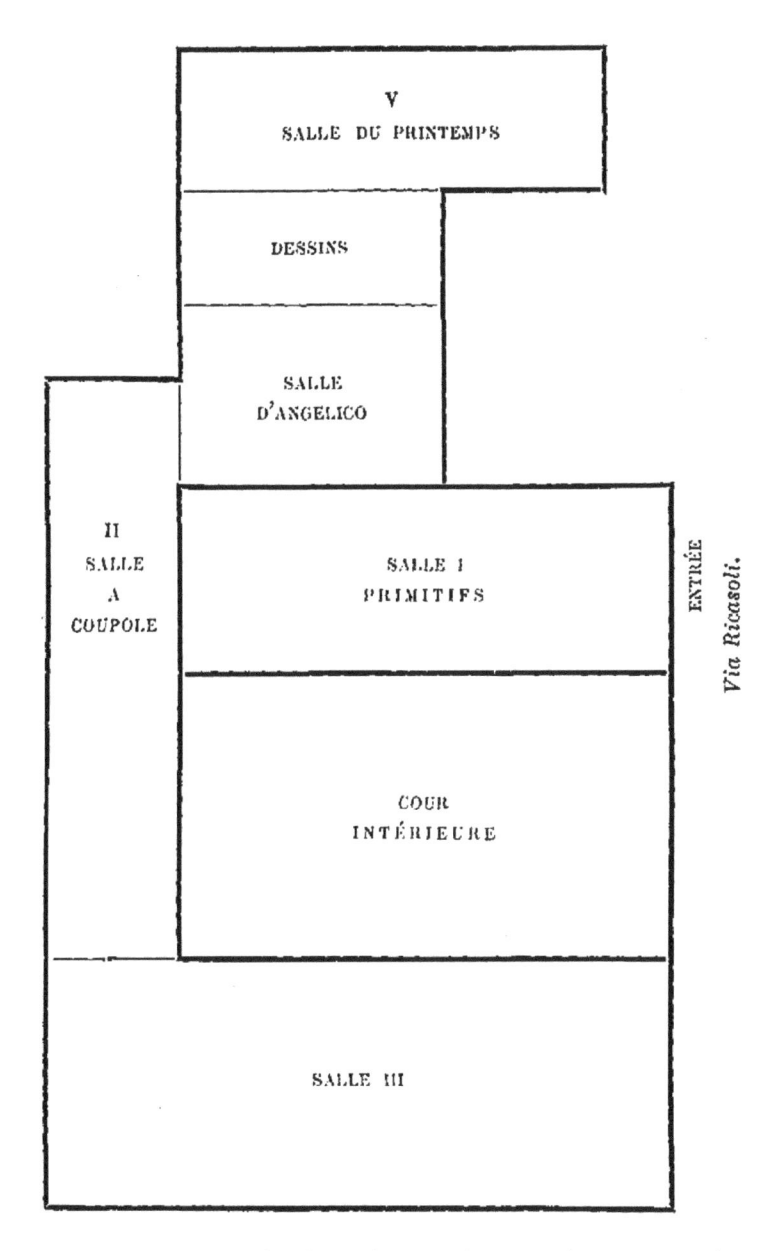

```
                    V
              SALLE DU PRINTEMPS


                 DESSINS


                  SALLE
                D'ANGELICO


   II                SALLE I                    ENTRÉE
 SALLE             PRIMITIFS
   A                                          Via Ricasoli.
 COUPOLE


                    COUR
                 INTÉRIEURE



                  SALLE III
```

Sainte Anne, la Vierge et l'Enfant. Il est intéressant de constater dans cette œuvre de jeunesse du maître, combien son idéalisme d'alors était déjà combattu par son entraînement au réalisme et au naturalisme.

N° 41.—FRA FILIPPO LIPPI. *Couronnement de la Vierge*, œuvre tardive de 1441. Ce grand tableau, malheureusement très abîmé, est surchargé de personnages; de plus, comme le sujet principal est placé sur le second plan, il en perd toute grandeur. Le défaut ordinaire de Lippi, qui est de raplatir la tête de ses figures, a été poussé ici à un désagréable excès. Dans ce tableau, Lippi s'est peint lui-même à genoux et les mains jointes.

N° 42.—FRA FILIPPO LIPPI. *L'Annonciation*, belle prédelle de 1441.

Nos 37 et 39.—ANDREA DEL CASTAGNO. *Sainte Madeleine* et *Saint Jean-Baptiste*, figures ascétiques d'un grand caractère.

N° 38.—ANDREA DEL CASTAGNO. *Saint Jérôme en prière*.

N° 32.—GENTILE DA FABRIANO. *Adoration des Mages*. Ce chef-d'œuvre célèbre fut peint pour Palla Strozzi en 1423. Sorte d'Angelico ombrien, Gentile évoque un monde tout idéal, tout fantaisiste; il couvre ses personnages de vêtements somptueux où l'or tient la plus grande place, mais un or traité à la manière des icônes byzantines, c'est-à-dire en relief avec des incrustations et des gravures. Son goût prononcé pour la zoologie se traduisit par la recherche des animaux extraordinaires qu'il a figurés dans le cortège des Mages. Peu de tableaux laissent une aussi délicieuse impression de poésie et de fraîcheur.

N° 34.—FRA ANGELICO. *La Déposition de la Croix*. Ce chef-d'œuvre, d'une simplicité grandiose, est d'une perfection de composition, d'une profondeur de sentiment, d'une pureté de dessin qui en font une des plus impressionnantes œuvres du XVe siècle. La croix occupe le centre, et le corps du Christ en est détaché par saint Jean accompagné d'un groupe de disciples qui soutiennent le cadavre. D'autres groupes admirables sont composés de la Vierge, des Saintes Femmes et d'hommes qui contemplent avec commisération les instruments de la Passion montrés par l'un d'eux.

Les montants du cadre sont garnis de douze délicates petites figures de saints et les trois gâbles qui le surmontent représentent *la Visite des Saintes Femmes au tombeau*, *la Résurrection* et *l'Apparition à la Madeleine*. Pour bien apprécier cette œuvre de premier ordre, il faut se faire à un coloris d'une vivacité et d'une crudité de tons rares, même chez l'Angelico.

N° 43.—ANDREA VERROCCHIO. *Baptême de Jésus-Christ*. On a longtemps considéré ce tableau comme la seule peinture complète du Verrocchio, mais on est arrivé à reconnaître que l'œuvre, loin d'avoir jamais été achevée par lui, avait été terminée par son élève, Léonard de Vinci. La seule part attribuée maintenant à Verrocchio est la figure de saint Jean-Baptiste et le paysage du fond. L'artiste, avec le caractère plutôt abrupt de son talent et sa passion de l'anatomie et de la vérité, a trouvé un sujet digne de lui dans la figure réaliste et ascétique du précurseur, modelée en pleine lumière. Cette partie, un peu dure, forme un saisissant contraste avec les deux délicieuses figures d'anges agenouillés que Léonard a traitées en clair obscur, avec tout le charme de son incomparable génie.

N° 46.—SANDRO BOTTICELLI. *La Vierge, l'Enfant Jésus, la Madeleine, sainte Catherine, saint Damien, saint Cosme et divers saints.* Un des premiers ouvrages de Sandro et non des meilleurs. Les figures sont encore très influencées de celles de son maître, POLLAJUOLO.

N° 47.—SANDRO BOTTICELLI. *Couronnement de la Vierge.* Un des plus grands tableaux d'autel du maître.

N° 52.—SANDRO BOTTICELLI. *La Vierge sur un trône entre des anges et des saints.* Ces deux tableaux prouvent surabondamment combien le talent de Botticelli était rebelle aux sujets religieux.

N° 49.—FRA FILIPPO LIPPI. La belle *Madone avec quatre Saints* sous une architecture, est une des bonnes œuvres du maître. Elle est remarquable par la facture des vêtements.

N° 50.—GHIRLANDAJO. *L'Adoration des Bergers*, peinte vers 1485, est à peu près analogue à celle des Innocenti. L'influence de Van der Gœs et de l'œuvre de l'hôpital Santa Maria Nuova y est également sensible. Cet ouvrage, à bien des égards, est excellent; on y retrouve la scrupuleuse conscience de Ghirlandajo et, grâce à son coloris plus calme, il est d'un aspect plus agréable que le retable des Innocenti.

N°53.—PIERRE PÉRUGIN. *Le jardin de Gethsemani.*

N° 56.—PIERRE PÉRUGIN. *Crucifixion.* Ces deux tableaux furent peints par le Pérugin vers 1496, c'est-à-dire à cette période de sa vie où, par son absence de conviction artistique, il sacrifiait exclusivement à la grâce et à l'afféterie et laissait dans ses compositions une large place à de beaux paysages de convention.

N° 55.—PIERRE PÉRUGIN. *Assomption*, avec quatre saints dans le bas du tableau.

Cette grande composition, très conventionnelle, date de l'époque des fresques du Cambio avec lesquelles elle a de grands rapports de manière (1500).

N° 58.—PIERRE PÉRUGIN. *Pieta.* Ce tableau célèbre est une œuvre de jeunesse intéressante par sa singulière ordonnance et son architecture classique. Malheureusement l'expression des visages et l'attitude des personnages sont toujours de la plus désolante banalité.

N° 54.—LUCA SIGNORELLI. *La Vierge avec le Christ, deux Saints et les archanges Michel et Gabriel.* Remarquable tableau d'autel d'un coloris vif et fondu tout à la fois.

N° 57.—FILIPPINO LIPPI. *Descente de Croix*. Ce tableau d'autel, resté inachevé par suite de la mort de Filippino (1504), fut repris et terminé par le Pérugin.

N° 59.—ANDREA DEL SARTO. *Quatre Saints*.

N° 63.—Prédelle de ces tableaux avec la Vie de ces Saints. Ces deux très belles compositions sont de la même époque et de la même manière que les admirables fresques des Scalzo (1528).

Il est intéressant de constater combien, à cette date, André del Sarto était impressionné par le génie d'Albert Dürer.

N° 66.—FRA BARTOLOMMEO. *Apparition de la Vierge à saint Bernard*, œuvre de jeunesse (1506) avec encore un peu de sécheresse dans les contours et malheureusement d'une mauvaise conservation.

N°69.—FRA BARTOLOMMEO. *Saint Vincent*.

Nos 78 et 82.—FRA BARTOLOMMEO. *Têtes d'Apôtres*. Ces morceaux de fresques sont de premier ordre et donnent le plus utile renseignement sur la hauteur de vues, la noblesse de sentiments et la belle intégrité artistique du Frate.

Salle IV (Salle d'Angelico).—Cette salle contient un véritable trésor d'œuvres de l'Angelico qui, avec des qualités différentes, sont toutes inspirées de son exquise poésie symbolique et mystique.

N° 41.—*Le Jugement dernier*. Composition où se meuvent une multitude de petites figures d'une exécution relativement peu soignée pour l'Angelico. La partie la plus intéressante du tableau est constituée par une ravissante farandole de petits anges qui se déroule dans le Paradis, au milieu d'une prairie émaillée de fleurs.

Si Angelico est, par excellence, le peintre des joies célestes, il est moins apte à exprimer l'angoisse et la douleur des damnés, aussi la partie de l'enfer laisse-t-elle à désirer.

N° 16.—Six petits panneaux. *Vies et supplices des saints Cosme et Damien*.

Nos 11, 24.—Huit panneaux divisés en compartiments et formant trente-cinq sujets de la Vie de Jésus-Christ. Ils sont d'inégale valeur et plusieurs sont de la main de Baldovinetti. Toutefois, quelques-uns, comme finesse et perfection, sont de vraies miniatures. Parmi ceux-ci: *la Fuite en Égypte, la Flagellation, le Portement de Croix, Jésus dépouillé par les soldats et les Saintes Femmes au tombeau* sont hors ligne.

N° 20.—*Couronnement de la Vierge*, petit médaillon de la plus grande finesse.

N° 21.—*Le Christ à mi-corps, debout dans le tombeau*, entouré de toutes les *scènes de la Passion*. Cette belle conception, particulièrement affectionnée par l'Angelico, est d'un dessin large et savamment modelé.

PIERRE LORENZETTI.—Quatre épisodes très archaïques de la *Vie de saint Nicolas de Bari*.

N° 31.—FRA BARTOLOMMEO. *Savonarole sous l'aspect de saint Pierre martyr.*

N° 18.—PÉRUGIN. Beaux portraits de *Baldassare Monaco* et de *don Biagio Milanesi*, moines de Vallombreuse. La beauté, la simplicité et la sévérité de ces deux profils de moines les ont longtemps fait attribuer à Raphaël comme œuvre de jeunesse.

Salle V.—Cartons.—Collection d'admirables cartons de Fra Bartolommeo.

Carton du *David*, de Michel-Ange.

Salle VI.—N° 22.—ANTONIO DEL POLLAJUOLO. *Saint Augustin*, âgé. Admirable figure d'évêque debout, crossé et mitré.

N° 23.—ANTONIO DEL POLLAJUOLO. *Sainte Monique*, superbe figure de vieille femme, pendant du précédent.

N° 24.—VERROCCHIO. *Tobie et les trois Archanges.*

Les archanges Michel, Gabriel et Raphaël accompagnent le jeune Tobie retournant chez son père. Cette œuvre admirable est une des premières du Verrocchio et l'analogie du type des Archanges avec ceux du *David* au Bargello et du *Saint Jean-Baptiste* dans le *Baptême* de l'Académie est frappante.

La gravité, la noblesse et la beauté des figures, la minutieuse recherche des anatomies, le réalisme scrupuleux poussé jusqu'aux moindres plis des vêtements, enfin la poésie du délicieux paysage du fond, tout concourt à placer ce tableau parmi les productions les plus parfaites des Quatrocentisti.

N° 19.—LUCA SIGNORELLI. *La Madeleine agenouillée au pied de la Croix*. Cette page a la dureté et la crudité de couleur trop ordinaires chez Signorelli, défauts amplement rachetés du reste par la beauté de la composition et la profondeur et l'émotion uniques chez lui.

Le fond en perspective représente la Déposition, la Mise au sépulcre, et la Visite des Saintes Femmes au tombeau.

N° 16.—DOMINIQUE GHIRLANDAJO. *Vierge entre des anges et divers saints*, excellent ouvrage de jeunesse.

N° 12.—FRA FILIPPO LIPPI. *Naissance de Jésus-Christ*, retable de médiocre valeur, seulement intéressant comme étant le tableau de l'autel de la chapelle Riccardi auquel aboutissait toute la composition de Benozzo Gozzoli.

Nos 6, 7, 8, 9.—SANDRO BOTTICELLI. *Le Christ ressuscitant.—Salomé avec la tête de Saint Jean-Baptiste.—Visions de Saint Augustin.—Mort de Saint Augustin.*—Quatre adorables petits panneaux oblongs.

N° 20.—SANDRO BOTTICELLI. *L'archange Raphaël et Tobie*, tableau très abîmé, mais d'un délicieux sentiment. Les deux figures, rapprochées de celles du tableau du Verrocchio, expliquent l'attribution erronée de cette peinture faite longtemps à Sandro. Au bas, petite figure agenouillée du donateur Strozzi, dont les armes occupent le haut du tableau.

N° 27.—SANDRO BOTTICELLI. *Allégorie du Printemps*, tableau exécuté en 1462 sur la commande de Pierre de Médicis et destiné avec celui du musée des Offices, «d'Arrivée de Vénus à Cythère», à sa villa de Castello. C'est un chef-d'œuvre de paganisme mythologique, interprété avec toute la subtilité, tout le raffinement d'un «décadent» de la Renaissance. Il puisa son sujet dans le passage du cinquième livre de Lucrèce, où le poète décrit ainsi le réveil de la nature:

«Sur l'aile de Zéphyr le doux Printemps renaît et Vénus daigne sourire aux champs rajeunis. Sur leurs pas Flore, mère facile, épanche ses parfums et émaille les prés de ses dons enchanteurs.»

Comment Botticelli a-t-il traduit la pensée de Lucrèce? Dans un bois, figuré par des arbres chargés de fleurs et de fruits, dont les silhouettes noires sont violemment découpées sur un ciel pâle, s'ouvre une clairière semée de mille fleurs, traitées avec la patiente minutie de la miniature. Sur ce chemin fleuri s'avance Vénus précédée des Grâces et de Mercure, et suivie de la figure allégorique du Printemps. Flore, poursuivie par Zéphyr, occupe l'extrême droite du tableau, et l'Amour, les yeux bandés, vole au-dessus des groupes en décochant ses flèches.

Les sept personnages, presque aussi grands que nature, sont traités avec l'art le plus consommé autant par la perfection du dessin que par l'agrément du coloris. Les femmes, avec les formes élancées et un peu grêles chères à Botticelli, sont vêtues de gazes transparentes voilant à peine leur belle nudité. Une seule figure, la figure si énigmatique du Printemps, porte une tunique compliquée, semée de fleurs sur fond blanc; les cheveux fauves, coupés court, encadrent son délicieux visage et son expression étrange donne à sa physionomie quelque chose de problématique et de captivant. Les dimensions de cet ouvrage lui assureraient un rang à part dans l'œuvre de Botticelli, si d'ailleurs des qualités de premier ordre ne l'y plaçaient de droit.

LE COUVENT DE SAN MARCO, fondé par les moines de l'ordre de Saint-Sylvestre, fut concédé aux dominicains par le pape Martin V, sur les instances de Cosme l'Ancien, leur zélé protecteur, auquel l'ordre devait d'être rentré à Florence après en avoir été précédemment expulsé. Le couvent fut magnifiquement restauré par Michelozzo de 1436 à 1443, et Fra Angelico de Fiesole passa plusieurs années de sa vie à le décorer de ses fresques.

Le génie de Giotto avait contenu en germe toute la peinture italienne, c'est-à-dire l'idéalisme et le réalisme. Par la grandeur des choses vues de loin, il rehaussa la vérité des choses vues de près estompées sur le vif; en un mot, il conçut le premier l'union du symbole et du portrait.

Un demi-siècle après la mort de ce grand homme, alors que s'épanouissait la génération de ses élèves, deux courants se formèrent dont la source remontait également à son génie. Tandis que des artistes tels que les Masolino, les Masaccio ou les Fra Filippo Lippi développaient la peinture dans le sens de la vérité individuelle et du portrait, d'autres, comme Fra Giovanni de Fiesole, s'attachaient au spiritualisme puisé dans l'œuvre de Giotto ou inspiré par le platonisme de Dante et donnaient le jour à une peinture destinée, semble-t-il, à illustrer les missels du Paradis.

L'Angelico fut la plus haute manifestation de cet art et San Marco la plus parfaite expression de son talent.

Les fresques multiples que renferme le couvent ne sont pas des œuvres destinées à la critique ou au jugement d'un nombreux public. Elles devaient, en décorant des cellules où personne ne pénétrerait, ne servir qu'à l'édification ou à l'enseignement des moines, et Angelico pouvait se livrer, sans préoccupation mondaine, tout entier à l'inspiration de son âme. Beaucoup de ces fresques, sans recherche d'anatomie ou de dessin quelconque, sont très légèrement indiquées et c'est parfois de celles où ces défauts sont le plus accusés que se dégage l'impression la plus vive; on les dirait éclairées par une sorte de lumière intérieure dans le rayonnement de laquelle, toute trace de procédé matériel s'effaçant, elles apparaissent comme dans une atmosphère de pure spiritualité.

Le même état d'âme se manifeste au couvent de San Marco dans Baccio della Porta, dit Fra Bartolommeo, devenu moine en 1501, sous l'impression terrible qu'avait produite en lui la mort affreuse de son ami Savonarole. Après plusieurs années passées sans toucher à ses pinceaux, il les reprit par ordre du prieur, et c'est de cette époque que datent toutes ses admirables compositions religieuses où s'accuse si profondément le tour extatique et mystique de son esprit.

Il reste enfin à parler du plus célèbre des hôtes de San Marco, de celui dont le nom a marqué dans l'histoire de son pays, de celui dont la pensée grave et austère tenta la réforme morale et religieuse d'une époque déjà dissolue: de Jérôme Savonarole. A la fin du XVe siècle les regrets causés par l'affaiblissement de la foi et la perte de la liberté, les écarts des lettres et les périls de l'indépendance nationale provoquèrent à Florence une violente réaction politique et religieuse dont l'apôtre fut Jérôme Savonarole, un moine mystique doublé d'un tribun.

Cet homme sut, dans la païenne Florence d'alors, amener une révolution complète, il sut établir une république théocratique animée du souffle divin et fonder sur la puissance populaire la réforme des mœurs et le mépris des arts. Il tomba, sous le persiflage des libertins de la Renaissance, sous les attaques de l'aristocratie, sous les foudres de la papauté et sous ses propres excès, mais en laissant le souvenir pur d'un apôtre, d'un prophète et d'un martyr.

Jérôme Savonarole naquit à Ferrare en 1452, et une vocation irrésistible l'ayant entraîné vers les ordres, il entra en 1475 chez les dominicains de Florence, à l'âge de vingt-trois ans.

Il fut d'abord destiné à la prédication où, malgré sa foi ardente, son élocution difficile l'empêcha de réussir. Mais, loin de se décourager, il revint à l'étude de la Bible et, pendant quatre années, se voua au travail, au silence et à la solitude. Aussi, quand il quitta, pour rentrer à Florence, le sévère couvent de la Lombardie où il s'était retiré, se considérait-il comme élu par Dieu pour ramener l'Italie à la foi et aux bonnes mœurs par ses menaces et ses avertissements. Il la regarda désormais comme les prophètes regardaient la Judée, ne voyant plus dans son peuple qu'une nation de prédilection, que Dieu, selon les circonstances, soutenait ou châtiait impitoyablement.

Ainsi préparé et se croyant marqué du sceau divin, il recommença ses prédications (1490) et avec des figures et des citations bibliques flagella ses contemporains et les menaça, dans un langage violent et âpre, d'un redoublement de la colère céleste. La foule dès lors se pressa autour de lui et il dut abandonner la salle du chapitre de San Marco où il prêchait sous la fresque de l'Angelico, pour le jardin du cloître et ensuite pour l'église San Marco. La ville tout entière fut alors suspendue aux lèvres du moine dont la parole terrible menaçait l'Italie des «fléaux de Dieu: la conquête, la servitude et la ruine» si elle ne se réformait pas dans les mœurs et dans «le siècle».

La popularité de Savonarole lui valut la dignité de prieur et Laurent le Magnifique, que sa parole inspirée commençait à effrayer, put espérer que cette élévation tempérerait l'ardeur du moine. Mais cet espoir devait être déçu, car, loin de modérer sa fougue, Savonarole menaça de plus belle Laurent et Florence des pires châtiments. L'événement devait lui donner raison, et l'entrée des Français à Milan allait bientôt faire du dominicain une terrible puissance politique et religieuse avec laquelle il faudrait compter.

Pierre de Médicis, le successeur de Laurent, exila Savonarole et lui interdit l'usage d'une parole qui semblait complice de l'invasion; mais bientôt, Pierre ayant été chassé lui-même, les Florentins rappelaient leur prédicateur et l'envoyaient en ambassade auprès du conquérant dont il avait prédit la venue. Si toute son éloquence fut impuissante à empêcher Charles VIII d'entrer à Florence, il obtint du moins l'immunité pour elle et pour ses habitants et, une fois Charles et les Français partis, Savonarole resta le maître de la situation. Mis dans la nécessité d'organiser un gouvernement, il dut se prononcer sur la meilleure forme à donner à la République et décréta une constitution dont les principes étaient la crainte de Dieu, l'intérêt général primant l'intérêt particulier, l'oubli de toutes les anciennes haines, le pardon des offenses, la remise de toutes les dettes contractées envers l'État, l'amnistie pour tous les délits commis pendant les luttes des factions.

En donnant force de loi à cette paix universelle, Savonarole coupait court à toute recherche du passé, détournait toutes les vengeances, et par cela seul les œuvres de cet homme furent d'abord excellentes. Mais à cette constitution politique devait toujours manquer le rouage essentiel, celui d'une volonté motrice unique. Cette volonté, Savonarole la considérait comme une émanation divine, c'était décréter la politique de prophétie et l'illuminisme en permanence. Cependant, à voir les prompts résultats de son système, on put croire au couronnement de son œuvre; en effet, une transformation radicale s'était opérée dans Florence où l'on n'entendait plus que des chants religieux, où les femmes se dépouillaient de leurs parures, où les hommes ne marchaient plus que la Bible en main et où les artistes abandonnaient les sujets profanes et leurs chères études sur l'anatomie et sur l'antiquité pour se soustraire aux tentations de la chair. Dominé par cette obsession, Fra Bartolommeo se fait moine, Botticelli brise ses pinceaux, Marsile Ficin et Ange Politien se détournent des lettres profanes et deviennent les amis et les disciples du moine, Machiavel passe de l'étude de Tite-Live à celle du Deutéronome et enfin Michel-Ange, pénétré de l'esprit même de Savonarole, se voue presque exclusivement à la peinture et à la sculpture religieuses dans leurs interprétations les plus désolées et les plus farouches.

La situation de Savonarole devenait pourtant de jour en jour plus périlleuse, car l'illuminisme, si dangereux déjà dans la direction des âmes, est un écueil insurmontable dans le gouvernement des intérêts, et le moine avait beau dire: «Je ne me mêle pas des affaires de l'État», le peuple florentin, dont il était devenu le prophète et le juge, exigeait de lui secours efficace, aide et protection. Ce n'était pas assez pour satisfaire Florence, qu'au moment de la seconde campagne d'Italie, Savonarole eût obtenu le départ de Charles VIII; elle avait espéré de lui, qu'outre la liberté reconquise, il lui ferait reprendre les villes révoltées contre son autorité, auxquelles le passage des Français avait rendu l'indépendance. Aussi les Florentins murmuraient contre Savonarole et lui faisaient un grief de ce que la République épuisât en pure perte ses condottieri et son argent, comme ils le rendaient aussi responsable de la disette qui sévissait cruellement.

Si les partisans du prophète et de son gouvernement se refroidissaient eux-mêmes, des ennemis autrement redoutables allaient encore surgir contre lui. En effet, Savonarole n'avait pas craint d'attaquer avec la dernière violence le clergé, les moines et jusqu'à la papauté, invitant l'Église à quitter les biens du siècle pour la pauvreté, l'austérité et la prière. Il y avait là de quoi éveiller les craintes d'un pape tel qu'Alexandre VI Borgia, et, en juillet 1495, il mettait l'interdit sur Savonarole et lui ordonnait de comparaître devant lui. Le dominicain ne tint aucun compte de ces injonctions et continua de plus belle ses prédications, arguant que l'indignité du chef de l'Église déliait de toute obéissance à son égard. Après deux ans de tergiversations, Alexandre se décida à fulminer et lança ses foudres contre Savonarole, le frappant d'excommunication majeure, comme coupable de désobéissance et suspect d'hérésie.

Les Florentins se trouvaient ainsi placés entre leur foi catholique et leur amour pour le dominicain, si bien qu'une moitié de la ville était retournée contre l'autre.

Cette situation était encore compliquée par les incitations haineuses que Pierre de Médicis ne cessait d'adresser au pape contre Florence, de sorte que la Seigneurie, effrayée de la double perspective d'un schisme et d'une guerre également possibles, se résolut à interdire la parole à Savonarole et à lui enjoindre de s'enfermer dans son couvent.

Celui-ci ne devait pas y rester longtemps en paix, car la première chose qu'un peuple exige d'un prophète, quand il commence à ne plus croire en lui, est le signe manifeste de sa mission. On se rappelait à Florence la légende de Pierre de Feu qui, au XIe siècle, était entré dans les flammes pour prouver la simonie d'un évêque et qu'on disait en être sorti sain et sauf, et peu à peu s'établissait l'idée que le moine dominicain ne pouvait vraiment faire moins pour prouver qu'il avait raison contre un pape.

La foi de ceux qui lui étaient restés fidèles entraîna Savonarole dans cette voie insensée, et de nombreux frères s'étant offerts pour tenter l'épreuve à sa place, il fut décidé qu'on essaierait de cet étrange moyen de rendre la paix à la ville.

Après avoir délibéré, la Seigneurie désigna les deux victimes, Dominique Buonvicini pour Savonarole, et contre lui le frère mineur François de Pouille. Si le dominicain était brûlé, Savonarole devait quitter Florence (1498). Le jour venu, d'interminables discussions s'élevèrent entre les dominicains et les franciscains pour savoir s'il convenait d'entrer dans le bûcher avec ou sans vêtements, avec ou sans crucifix. Pendant ces contestations, un violent orage survint et dispersa acteurs et spectateurs; mais Savonarole faillit être écharpé par le peuple furieux de sa longue attente et exaspéré d'avoir été frustré du spectacle qu'il escomptait; le prophète était perdu, il n'avait pu faire ses preuves. Dès le lendemain, le peuple soulevé envahissait et saccageait le couvent de San Marco et le prieur, pour mettre fin aux scènes de tumulte, se faisait escorter au Palais Vieux et se remettait entre les mains de la Seigneurie qui, autant pour sauver sa vie que pour donner satisfaction au peuple, le faisait conduire en prison.

Mis à la torture, Savonarole resta héroïque; on fut si loin de lui arracher des aveux suffisants pour motiver une condamnation, qu'il fallut qu'Alexandre VI députât aux juges deux commissaires apostoliques, afin que le procès aboutît à une sentence de mort et permît au tribunal de condamner à être brûlé vif un homme dont le seul crime était de n'avoir pas fait un miracle pour délivrer le monde d'un Borgia. Mais, comme le fait ne tombait sous aucune loi, il fut condamné pour le crime irrémissible en politique d'être usé et vaincu.

Savonarole fut, devant la mort, égal à lui-même. Ses dernières paroles respirèrent la fierté et la foi. Lorsque, avant de le livrer au bûcher, on le déclara retranché de l'Église, il s'écria: «De la militante, oui; de la triomphante, non.»

L'opinion de Machiavel sur lui résume celle des contemporains: «S'il était sincère, l'Italie a vu un grand prophète; si c'était un fourbe, elle a vu un grand homme!»

La vérité est qu'il ne sut ni réformer l'Église à force de raison, ni la renverser, comme le tenta Luther, à force de volonté. Homme de passion surtout, il n'eut ni la sagesse de la pondération, ni la force du révolutionnaire.

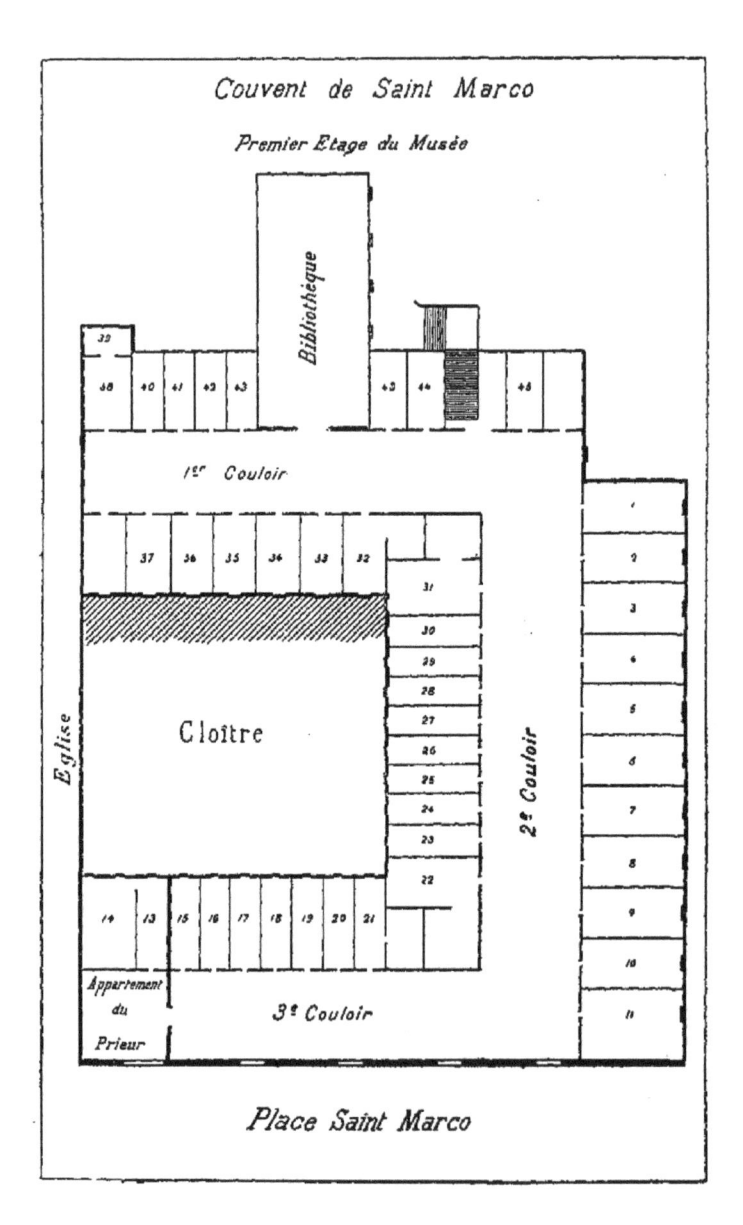

Le couvent.—Le premier cloître, où l'on entre directement, est entouré de portiques décorés de détestables fresques de VANNI (1650). Pourtant il a conservé, au-dessus des lunettes des portes, cinq fresques de l'Angelico.

1°—*Saint Thomas d'Aquin tenant un livre ouvert sur sa poitrine.*

2°—Au-dessus de l'entrée des Étrangers (forestiera), *le Christ reçu par saint Dominique et saint Thomas d'Aquin*. Il est en pèlerin revêtu de la peau de mouton, un bourdon à la main.

3°—Au-dessus de la porte du réfectoire, un *Christ mort*, sortant à mi-corps du tombeau, est d'une grande et douloureuse expression.

4° Au-dessus de la salle du chapitre, *Saint Dominique avec la discipline*.

5° Au-dessus de la porte communiquant avec l'église, la fresque appelée *le Silence* est une des plus hautes compositions où l'âme ait été traduite par la forme; elle représente saint Pierre martyr, un doigt sur la bouche pour rappeler la règle de l'ordre enjoignant le silence.

A droite de la porte de l'église et en face de l'entrée du cloître se trouve une grande fresque où l'ANGELICO a peint *Saint Dominique* à genoux au pied de la croix qu'il tient embrassée. C'est un de ses rares ouvrages où les personnages soient de grandeur naturelle; et exceptionnellement ce développement a été loin de leur nuire, bien qu'ils aient conservé toute la finesse de la miniature.

La croix se détache sur le bleu intense du ciel et la tête du Christ, légèrement penchée, est d'une douceur et d'un renoncement admirables; la tête extatique de saint Dominique le regarde avec amour et compassion.

Le Réfectoire possède un *Cenacolo* peint à fresque par ANTONIO SOGLIANI, en deux parties dont l'inférieure montre des dominicains à table, servis par des anges et la supérieure, le Christ en croix entouré de la Vierge, de saint Jean et de dominicains. Un superbe encadrement sculpté du XVe siècle avec traces de couleurs a été rapporté dans cette salle; sa dimension fait supposer qu'il a encadré primitivement la grande fresque de Saint Dominique dans le cloître.

La Salle du Chapitre est décorée d'une fresque d'ANGELICO, *le Calvaire*, la plus grande de ses compositions, elle occupe le mur cintré du fond.

Loin de l'embarrasser, les proportions de cette fresque ne firent que lui inspirer un style plus ample, une exécution plus large qui, sans lui enlever rien de sa délicatesse, le firent gagner en résolution et en fermeté. Elle est une des dernières œuvres de l'Angelico âgé alors de cinquante-trois ans.

Le moine a placé la scène, non pas sur un calvaire, comme elle l'est généralement, mais dans un lieu caractérisé seulement par un tertre jaune, sans perspective, où les trois croix se détachent sur un ciel sanglant d'un ton uniforme. Les corps du Christ et des deux larrons sont les parties les moins bonnes et manquent de dessin par suite de l'ignorance anatomique dans laquelle l'Angelico avait toujours voulu rester.

A gauche, au pied de la croix, le groupe de la Vierge évanouie, soutenue par saint Jean, l'une des Marie et la Madeleine, feraient honneur aux plus grands maîtres, tant la dignité des figures, leur expression, leur mouvement et le jet des draperies sont vraiment admirables; et la Madeleine, avec sa tunique rose, dénouée et glissant à son insu, est, dans son désordre, d'une beauté surprenante.

Plus à gauche, se tiennent saint Jean-Baptiste, saint Augustin, saint Laurent, saints Cosme et Damien, patrons des Médicis. A droite, sont agenouillés saint Dominique et les fondateurs d'ordres fameux: saint Jérôme, saint François d'Assise, saint Benoît, saint Thomas d'Aquin, saint Pierre martyr. Derrière eux, debout, sont encore d'autres saints, entre lesquels saint Zenobe, évêque, patron de Florence. Tous ces personnages, dont la douleur est profonde, ont dû symboliser, dans la pensée de l'artiste doublé du prêtre, le cri d'angoisse de l'Église à cette époque de discorde et de schisme.

Sous cette fresque, Fra Giovanni a simulé une prédelle comprenant dix-sept médaillons encadrés dans l'arbre de Jessé des dominicains dont la souche est entre les mains de saint Dominique placé dans le médaillon du milieu. Dans les autres médaillons sont tous les dominicains célèbres, dont les têtes pleines de vie et d'expression se détachent sur un fond bleu.

Dans le passage conduisant au deuxième cloître se trouve, à côté de l'escalier, le **petit Réfectoire** décoré d'un *Cenacolo* peint à fresque par DOMENICO GHIRLANDAJO en 1493, copie textuelle de celui qu'il avait déjà peint en 1480 à Ognissanti. Celui-ci, de la dernière manière du maître, est moins parfait que le précédent. Les figures sont relevées par l'emploi des ors; la table, simplement servie, est parsemée de cerises.

Le premier étage comprend un large couloir régnant sur trois côtés et couvert d'une charpente apparente, le long duquel s'ouvre une suite de portes basses et étroites donnant chacune sur une cellule peu élevée de plafond. La monotonie des murs est, d'espace en espace, rompue par une fresque de l'Angelico.

N° I.—(En face de l'escalier.) *L'Annonciation*. Sous un portique la Vierge est assise sur un escabeau et adorable de grâce et de respect, s'incline chastement devant l'ange, qu'elle écoute avec confiance et soumission.

N° II—(A gauche de la porte) *Saint Dominique, à genoux au pied de la Croix*, contemple le Christ. Ce sujet, traité avec une grande finesse, a été reproduit plus grossièrement dans beaucoup de cellules par les élèves d'Angelico.

III.—(Couloir de gauche) Entre les cellules 25 et 26, *Vierge assise sur un trône* entouré de saints au nombre desquels se trouvent saints Cosme et Damien, saint Augustin, saint Laurent et saint Pierre martyr, sous les mêmes traits que dans la salle du chapitre.

Les quarante-cinq cellules sont décorées chacune d'une fresque carrée de petite dimension exécutée soit par Fra Angelico, soit sous sa direction, d'où il résulte une grande inégalité entre ces morceaux, sans que la profonde et saisissante impression d'unité en soit diminuée.

Cellule I.—*Le bon Jardinier*. Apparition du Christ à la Madeleine.

II.—*Mise au tombeau*. Les trois Saintes Femmes et saint Jean sont accroupis autour du corps devant le sépulcre. A gauche, saint Antoine s'avance doucement vers eux.

III.—*Annonciation*. L'Ange debout est d'une grande finesse; la Vierge agenouillée sur un petit banc, les mains croisées sur la poitrine, est dans une attitude très humble.

IV.—*Christ en Croix* sur fond sombre, entouré de saint Jean et de la Vierge, de saint Dominique et de saint Jérôme.

VII.—*Ecce homo*. Le Christ en robe blanche est assis sur un trône et tient dans ses mains le roseau qui devient un sceptre; le Christ voit à travers le voile dont ses yeux sont couverts. Derrière et autour de lui sont représentées les mains qui l'ont soufflé et la tête de l'homme qui lui a craché au visage. Toutefois, par une admirable inspiration de la foi, le peintre n'a pas osé la représenter couverte, et une main de celui qui outrage le Christ soulève instinctivement le chapeau. A gauche est assise la Vierge; à droite, saint Dominique semble commenter avec ferveur le livre ouvert devant lui. Cette œuvre, admirable dans sa simplicité, produit une profonde impression.

VIII.—*Les Saintes Femmes au tombeau*. La Madeleine regarde le fond du sépulcre, sa charmante tête est vue en raccourci et la Sainte s'abrite les yeux de la main pour ne pas être éblouie par les rayons lumineux qui entourent le Christ apparaissant radieux au-dessus du sépulcre. A gauche, saint Dominique à genoux.

IX. *Le Couronnement de la Vierge*. Dans la partie supérieure sont assis Jésus et la Vierge, tous deux drapés de blanc; la Vierge joint les mains et d'un mouvement gracieux se penche en avant pour recevoir la couronne.

Dans le bas de la fresque sont agenouillés saint Thomas d'Aquin, saint Dominique, saint François, saint Pierre martyr, et deux autres saints.

X.—*La Circoncision avec Saint Pierre martyr*, joli profil de la Vierge debout.

XI.—*La Vierge sur un trône, entre un Évêque et Saint Thomas d'Aquin.*

L'appartement du prieur est à l'extrémité du couloir et comprend:

XII.—Antichambre avec trois fresques de Fra Bartolommeo.

XIII.—Cabinet de travail.

XIV.—Cellule.

Ces deux pièces, les seules qui ne soient pas décorées de fresques, ont été habitées par Savonarole dont elles conservent des souvenirs. Les plus intéressants sont: la bannière qui le suivait partout: elle est en toile avec un Christ peint sur ses deux faces par l'Angelico; une copie d'un tableau de l'époque représentant son bûcher dressé sur la place de la Seigneurie; et son portrait par Fra Bartolommeo, tête de profil.

XV.—*Saint Dominique au pied de la Croix.*

XVI.
XVII.
XVIII. *Saint Dominique* représenté dans
XIX. les attitudes les plus diverses
XX.
XXI.

XXII.—*La Vierge au pied de la Croix.* Mater Dolorosa d'une superbe expression.

XXIII.—*Christ en croix entre la Vierge et un Dominicain.*

XXIV.—*Baptême de Jésus-Christ avec Saint Antonin.*

XXV.—*Christ en Croix entre la Vierge, la Madeleine et saint Antoine.*

XXVI.—*Le Christ mort*, debout dans le tombeau, étend les mains en signe de résurrection. Derrière lui se dresse la Croix, autour de laquelle apparaissent sur un fond noir les scènes de la Passion. A droite, l'Ecce Homo avec les mains et la bouche sacrilèges. Au-dessous, la main de Judas et la main qui lui donne les pièces d'or; enfin à gauche, le baiser de Judas et la tête de Pierre vers laquelle se penche le profil de la servante qui lui dit: «Vous êtes aussi de ces Nazaréens»; derrière eux une main tient trois petits bâtons indiquant les trois renonciations de Pierre.

Sur le devant du tombeau, la Vierge est assise à gauche, profondément inclinée, tandis qu'à droite saint Thomas d'Aquin agenouillé presse un livre sur sa poitrine.

XXVII.—*Le Christ à la colonne avec la Vierge accroupie et saint Dominique se flagellant.*

XXVIII.—*Le Christ portant sa croix suivi de la Vierge mère apparaît à saint Dominique agenouillé.*

XXIX.—*Le Christ en Croix avec la Vierge et saint Pierre martyr.*

XXXI.—*Jésus aux Limbes*. Ancienne cellule de saint Antonin (Antonio Pierozzi), mort archevêque de Florence en 1459; souvenirs de saint Antonin: son masque et son portrait au crayon, œuvre de Fra Bartolommeo.

XXXII.—*Le Christ enseignant les Apôtres*. Dans la petite pièce voisine, *Tentation de Jésus-Christ*.

XXXIII.—*Jésus-Christ au Jardin des Oliviers*, scène mouvementée comprenant le baiser de Judas et saint Pierre coupant l'oreille de Malchus. Dans cette cellule est un petit tableau, la *Madone della Stella*, ainsi nommée de l'étoile placée sur son front. Elle se détache debout sur un fond d'or entourée d'anges l'encensant et faisant de la musique; les trois délicats petits médaillons de la prédelle représentent saint Pierre martyr, saint Dominique et saint Thomas d'Aquin. Dans la pièce voisine: *Couronnement de la Vierge*. Ce tableau n'a pas la finesse ordinaire des œuvres de l'Angelico, il a les mêmes tons lourds que *le Jugement dernier* de l'Académie.

XXXIV.—*Jésus au Jardin des Oliviers*. A droite, la maison de Marthe et de Marie assises sur le seuil, lisant et priant. Dans cette cellule est un ravissant petit tableau de l'Angelico divisé en deux parties: dans le haut, *l'Annonciation*; dans le bas, *l'Adoration des Mages*; toutes les figures d'une grande finesse sur fond d'or estompé et divisé en une quantité de petits compartiments.

Dans la prédelle, *la Madone entourée de dix Saints*.

XXXV.—*La Cène*. Huit Apôtres sont assis derrière la table, quatre autres à genoux, et le Christ debout, tenant un ciboire, leur donne la communion. A gauche est agenouillée la Vierge.

XXXVI.—*La Mise en Croix*.

XXXVII.—*Le Calvaire* et ses trois croix derrière lesquelles sont saint Jean, la Vierge, saint Dominique, saint Thomas d'Aquin.

XXXVIII—Cellule où Cosme l'Ancien venait se reposer et partager la vie des dominicains. *Le Christ en Croix*: au pied de la croix sont agenouillés saint Cosme, la Vierge, saint Jean et saint Pierre martyr.

XXXIX.—Oratoire de Cosme communiquant par quelques marches avec la cellule précédente. Au-dessus du tabernacle et au fond d'une petite niche, *Christ mort, debout dans son tombeau*. La fresque, plus importante que celles des autres cellules, occupe les lunettes du fond de l'oratoire, et représente *l'Adoration des Mages* où se groupent admirablement de nombreux personnages. La figure de saint Joseph, drapée de jaune, est une des plus belles.

XLIII.—*Christ en Croix* avec la Vierge défaillante soutenue par saint Jean et la Madeleine. A droite, saint Thomas d'Aquin agenouillé et pleurant.

XLII.—*Christ en Croix frappé de la lance*. Il est entre Marthe, Marie et saint Jean martyr.

Entre les cellules quarante-deux et quarante-trois, s'ouvre la belle salle de la Bibliothèque, divisée en trois nefs par deux rangées de colonnes ioniques supportant des arcs cintrés.

La bibliothèque fut construite en 1441 par MICHELOZZO sur l'ordre de Cosme l'Ancien, qui la dota de quatre cents manuscrits.

La vitrine du milieu contient des livres de plain-chant et des missels enrichis de miniatures du XVe siècle; ils proviennent des anciens couvents de Florence supprimés depuis.

N° XV.—*Fra Eustachio Donimeni*, du couvent de San Marco. Cartouches séparés par des enfants courant au milieu de rinceaux.

N° I à XIV.—*Fra Benedetto del Mugello*, frère de Fra Angelico, missels provenant de San Marco.

L'ÉGLISE DE SAN MARCO a été fondée en 1290. Elle a été transformée au XVIe siècle. Sa façade, à gauche de l'entrée du couvent, date de 1780.

A l'intérieur au-dessus de la porte, *Crucifix* à la détrempe sur fond d'or par Giotto.

Deuxième autel à droite. FRA BARTOLOMMEO. *Vierge debout devant un trône*, entourée de quatre saints et de deux saintes à genoux, d'une couleur chaude et dorée; cette remarquable œuvre du Frate fut peinte en 1509.

Troisième autel à droite. Vieille mosaïque romaine représentant une grande Vierge bénissant, sur fond d'or; la bordure est une addition moderne.

A gauche, sous des fragments de fresques, sont les plaques commémoratives de Pic de la Mirandole, mort en 1494, et d'Ange Politien, mort la même année.

LE CLOÎTRE DELLO SCALZO, 69, via Cavour (clef au musée de San Marco). Ce joli petit cloître du XVIe siècle dépendait d'un couvent de carmes déchaussés; il est entièrement formé par de larges baies vitrées que séparent de délicates colonnes. Ses murs sont décorés d'admirables fresques en camaïeu brun sur brun, peut-être le chef-d'œuvre d'ANDRÉ DEL SARTO, exécutées par le maître entre les années 1515 et 1525, pendant lesquelles il y travailla presque sans interruption. Le parti pris d'uniformité semble avoir été adopté par Andrea pour lui permettre de donner la mesure de son talent. Dans ces fresques où aucune magie de coloris n'aide à l'illusion ou n'ajoute au plaisir des yeux, il s'est élevé à une extraordinaire hauteur d'art, et cette œuvre de sa maturité allie la noblesse du sentiment à la hauteur des idées, la puissance et la largeur du dessin à la somptuosité de l'architecture et des ornements qui parent et encadrent les fresques.

Deux des compositions, *le Baptême du peuple par saint Jean-Baptiste* et *la Décollation de Saint Jean* sont peut-être encore supérieures aux autres et semblent la continuation et presque le commentaire des fresques de Masaccio au Carmine, avec les progrès réalisés par un siècle de technique en plus. L'influence si prépondérante exercée par le génie d'Albert Dürer sur le talent d'Andrea est très visible dans les fresques de la *Tentation au désert*, de la *Remise à Salomé de la tête de saint Jean*, et enfin dans la belle allégorie de la *Charité*.

Seize fresques relatives à la vie de saint Jean-Baptiste décorent le cloître:

1°—*La Foi* (1520);

2°—*Apparition de l'Ange à Zacharie* (1525);

3°—*La Visitation* (1524);

-4°—*La Naissance de Saint Jean-Baptiste* (1526);

5°—*La Mission de Saint Jean-Baptiste* (1518);

6°—*Rencontre avec Jésus-Christ* (1519).

(Ces deux fresques furent exécutées par l'ami d'Andrea, Franciabigio, dont il se faisait quelquefois aider dans ses grands travaux.)

7°—*Baptême de Jésus-Christ* (1515).

(Cette fresque, la moins bonne de toutes, est due à la collaboration des deux artistes.)

8°—*La Justice* (1515);

9°—*La Charité* (1520);

10°—*Prédication au désert* (1515);

11°—*Saint Jean-Baptiste baptisant le peuple* (1517);

12°—*Saint Jean-Baptiste arrêté* (1517);

13°—*Festin d'Hérode et danse de Salomé*;

14°—*La Décollation de Saint Jean-Baptiste* (1523);

15°—*La tête de saint Jean-Baptiste remise à Salomé* (1524);

16°—*L'Espérance* (1525).

RIVE DROITE (NORD)

DE SAN MARCO A SAN LORENZO

PALAIS RICCARDI, SAN LORENZO, SANTA APOLLONIA, SAN ONOFRIO.

LE PALAIS RICCARDI (Via Cavour).—Jusqu'à Cosme l'Ancien, les Médicis avaient occupé la vieille demeure petite et sombre, berceau de leur famille; ils s'étaient contentés du «comptoir» source de la fortune de leur maison. L'insuffisance relative de cette habitation, par rapport aux ambitieux desseins de Cosme, le décida à confier à Michelozzo l'édification d'un palais somptueux. Le palais Médicis est un quadrilatère aux formes lourdes où fut employé pour la première fois l'ordre rustique aux bossages si atténués au fur et à mesure de la hauteur, que leur saillie se perd dans un mur plat que surmonte une formidable corniche écrasant l'édifice.

C'est dans ce palais que naquit Laurent le Magnifique, le 1er janvier 1449. C'est là qu'il tint sa brillante cour; là que naquirent ses trois fils, Pierre, Jean et Julien; là qu'habitèrent plus tard Jules de Médicis, pape sous le nom de Clément VII, Hippolyte de Médicis, cardinal, et enfin Alexandre de Médicis qui fut le premier grand-duc. Malgré les souvenirs évoqués par cette demeure, le grand-duc Ferdinand II la vendit en 1659 au marquis Riccardi dont elle a conservé le nom, bien qu'elle soit actuellement devenue la préfecture de Florence.

La Cour a servi de modèle aux innombrables cours construites au XVIe siècle. C'est un quadrilatère entouré de portiques dont les arcades retombent sur des colonnes corinthiennes. Au-dessus des arcades règne une frise où alternent sculptées les armes des Médicis et des bas-reliefs dans lesquels Donatello, par l'ordre de Cosme, reproduisit avec sa perfection accoutumée les principales pièces de sa collection de camées antiques.

Au premier étage, se trouve la chapelle fameuse décorée des fresques de BENOZZO GOZZOLI. C'est une très petite pièce carrée, sur laquelle fut encore empiété au XVIIIe siècle par le déplacement compliqué d'une partie de mur qu'on opéra pour former une entrée en tambour plus commode, sans toutefois supprimer la peinture. On a en outre ouvert dans un mur une fenêtre et un œil-de-bœuf; ces actes de vandalisme ont malheureusement endommagé les précieuses peintures de Gozzoli. Néanmoins, telles qu'elles subsistent, elles restent un inestimable monument de l'art florentin du XVe siècle.

Toute peinture, et en général tout art parvenu à son apogée, adapte forcément sa perfection aux goûts, aux idées et aux mœurs de leur époque.

Pour les Florentins du XVe siècle, la passion dominante était un certain genre historico-allégorique où l'on aimait à se faire représenter avec sa famille et ses familiers dans des sujets soit absolument profanes, soit, à l'inverse, absolument sacrés.

Après la mort de Laurent le Magnifique, Pierre de Médicis résolut donc de confier à BENOZZO GOZZOLI la décoration de la chapelle de son palais, décoration dans laquelle l'artiste aurait à faire revivre les traits des principaux membres de sa maison.

Benozzo, après s'être séparé à Rome de son maître l'Angelico, avait été retenu plusieurs années à Montefalco par de nombreux travaux et se trouvait à Pérouse, quand les ordres de Pierre de Médicis vinrent l'appeler à Florence. C'est en 1457 que fut passé le contrat par lequel l'artiste s'engageait à «exécuter une marche des rois Mages en route pour Bethléem dans laquelle auraient à figurer les chefs des Médicis sous l'aspect des Rois, accompagnés de leurs amis et de leurs clients». Les conditions arrêtées, le travail commença aussitôt et Benozzo tira un parti admirable de ce cortège de seigneurs à cheval, en somptueux costumes du XVe siècle, suivis des plus jolis pages qu'ils eussent pu choisir dans la jeunesse florentine. Ces nobles florentins ont plutôt l'air de se rendre à la chasse ou à leurs vignes, que d'accomplir un pèlerinage, mais on n'éprouve pas un moindre plaisir à les voir promener leurs portraits et leurs robes de brocart et donner eux-mêmes le spectacle de leur élégance et de leur luxe.

Le retrait ménagé dans la pièce pour l'autel est mieux éclairé que le reste et tout peuplé d'anges, aux ailes dorées, semées d'yeux de paons. Ils sont comme les enfants de ceux de l'Angelico, plus modernes, plus humains, plus substantiels pour ainsi dire, que leurs aînés. Ils ont revêtu, eux aussi, leurs plus belles robes, autant pour assister à la messe des Médicis que pour venir adorer le Christ dont la naissance faisait autrefois le retable de l'autel. Aimables au possible, souriants, sagement rangés en ligne, comme il sied à des pensionnaires du Paradis, ils arrivent par troupes et par vols, ils accourent du fond des campagnes enchantées pour venir se mettre en adoration. Dans le nombre il s'en est détaché quelques-uns, celui-ci pour cueillir des fleurs, celui-là pour donner à manger à un paon, d'autres encore pour tresser des guirlandes de roses; qui croirait que les anges du Paradis se permettent, eux aussi, de faire l'école buissonnière! Dans cette pompeuse marche à travers un fantastique pays de montagnes et de gorges, cavaliers, pages, écuyers s'arrêtent, les uns pour chasser au guépard, les autres pour courre le cerf ou lancer le faucon. L'Évangile devient un simple prétexte pour peindre une des scènes les plus mondaines que jamais peintre nous ait laissées.

La cavalcade se déroule sur le mur de gauche avec Cosme de Médicis monté sur un cheval blanc et suivi d'une foule compacte. Après lui, elle tourne sur le fond où est représenté Laurent le Magnifique somptueusement vêtu, sous les traits d'un jeune homme; il est monté sur un cheval richement caparaçonné, et escorté de gens de pied et de cheval portant des présents.

Jean Paléologue les précède, grave et majestueux; il porte le turban d'où sort la couronne; autour de lui des pages à pied, d'une grâce charmante, se détachent sur un riant paysage. Aux rochers abrupts ont succédé des vallées arrosées, coupées de routes, couvertes de villes ou de châteaux, mais tout cela d'une grande naïveté et jalonné d'arbres à silhouettes extraordinaires.

Sur le mur de droite le patriarche grec, vieillard monté sur une mule grise, a été coupé par le malheureux tambour d'entrée. Plus loin est un des plus beaux morceaux de la fresque, le groupe des cavaliers arrêtés sur le bord d'un ruisseau. Après eux la marche s'achève par des routes tortueuses où circulent les chameaux et les mulets chargés de présents.

La préservation de cette belle œuvre est prodigieuse et ne peut se comparer qu'à celle du Pinturicchio de la Libreria de Sienne. Pas une nuance n'est ternie, pas un contour n'est effacé et les fresques restent aussi fraîches et aussi éclatantes de grâce juvénile que le jour où elles sortirent du pinceau de Benozzo.

La Salle du Conseil est ornée de grandes tapisseries de la manufacture de Florence, Allégories des Saisons, et de quatre petites, la Justice, la Foi, l'Espérance et la Charité.

La triste partie ajoutée au XVIIe siècle par le marquis Riccardi contient une grande salle des fêtes dont le plafond et une considérable fresque allégorique ont été peints par LUCA GIORDANO.

PLACE SAN LORENZO. A l'angle nord est une mauvaise statue inachevée de *Jean des Bandes Noires*, père du grand-duc Cosme Ier, par BACCIO BANDINELLI.

L'ÉGLISE SAN LORENZO, fondée en 390 par saint Ambroise, mais incendiée en 1420, fut reconstruite sur les plans de BRUNELLESCHI en 1425, aux frais communs des sept plus nobles familles florentines et des Médicis. L'église n'a pas de façade, celle que devait exécuter Michel-Ange n'ayant jamais été entreprise.

Intérieurement BRUNELLESCHI renouvela le plan de la vieille basilique chrétienne à nefs égales terminées par un transept droit, mais il plaça au-dessus des colonnes l'entablement antique supprimé par le moyen âge et ouvrit sur les côtés des chapelles en forme de niches. La coupole, placée directement sur la croisée, n'est pas l'œuvre de Brunelleschi. Au-dessous d'elle est la belle et très simple plaque tombale de *Cosme le Vieux* par VERROCCHIO.

Les deux chaires de l'église ou, pour parler plus exactement, les deux ambons, puis qu'elles ont la forme traditionnelle de sarcophages élevés sur des colonnes et isolés de toute part, sont une des dernières œuvres de la vieillesse de DONATELLO, terminée même par son élève BERTOLDO. *La Crucifixion, la Mise au tombeau, la Descente aux Limbes, la Résurrection* et *l'Ascension*, tels sont les sujets représentés dans les chaires par des bas-reliefs en bronze. Si *la Crucifixion* et *la Mise au tombeau*, malgré leurs lacunes, présentent encore des beautés de premier ordre, on ne saurait en dire autant des trois bas-reliefs opposés qui trahissent une défaillance et une espèce d'agitation fébrile. Leur groupement factice produit presque une impression de malaise, tant le maniérisme en est excessif et exagéré.

Dans l'unique **chapelle du transept gauche**, *l'Annonciation* de FRA FILIPPO LIPPI est une des meilleures œuvres tardives du Frate, elle est d'un charmant et délicat sentiment; sous un portique ouvert sur un délicieux fond de paysage, l'Archange, accompagné de deux anges, se prosterne devant la Vierge.

Au mur de la **Chapelle du Saint-Sacrement**, au fond du transept droit, est appuyé un tabernacle de marbre blanc, chef-d'œuvre de DESIDERIO DA SETTIGNANO.

L'Enfant Jésus, les deux anges en adoration devant lui, ainsi que les deux figures d'enfants de chœur agenouillés de chaque côté, sont des études d'enfants qu'on ne saurait désirer plus parfaites.

Sur le bas-côté gauche, au-dessus de la porte d'accès au cloître, s'ouvre la *tribune des Médicis*, joli balcon, soutenu par des consoles et formé de niches séparées par des colonnes; c'est un ouvrage de DONATELLO.

L'ancienne sacristie construite par BRUNELLESCHI est une salle carrée de belles proportions, couronnée par une coupole polygonale. DONATELLO fut chargé par Cosme l'Ancien de sa décoration, travail dont il s'acquitta en respectant si bien l'architecture de Brunelleschi que l'ensemble forme le tout le plus homogène.

Au-dessous de la coupole, huit médaillons contiennent alternés un épisode de la vie du Christ et un Évangéliste assis, auquel son attribut présente son évangile. Sous cette première décoration court une étroite frise en stuccato composée de têtes de chérubins.

Les deux portes à double battant de la sacristie sont divisées en cinq panneaux de bronze où sont représentés en bas-relief des Apôtres et des saints. Chacune est surmontée d'un saint grandeur nature, bas-relief en marbre. Toute cette composition est d'une rare beauté et DONATELLO l'a traitée avec une remarquable perfection.

Au milieu de la sacristie est une vaste table rectangulaire soutenue par des colonnes au-dessus du sarcophage, œuvre de Donatello, où reposent les parents de Cosme l'Ancien, *Jean Averado de Médicis* et Piccarda Bueri, sa femme.

A gauche de l'entrée est un admirable sarcophage en porphyre décoré de bronzes, ouvrage de VERROCCHIO. Il contient les restes de *Pierre de Médicis* et de son frère *Jean*, les deux fils de Cosme. Les cendres de *Laurent le Magnifique* y furent également transférées par la suite.

Sur une des armoires de la sacristie est placé un ravissant buste en terre cuite de DONATELLO, *Saint Laurent* représenté très jeune et levant au ciel des yeux inspirés.

LA BIBLIOTHÈQUE LAURENTIENNE a son entrée dans le cloître dont elle occupe au premier étage toute une aile; elle fut exécutée par MICHEL-ANGE sur l'ordre de Clément VII.

L'escalier qui y donne accès devait, dans la pensée de Michel-Ange, offrir un aspect grandiose et monumental, mais il ne l'exécuta pas lui-même et, par malheur, ce fut Vasari qui s'en chargea. La lourdeur de cet ouvrage, qui jure avec les belles proportions du reste, donne la mesure de ce que peut perdre un plan à être interprété par un architecte autre que l'auteur du projet primitif.

Le vestibule qui suit l'escalier est d'une austère simplicité. Ses colonnes devaient supporter un ordre supérieur que Michel-Ange n'acheva jamais.

La salle de la bibliothèque est également fort simple dans ses belles proportions, mais la perfection des moindres détails y est poussée à l'extrême. Michel-Ange présida lui-même à tout, ce qui donne à l'ensemble un aspect d'homogénéité et d'harmonie parfaites.

Ainsi les dessins de l'admirable plafond en bois de cèdre se reproduisent renversés sur le pavé de marbre; les bancs et les pupitres alignés sur les côtés, exécutés par CIAPINO et DEL CINQUE, le furent sous la direction du maître, de même que les vitraux des fenêtres avec leurs légères arabesques de deux tons peints sur ses indications par JEAN D'UDINE.

La Bibliothèque est une des plus riches qu'il y ait. Cosme l'Ancien avait déjà commencé cette belle collection, qui fut enrichie par Laurent des livres les plus rares achetés à prix d'or. Leurs successeurs continuèrent à l'augmenter, aussi les manuscrits précieux y sont-ils en grand nombre. Le plus ancien est un Virgile du IVe siècle. Parmi les plus remarquables, figurent un Tacite du Xe siècle; les lettres familières de Cicéron écrites de la main de Pétrarque, de même que ses sonnets; l'original du *Décameron* de Boccace; une des premières copies manuscrites de l'*Enfer* du Dante; les *Commentaires* de César copiés pour Charles VIII et ornés d'une miniature le représentant au milieu de son camp;

enfin tout l'ordre des livres ecclésiastiques, bibles, évangiles, Pères de l'Église, dans les éditions les plus rares et les plus curieuses.

Les Chapelles Médicis, autrefois dépendantes de l'église Saint-Laurent, forment maintenant un musée où l'on entre, derrière l'église, par la place della Madonna.

La première chapelle à laquelle on accède est **la Chapelle des Princes**, édifiée en 1604 par MATTEO NIGELLI, sur les plans de Jean de Médicis, pour servir de sépulture aux grands-ducs; c'est une vaste construction octogonale, terminée par un dôme qui s'ouvrait jadis sur le chœur de l'église par lequel on y accédait directement.

Cette chapelle, revêtue d'une profusion de marbres et de pierres dures multicolores, est anti-artistique. Autour sont rangés six sarcophages de grands-ducs tous semblables; ils sont en granit, surmontés de la couronne ducale posée sur un coussin. Deux niches contiennent les statues en bronze doré de Cosme II par JEAN DE BOLOGNE et de Ferdinand par TACCA.

La Nouvelle Sacristie.—Dès l'année 1520, le pape Léon X et le cardinal Jules de Médicis, plus tard pape sous le nom de Clément VII, tombèrent d'accord sur l'opportunité de demander à MICHEL-ANGE, alors dans toute sa célébrité, qu'il se chargeât d'édifier une nouvelle sacristie à l'église San Lorenzo, sorte de Panthéon pour leur famille. Dans leur pensée, cette salle devait contenir leurs propres sépultures en même temps que celles des principaux membres de leur maison; mais par la suite ces monuments funèbres se réduisirent à deux: celui de Julien, duc de Nemours, frère de Léon X, et celui de Laurent, duc d'Urbin, son neveu, le petit-fils de Laurent le Magnifique. Toute latitude était laissée à Michel-Ange pour la construction de cette Sacristie Neuve, destinée à faire vis-à-vis, dans le transept droit, à la Vieille Sacristie de Brunelleschi, qui occupait le transept gauche. Les phases diverses par lesquelles passa ce travail marquèrent des heures tragiques. Commencé dans le vif contentement que faisait éprouver à Michel-Ange l'élévation de Clément VII au siège apostolique, puis abandonné pendant la révolution de Florence, il fut repris et achevé après la prise de la ville, sur l'ordre formel du pape, qui mettait à ce prix le pardon de l'artiste coupable de républicanisme et de rébellion.

Tant d'alternatives dans la vie de Michel-Ange commentent d'une façon dramatique l'histoire de ce monument. Tour à tour favori, courtisan, citoyen, proscrit, enfin rentré en grâce après avoir vu sa vie en danger, s'il se sentit l'âme agitée et souffrante, le temps où il vécut fut terrible et affreusement troublé!

L'œuvre est une des plus complètes qu'ait laissées le maître, tant l'architecture et la sculpture contribuent par leur harmonie à rendre l'effet général imposant. La sacristie est une salle carrée aux dimensions restreintes, quoique la justesse de ses proportions la fasse paraître grande. La hauteur en semble considérable, grâce à l'artifice des caissons en perspective qui décorent la coupole terminée par une lanterne. L'ornementation consiste en deux ordres de pilastres très simples, destinés, dans l'idée de Michel-Ange, à servir d'encadrement à des niches remplies de statues. Ce projet resta malheureusement inexécuté, car à la mort de Clément VII survenue en 1534, Michel-Ange, abreuvé d'amertumes et voyant Alexandre de Médicis étouffer dans le sang toute velléité d'indépendance, jugea suffisamment payée sa dette de reconnaissance envers ses premiers patrons et quitta définitivement Florence.

Les parties terminées des monuments des Médicis ne furent même pas mises en place par le maître, et ce fut Vasari qui, en 1563, leur donna leur emplacement actuel; fâcheuse intervention dont est résultée la disproportion trop saillante entre les sarcophages dus à Vasari et les statues qu'ils supportent. Léon X, quand il commanda ces tombeaux à Michel-Ange, était loin de lui assigner une tâche facile. Il devait en effet immortaliser des rejetons médicéens plus que médiocres pour lesquels le Pape ne rêvait rien moins que de pompeux sujets allégoriques ou des Vertus exaltant le mort. L'artiste opposa aux vœux de Léon X une fin de non-recevoir systématique, et se borna à des figures purement décoratives, figures devenues célèbres sous le nom du *Jour* et de la *Nuit*, du *Crépuscule* et de l'*Aurore*. Dans ces admirables compositions, son génie semble avoir pris à tâche de démontrer combien la matière doit peu compter pour l'artiste et combien elle doit, comme cire molle, se plier à toutes les expressions de la pensée, à toutes les exigences de la volonté.

Les monuments des deux princes ont une ordonnance semblable et se font face, la statue de chacun est assise dans une niche au-dessous de laquelle sont les sarcophages sur lesquels Vasari a placé les grandes figures allégoriques de Michel-Ange.

A droite, *Julien de Médicis, duc de Nemours*, est représenté en costume romain avec la cuirasse. Il a en main son bâton de général des États de l'Église, et sa tête nue très frisée est inintelligente.

A gauche, *Laurent de Médicis*, de par Léon X duc d'Urbin, est une des plus admirables créations qui soient dues au ciseau de Michel-Ange. Le maître, inspiré par la tragique figure de ce Laurent qui fut tout à la fois violent, débauché et misanthrope, accusa plus encore l'aspect farouche du visage en l'abritant profondément sous la visière saillante du casque qui le plonge dans une ombre redoutable, pleine de mystère. Laurent rêve, le menton appuyé sur la paume de la main, mais on se demande à quel sombre drame peut ainsi songer éternellement ce visage crispé d'angoisse, au sourcil si violemment froncé que le surnom de «Pensiero» lui est resté comme pouvant seul vraiment convenir à cette tragique figure.

Au-dessous de Julien sont couchés le Jour et la Nuit, tandis qu'au-dessous de Laurent ce sont le Crépuscule et l'Aurore.

Le génie même de Michel-Ange semble résumé dans ces quatre magnifiques allégories où, à côté de parties à peine ébauchées, circulent le sang et la vie sous l'épiderme du marbre. L'angoisse même de son âme semble avoir trouvé à s'exhaler dans un cri de terreur et d'effroi devant la dureté des temps et elles reflètent tragiquement le sombre état de ses pensées et l'anéantissement douloureux de ses aspirations, en face du présent sinistre et de l'avenir obscur et incertain.

Pour un esprit d'une pareille profondeur, que pouvait symboliser le Crépuscule, sinon le jour achevé sans espoir, et que voir dans le visage accablé de l'Aurore, sinon l'immense découragement d'un jour semblable succédant au précédent?

Mais il semble en vérité que Michel-Ange ait réservé toute la puissance de son génie et qu'il ait attaché tout son amour à la tragique figure de la Nuit. Accablée sous le poids du Jour, la Nuit dort et son beau corps, irrémédiablement abîmé, s'abandonne dans une fatigue incurable, sans espoir et sans fin! On sent que jamais rien ne la réveillera du grand sommeil sans songes, et l'on dirait une sorte de déesse primordiale sur laquelle aurait passé le souffle des théogonies antiques.

A côté d'elle est placé le Jour, sous l'aspect d'un homme enchaîné, dans toute l'énergie du désespoir. Il est captif, mais il ne s'avoue pas vaincu, son visage contracté est plein de mépris et de colère, tandis que tous ses muscles, douloureusement bandés, montrent par quel effort surhumain il tente de se lever pour éclairer le monde.

Sur un des côtés de la chapelle est placée une belle Vierge inachevée qui, par sa grave et noble attitude, semble directement procéder de l'antique, tandis que l'Enfant de deux ou trois ans qui, debout et plein de vie, se retourne vers sa mère d'un charmant mouvement de précipitation, est d'un modernisme délicieux.

Les deux patrons des Médicis, les *Saints Cosme* et *Damien*, placés de chaque côté de la Vierge, sont des œuvres médiocres de deux élèves de Michel-Ange, MONTELUPO et MONTORSOLI.

L'ÉGLISE SANTA APOLLONIA sert maintenant de magasin d'habillements militaires. Dans **l'ancien réfectoire** du couvent de bénédictins dont elle dépendait est conservée une magnifique fresque, *la Cène* d'ANDREA DEL CASTAGNO, chef-d'œuvre d'exécution, d'émotion et de réalisme. Chacun des disciples est un portrait admirable, chacun d'eux participe à l'action, selon le caractère et la nature que lui a attribués la légende. Ainsi l'incrédulité de Thomas, l'adoration de Jean, l'étonnement défiant de Pierre, le cynisme sinistre de Judas sont marqués admirablement. Cette belle œuvre, d'une conservation remarquable, a été exécutée en 1425.

Au-dessus de la porte d'entrée du Cenacolo, Castagno a encore peint dans une lunette une magnifique *Pietà*, un Christ mort soutenu dans son tombeau par deux anges.

Via Faenza au n° 57, dans l'ancien COUVENT DE SAINT-ONUPHRE, une grande *Cène* de l'école du PÉRUGIN est faussement attribuée à Raphaël.

RIVE DROITE (OUEST)

DE SS. APOSTOLI A OGNISSANTI

SS. APOSTOLI, SANTA TRINITA, VIA TORNABUONI, PALAIS SAN JACOPO IN
RIPOLI, SANTA MARIA NOVELLA, SAINT-FRANÇOIS VANCHETTONI,
OGNISSANTI.

SS. APOSTOLI, vieille basilique reconstruite au XVe siècle, dont la fondation, d'après une inscription placée près du portail, remonterait à Charlemagne.

A l'intérieur, au fond du bas-côté de gauche, se trouve un beau *ciborium* en terre vernissée d'ANDREA DELLA ROBBIA. A côté, tombeau d'*Oddeo Altoviti* en forme de sarcophage richement sculpté, bel ouvrage de BENEDETTO DA ROVEZZANO.

Le Palais Rucellai (20, Via Vigna Nuova) fut un des premiers ouvrages du grand architecte florentin LEONE BATTISTA ALBERTI qui le construisit en 1460, et y appliqua pour la première fois l'ordre rustique et les pilastres.

L'ancienne **loggia** du palais qui lui faisait face a ses arcades aujourd'hui murées.

LA PLACE SAINTE-TRINITÉ s'étend près du pont Santa Trinita. A l'angle de la place et du Lung Arno se trouve **le Palais Spini** dont la masse carrée a le caractère sévère de la forteresse (XIVe siècle). A côté, le palais **Salimbeni** (Hôtel du Nord) fut construit en 1520 par Baccio d'Agnolo.

L'ÉGLISE SAINTE-TRINITÉ, construite en 1250 par NICOLAS PISANO, fut remaniée en 1570 par BUONTALENTI. Elle comporte trois nefs à arcs ogivaux soutenus par le pilier carré romain qu'employa Pisano dès le XIIIe siècle. Sur le transept s'ouvrent le chœur et quatre chapelles.

En entrant par la porte latérale (sur la via Parione) garnie d'«Avelli», la première chapelle du transept est la **chapelle Sassetti**, décorée en 1485 par DOMINIQUE GHIRLANDAJO de six fresques consacrées à *Saint François d'Assise*, commandées par François Sassetti. Dans la partie supérieure du mur du fond, le pape Honorius approuve la règle de l'ordre; dans la partie inférieure, saint François ressuscite un enfant de la maison Spini. Cette scène, très intéressante par sa composition, se passe sur la place Santa Trinita, devant l'église et le palais Spini; au bas sont les donateurs, François Sassetti et sa femme Nera Corsi. Au haut de la fresque du mur de droite, saint

François devant le Sultan; au-dessous, les funérailles de saint François, belle composition inspirée de la fresque identique du Giotto à Santa Croce.

De chaque côté de la chapelle, enfermés dans une niche cintrée, encadrée de délicats bas-reliefs inspirés de l'antique, se trouvent les tombeaux de *Francesco Sassetti* et de *Nera Corsi*, ouvrages remarquables de JULES DE SANGALLO. Les sarcophages en marbre noir sont simplement ornés de bucranes.

LA VIA TORNABUONI prolonge la place Santa Trinita et contient le plus beau palais de Florence, le **PALAIS STROZZI**. Commencé en 1489 sur les plans de BENEDETTO DA MAJANO pour le célèbre Philippe Strozzi, l'adversaire acharné des Médicis, il ne fut achevé qu'en 1553. Le plus beau des palais florentins à bossages, ses trois façades sont d'ordre rustique uniforme, une simple plinthe servant d'appui aux étages percés de belles fenêtres géminées.

La caractéristique du palais Strozzi est dans les superbes lanternes cylindriques en fer forgé placées à ses angles. Décorées des Croissants, armes des Strozzi, elles sont hérissées de pointes recourbées qui en forment le couronnement.

Des porte-flambeaux et des anneaux en fer forgé décorent la façade.

LE PALAIS STROZZINO, de même style, mais moins vaste, est situé derrière le palais Strozzi, sur une petite place.

PALAIS CORSINI. *Galerie.*

N° 167.—BOTTICELLI. *La Vierge, l'Enfant et deux Anges.*

Tableau de la jeunesse du maître, peint encore sous l'influence directe de Fra Filippo Lippi, mais avec une profondeur de coloris tout autre.

N° 162.—FILIPPINO LIPPI. Médaillon, *la Vierge et l'Enfant entourés d'anges*, un des premiers ouvrages de Filippino et une des rares œuvres peintes sous l'influence directe de son père.

N° 5.—MEMLING. Très beau portrait d'homme, de la première manière de Memling, sous l'inspiration de Roger Van der Weyden.

SIGNORELLI. Ravissant et délicat tableau de *la Vierge avec l'Enfant, entourés de Saint Jérôme et de Saint Bernard.*

PALAIS ANTINORI, belle et sévère façade de Jules de Sangallo.

PALAZZO STROZZI, joli petit bas-relief de Luca. La place Sainte-Marie Nouvelle est décorée de deux petits obélisques de marbre de 1608 reposant sur des tortues de bronze. Ils servaient de but pour les courses au quadrige instituées par Cosme Ier, en 1563.

LA LOGGIA SAINT-PAUL, placée en face de l'église sur un des côtés de la place, a été construite par BRUNELLESCHI en 1451. C'est un long portique dont les écoinçons furent ornés par la suite de *médaillons* vernissés, mauvais ouvrage des continuateurs des DELLA ROBBIA.

A l'extrémité du portique, la lunette d'une porte est occupée par une des plus belles œuvres d'ANDREA DELLA ROBBIA, *la Rencontre de Saint Dominique et de Saint François*, composition d'une intensité et d'une profondeur de sentiment remarquables.

SAINTE-MARIE NOUVELLE. Pendant que l'ordre de Saint François se restreignait dans la pauvreté et la simplicité primitives imposées par son fondateur, l'ordre de Saint-Dominique, suivant l'esprit du sien, se répandait sur toute l'Italie et empiétait dans des proportions si considérables, que Florence, dès le XVe siècle, se trouva obligée de se défendre contre lui. Chassés et proscrits, après un court exil les dominicains revinrent plus puissants que jamais et possédèrent bientôt six couvents tant à Florence qu'à Fiesole, dont celui de Sainte-Marie Nouvelle fut un des premiers.

L'église fut commencée en 1278 par deux dominicains, FRA SISTO et FRA RISTORO, sur l'emplacement d'une église primitive dédiée à la Vierge; elle prit de là le surnom de «Nouvelle». On est frappé encore ici de la préoccupation de construire grand, qui semble avoir été le but unique des architectes italiens des XIIIe et XIVe siècles et dont le résultat, toujours identique, est une froideur et une sécheresse désagréables dans leur nudité presque protestante. Appuyé à l'édifice, subsiste le campanile carré de l'église primitive. Il est, par extraordinaire, du plus pur style roman et ses deux derniers étages, ajourés de part en part, ne sont formés que d'arcatures soutenues sur de sveltes colonnettes; il en acquiert une légèreté aérienne. Il reste encore de l'ancienne construction les six élégants «Avelli» de la façade; ces sortes de niches ogivales servaient chacune de tombes collectives aux plus nobles familles florentines dont elles portaient les armoiries.

LEONE BATTISTA ALBERTI acheva en 1460 toute la décoration extérieure de Sainte-Marie Nouvelle. Il exécuta en premier lieu le revêtement en marbre blanc et noir de la façade, et comme il s'en tint au style gothique déjà employé, ce style, sous la main du plus grand architecte de la Renaissance, gagna une singulière élégance. Leone Battista coupa sa façade en trois ordres: les portes latérales accompagnées des Avelli anciens et d'arcatures aveugles lui formèrent le premier, tandis qu'il composait le second, fortement en retrait, d'une simple et large frise supportant comme troisième ordre le beau pignon terminal. Au milieu de la façade, il inscrivit la haute porte principale, qu'il fit monter presque jusqu'au pignon et qui, flanquée de ses quatre massives colonnes corinthiennes, produit un effet grandiose dans sa simplicité. Sur le côté gauche de l'église en retour d'équerre, d'autres Avelli s'étendaient contre le mur du couvent; mais comme ils ne suffisaient plus par suite de la mode de se faire enterrer à Sainte-Marie Nouvelle, Alberti dut construire, à droite de l'église et formant retour sur la rue Belle-Donne, une sorte de Campo Santo formé d'un mur bas à bandes de marbre alternées où il disposa des Avelli intérieurs et extérieurs construits sur le modèle des anciens et aménagés de la même façon.

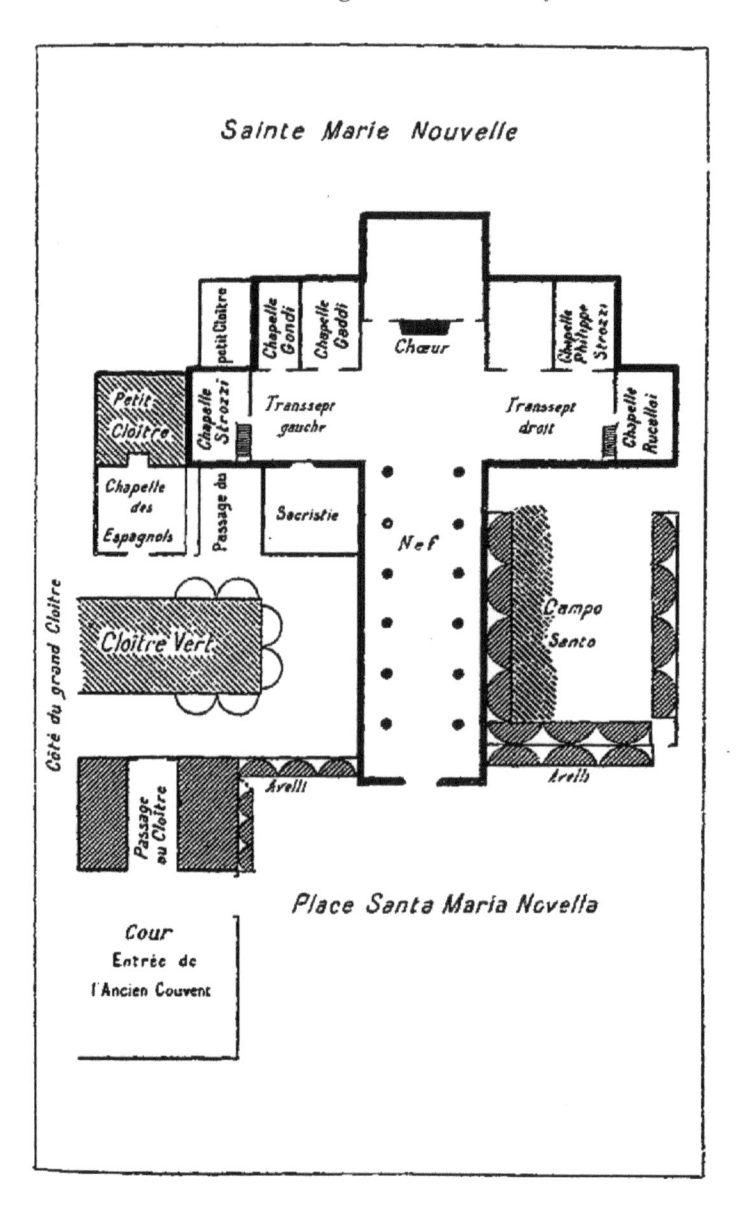

A l'intérieur, l'église produit une médiocre impression, et le manque de proportion entre la largeur et la hauteur est d'un mauvais effet architectural.

Sur le mur d'entrée se trouve une précieuse fresque de MASACCIO, malheureusement abîmée et très mal éclairée. Sous une belle et sévère architecture s'enfonce une magnifique perspective simulée par une voûte à caissons de pierre, à l'extrémité de laquelle se tient debout Dieu le Père, la tête touchant au plafond. Cette admirable figure, d'une ampleur et d'une majesté saisissantes, est certainement une des plus belles de la Renaissance. La tête sévère regarde sans voir, les yeux perdus dans l'immensité. Placée en terre au-dessous de lui est la croix dont il soutient les bras avec ses mains et sur laquelle est attaché le Christ dont la tête penchée porte l'expression d'une douleur profonde. Au pied de la croix se tiennent debout la Vierge et saint Jean. Masaccio, rompant avec la tradition, au lieu de représenter la Vierge toujours jeune, l'a résolument peinte sous les traits d'une vieille femme dont le corps usé et fatigué a perdu toute sveltesse et dont le visage ravagé a subi toutes les douleurs, sans pour cela perdre l'expression d'une sérénité presque auguste. En face d'elle, saint Jean fait contraste, tant sa poignante douleur est bien humaine et opposée à la sérénité des êtres divins qui l'entourent et que rien ne saurait atteindre.

En dehors de l'arcade et complètement séparés sont agenouillés les beaux portraits du donateur et de la donatrice, d'une vie et d'un relief saisissants.

Le fond droit du transept est fermé par la **Chapelle Ruccellai** à laquelle on accède par un double escalier. Au fond de la chapelle est la fameuse *Vierge* de CIMABUE, figure colossale peinte sur bois. Il est malaisé, en voyant aujourd'hui l'hiératisme raide et maladroit de cette peinture, de s'imaginer la révolution profonde qu'en 1280 causa son apparition. C'est d'elle que peuvent réellement dater les premières tentatives de l'art pour s'émanciper des formules byzantines si négatives de toute originalité.

Il ne faut pas oublier non plus que l'élève et le successeur immédiat de Cimabue fut Giotto, c'est-à-dire le génie dans lequel tout l'art italien devait être contenu en germe. Quand un maître a su, comme Cimabue, former une pareille individualité, l'on ne pourrait trop exalter en lui la beauté du caractère et l'intégrité des sentiments. L'estime de ses concitoyens pour lui était telle que la Vierge de Santa Maria y fut transportée processionnellement, «la République se plaisant par de si grands honneurs à rendre hommage aux vertus du peintre et du citoyen».

A droite dans la chapelle, le *tombeau de la Beata Villana del Cerchi* fut exécuté par ROSSELLINO en 1451.

La Sainte, gardée par deux anges, repose sous un baldaquin, les mains croisées et les pieds nus.

A droite du chœur est la **Chapelle Philippe Strozzi**. Derrière l'autel se trouve son tombeau exécuté en 1459 par BENEDETTO DA MAJANO dont il avait été le plus zélé protecteur. Dans la forme grêle du sarcophage de marbre noir et dans les anges qui l'entourent se sent déjà le déclin de la sculpture à la fin du XVe siècle.

En 1502, FILIPPINO LIPPI, à son retour de Rome, fut appelé par les Strozzi à peindre la décoration de leur chapelle. Il était à ce moment sous l'influence directe de Raphaël et sa manière procédait directement de lui avec toutefois une exagération de style frisant le mauvais goût. Aussi la composition des fresques de la chapelle Strozzi est-elle défectueuse; l'architecture désordonnée et tourmentée laisse fort à désirer, enfin l'effet seul est cherché sans aucune préoccupation du sentiment.

La fresque de droite représente les *Miracles de Saint Jean l'Évangéliste*, scène bizarre où se confondent les costumes les plus disparates de tous les peuples connus. Celle de gauche est consacrée à un *Miracle de Saint Philippe* ressuscitant une morte.

Le vitrail de la fenêtre fut également composé par Filippino Lippi.

Le chœur est décoré des admirables *fresques* de DOMINIQUE GHIRLANDAJO peintes en 1490 sur la commande de Jean Tornabuoni.

Ce qui frappe surtout en elles, c'est la grâce noble et tranquille des personnages, c'est la vie ordinaire des Florentins d'alors; ce qui les rend si intéressantes, c'est la civilisation, c'est le costume d'une époque dont elles sont les plus précieux documents.

Avec de si grandes qualités, le défaut qu'on pourrait justement leur reprocher serait de manquer de grandeur dans l'expression des idées, d'embourgeoiser presque les sujets sacrés qu'elles relatent. Pour Ghirlandajo, la Naissance de la Vierge est simplement la naissance d'un enfant noble du XVe siècle, avec le cortège des visites de félicitation et le défilé des amis; comme dans la Naissance de saint Jean-Baptiste, il peint la nourrice donnée aux petits Florentins d'alors et la collation prise par la mère après l'événement. Si cette façon d'interpréter l'histoire de la Vierge ou du Précurseur répond mal à la grandeur des faits, il faut pourtant bien reconnaître que personne à l'égal de Ghirlandajo n'eût été capable, avec un tel point de départ, d'arriver d'une telle manière à ses fins.

Dans l'admirable poussée de la peinture au XVe siècle, il est impossible que certains ordres d'idées et de sentiments, certains modes d'interprétation, même à égalité de talent, ne répondent pas mieux que d'autres à l'esthétisme individuel de tel ou tel artiste. En matière d'art, l'éclectisme est la loi de la critique; il consiste à reconnaître la beauté de l'œuvre en elle-même et sous quelque forme qu'elle se présente, car, là où la recherche de la perfection a été égale, il n'est que juste de l'apprécier dans ses manifestations les plus divergentes. Il faut aussi admirer sans réserve les belles et graves figures des contemporains de Ghirlandajo animées d'une vie et d'un mouvement singuliers.

Les fresques sont disposées, de chaque côté du chœur, sur trois rangées de deux sujets chacune; elles sont terminées par une lunette et séparées les unes des autres par des motifs architecturaux. Celles de la partie supérieure ont malheureusement trop souffert pour qu'il soit facile de les distinguer.

FRESQUES DE GHIRLANDAJO

Mur de gauche. HISTOIRE DE LA VIERGE.		CHŒUR.	Mur de droite. HISTOIRE DE St JEAN-BAPTISTE.	
ASSOMPTION.			FESTIN D'HÉRODE.	
5 ADORATION DES MAGES.	6 MASSACRE DES INNOCENTS.		6 BAPTÊME DE JÉSUS-CHRIST.	5 PRÉDICATION DE St JEAN DANS LE DÉSERT.
3 PRÉSENTATION AU TEMPLE.	4 MARIAGE DE LA VIERGE.		4 ZACHARIE ÉCRIT LE NOM DE JEAN.	3 NAISSANCE DE St JEAN-BAPTISTE.
1 JOACHIM EXPULSÉ DU TEMPLE.	2 NAISSANCE DE LA VIERGE.		2 LA VISITATION.	1 ZACHARIE AU TEMPLE.

MUR DE DROITE.—HISTOIRE DE LA VIERGE.

I.—*Joachim chassé du temple.*

Dans cette superbe composition, les deux groupes de droite et de gauche sont particulièrement intéressants par les personnages célèbres qu'ils représentent. A gauche, le vieillard sans barbe est Baldovinetti, qui enseigna la peinture et la mosaïque à Ghirlandajo; celui qui, la tête nue, a la main sur la hanche et porte un petit pourpoint bleu et un manteau rouge, est Ghirlandajo lui-même; le personnage aux grosses lèvres et à la chevelure noire est Mainardi, son élève; enfin celui vu de dos est le frère du peintre, David Ghirlandajo.

II.—*La Naissance de la Vierge.*

Une des plus belles fresques de la série.

Dans une riche chambre florentine, sainte Anne, femme déjà âgée, est couchée tout habillée sur son lit placé sur une estrade. Derrière elle une servante verse de l'eau dans un bassin. Relevée sur un coude, elle contemple la petite Marie dans les bras d'une belle dame assise au milieu de la composition, tandis que de nobles visiteuses s'avancent sur la gauche, vêtues de leurs somptueux habits de fête.

Ces femmes sont la fleur de la société florentine; on sent qu'elles ont tenu à honneur de figurer dans cette œuvre et de venir poser devant le maître. Chacune a son individualité propre, et ces beaux traits florentins si vifs, si intelligents, si presque modernes d'expression.

III.—*Présentation au Temple.*

IV.—*Mariage de la Vierge.*

V.—*Adoration des Mages.*

VI.—*Massacre des Innocents.*

VII.—(Lunette) *Mort de la Vierge.*

Composition en partie détruite.

MUR DE GAUCHE.—HISTOIRE DE SAINT JEAN-BAPTISTE.

I.—*Apparition de l'Ange à Zacharie.* Cette composition remarquable est enrichie de beaucoup de portraits admirables, entre autres ceux de tous les donateurs des fresques, les Tornabuoni jeunes ou vieux placés en arrière de Zacharie. Au bas, Ghirlandajo a peint à mi-corps les quatre plus savants hommes de l'époque: le premier revêtu d'un habit de chanoine, est Marsile Ficin; le second, avec un ruban noir au cou, est Cristoforo Landino; le troisième est le Grec Demetrius Chalcondyle, et enfin le quatrième, qui lève un peu la main, est Ange Politien. En arrière d'eux, un groupe de trois hommes causent et représentent, dit-on, les plus fameux marchands de Florence, André de Médicis, Jean Ridolfi et Sassetti.

II.—*La Visitation.* A droite et à gauche de la Vierge et de sainte Élisabeth qui se rencontrent, l'assistance est formée par des groupes de Florentines de toute beauté. Elles sont coiffées et parées à la mode du temps; l'une d'elles, en robe jaune, à la suite de sainte Élisabeth vue de profil, est le portrait d'une des plus célèbres beautés d'alors, Ginevra di Benci.

III.—*Naissance de Saint Jean-Baptiste.* La disposition est analogue à celle de la *Naissance de la Vierge.* Derrière le lit de sainte Élisabeth, une servante lui présente une collation, tandis qu'au milieu de la fresque est assise la nourrice allaitant l'enfant et qu'à sa droite s'avance le groupe des amies, suivi d'une servante portant sur sa tête une corbeille où sont des pastèques et des raisins. Cette ample figure aux vêtements flottants semble, par sa beauté antique, échappée à quelque rêve païen.

IV.—*Zacharie écrit le nom de Jean qu'il destine à son fils, sur une tablette que lui présente une femme a genoux.*

V.—*La prédication de Saint Jean-Baptiste.*

VI.—*Baptême de Jésus-Christ.*

VII.—(Dans la lunette) *Festin d'Hérodiade.* Ces trois dernières fresques, presque entièrement effacées.

De chaque côté, au-dessus de la fenêtre garnie de vitraux noirs et brumeux, exécutés en 1492 sur les cartons du maître par ALESSANDRO FIORENTINO, la décoration à fresques se continue, mais en mauvaise préservation. Sur les deux côtés étroits de la fenêtre s'étagent des figures séparées dont les deux premières sont les portraits des donateurs de l'œuvre, Jean Tornabuoni et sa femme. Au-dessus de la fenêtre un grand *Couronnement de la Vierge* peut difficilement passer pour être de la main de Ghirlandajo.

La boiserie qui forme le dossier des *stalles* est un chef-d'œuvre de mosaïque sur bois. Faite à la fin du XVe siècle par BACCIO D'AGNOLO, on y voit les plus fines et les plus délicates arabesques; les stalles elles-mêmes sont gâtées par une malheureuse restauration de Vasari.

SAINTE-MARIE NOUVELLE

Mur du fond du chœur.

	COURONNEMENT DE LA VIERGE.	
SAINT FRANÇOIS.		SAINT PIERRE martyr.
ANNONCIATION.	FENÊTRE	SAINT JEAN-BAPTISTE.
JEAN TORNABUONI.		Femme de JEAN TORNABUONI.

La Chapelle, à gauche du chœur, a été décorée d'un revêtement de marbre par JULES DE SANGALLO. Elle renferme le fameux *Christ* de BRUNELLESCHI exécuté pour un concours entre lui et Donatello.

La Chapelle Strozzi, placée en face de la chapelle Ruccellai, occupe le fond du transept à gauche. On y accède également par un double escalier. Ses trois murs sont décorés de fresques d'ORCAGNA, ouvrage le plus important qui existe, consacré au Jugement dernier d'après le Dante. Sur le mur de gauche, *le Jugement dernier*, et sur celui du fond, *le Paradis*, sont d'Andrea. Sur le mur de droite, *l'Enfer* est de son frère NARDO ORCAGNA; c'est de beaucoup la moins bonne des fresques. La grande préoccupation du moyen âge, la vie future et les terreurs de l'au-delà, surgit tout entière dans un sujet que les artistes du temps affectionnaient tout particulièrement et dont ils cherchaient l'interprétation aussi bien dans les prophéties que dans l'Apocalypse. En effet, le terrible esprit de l'époque trouvait pleine matière à se développer, dans les vengeances et les châtiments d'un Jéhovah terrible, et nul thème ne pouvait exercer sur les esprits une plus étrange fascination; aussi, lorsque, poussé par cette attraction, Dante fut amené à composer son admirable poème, il répondait si exactement aux aspirations de ses contemporains, que les premiers «Cantica» à peine parus eurent sur l'art un retentissement énorme. Giotto fut le premier interprète du poète, et bientôt après, les Orcagna, chargés par les Strozzi de la décoration de leur chapelle, firent de son œuvre le thème de leurs compositions.

La muraille, peinte par Nardo, retrace tout le cycle du premier chant de l'*Enfer*; mais l'artiste, faute de place, ayant supprimé tous les épisodes gracieux, n'en laissa subsister que la tragique horreur. Le même motif le força à serrer tellement ses figures et à leur donner de si petites dimensions que ce défaut, aggravé par la mauvaise perspective d'alors et l'absence de tout savoir technique, le fit rester au-dessous du but qu'il s'était proposé.

La descente à l'Enfer commence dans la partie supérieure où les âmes dirigées sur les «sombres bords» sont attendues par Cerbère pour être conduites devant Pluton en train de festoyer.

Au-dessous, Caron, «le nocher funèbre», les conduit à travers l'Achéron à l'entrée du gouffre où le premier des cercles infernaux est peuplé par les prodigues et les avaricieux roulant leur éternel rocher.

Cette partie est séparée des cercles inférieurs, ceux des désespérés, par un mur crénelé, que lèchent les flammes, symbole du feu dévorant où sont consumées les âmes vouées au désespoir éternel.

On y voit les suicidés condamnés à s'entre-tuer toujours dans des bois sombres habités par les harpies, les parricides plongés jusqu'au cou dans un affreux lac de sang où ils sont éternellement rejetés par des centaures placés sur la rive qui les empêchent à coups de flèches de regagner le bord, les luxurieux brûlés par une pluie de feu; puis les cercles vont toujours en se rétrécissant et en s'obscurcissant davantage autour de ceux qu'ils enveloppent pour l'exécution de leurs terribles châtiments. Ils montrent les simoniaques la tête plongée dans le feu, les immondes la tête retournée, les voleurs en proie aux serpents, les fauteurs de scandale coupés en morceaux, les alchimistes et les faux monnayeurs s'entre-battant. Enfin, au centre de cette terrifiante composition, un démon colossal, debout dans une cuve remplie de serpents, dévore Judas, pendant que les traîtres, plongés dans la cuve et déchirés par les serpents, attendent semblable supplice.

Le Paradis d'André Orcagna, dont les extases font face à ces horreurs, est d'un art tout différent. Les belles figures qui composent la foule innombrable des élus tiennent le milieu entre l'art réaliste d'un Giotto et l'idéalisme d'un Angelico; c'est à ce dernier que sembleraient plutôt appartenir les deux admirables figures d'anges musiciens agenouillés sur des nuages aux pieds du Christ et de la Vierge.

Sur le mur du fond coupé par la fenêtre, Orcagna a peint *le Jugement dernier* auquel assistent des groupes d'hommes et de femmes et où, suivant l'esprit démocratique de l'époque, toutes les classes sociales sont confondues, l'empereur et le pape comme le mendiant.

Le retable sur fond d'or représente le Christ glorieux confiant d'une main à saint Pierre les clefs de l'Église, tandis que de l'autre il remet le livre de la *Somme* à saint Thomas d'Aquin présenté par la Vierge. Sur les volets du retable sont peints saint Michel et sainte Catherine, saint Laurent et saint Paul.

La Sacristie, ouverte à gauche sur le transept, contient un joli *lavabo* en terre vernissée, plaqué à l'intérieur de faïence; il a été exécuté en 1497 par JEAN DELLA ROBBIA.

Au bas de la chapelle Strozzi, une porte conduit à quelques marches descendant sur une galerie appelée le **Sepolcreto** dont les voûtes cintrées reposent sur des piliers octogonaux. Cette galerie a un grand intérêt par toutes les petites plaques commémoratives enchâssées dans le mur et dont la plupart portent en relief les écussons de presque toutes les nobles familles florentines. Une de ces plaques particulièrement belle est de Pisano et montre le donateur et la donatrice agenouillés aux pieds de la Vierge.

Le Sepolcreto débouche sur le cloître appelé aussi Cloître vert, de la couleur des fresques en camaïeu dont il est décoré.

Le Cloître vert est entouré d'une galerie formée d'arcs reposant sur des piliers octogonaux. Il a été peint par ANDREA ORCAGNA, pour les scènes de la Genèse, et par PAOLO UCCELLO, pour *le Déluge, le Sacrifice* et *l'Ivresse de Noé*, fresques en camaïeu vert sur fond rouge.

Les trois compositions d'Orcagna sont presque entièrement détruites, on y trouve pourtant encore quelques belles figures.

I. *Création des animaux, Création de l'homme et de la femme, Adam et Ève mangent le fruit défendu.*

II. *Adam et Ève chassés du Paradis; Ève filant*, ravissante figure de la Renaissance; *Adam piochant.* Dans le bas (détruit) étaient *Caïn et Abel.*

III. *Mort de Caïn* sous la flèche de Lameth, *Noé construisant l'Arche*, *Noé faisant entrer les animaux dans l'Arche* (détruit).

La fameuse fresque du *Déluge* d'UCCELLO continue la série. Aucun artiste n'a poussé le fanatisme du réalisme plus loin qu'Uccello dont le nom, malgré l'extravagance bizarre de l'artiste, se rattache pourtant à des progrès techniques de premier ordre. Dans cette fresque peinte en 1446, tous les peintres purent venir apprendre le modelé et la perspective; mais, à côté de beautés de premier ordre, les grotesques inventions abondent. Les victimes expérimentent des appareils de sauvetage de toute sorte et plus ou moins saugrenus. L'un a placé autour de son cou une bouée; l'autre s'est réfugié dans une cuve; d'autres encore grimpent sur des échelles, nagent sur des planches, ou tentent de se sauver à cheval. L'arche colossale, dont on ne voit que la coque, occupe un côté entier, et Noé y apparaît.

Les autres fresques sont très détériorées; celle de l'Arche de Noé a pourtant conservé intact le groupe de ses trois fils, dont l'un, détaché de profil sur une treille, est une superbe et énergique figure.

Sur la droite du cloître s'ouvre la salle du chapitre appelée **Chapelle des Espagnols**, «Cappella degli Spagnuoli». Elle est éclairée par deux belles fenêtres ouvertes sur le cloître de chaque côté de la porte, dont les élégantes sculptures sont protégées par de belles grilles en fer à rinceaux découpés.

La chapelle, commencée en 1322, fut achevée en 1355 et magnifiquement décorée de fresques dont l'ensemble embrasse le cycle à peu près complet des croyances philosophiques, théologiques et religieuses du moyen âge. Ces peintures superbes et admirablement conservées sont attribuées par Vasari à TADDEO GADDI et à SIMONE MEMMI de Sienne. Le mur de droite par Simone Memmi représente *l'Église militante et l'Église triomphante*. Celui de gauche, par TADDEO GADDI, montre *l'Église personnifiée par saint Thomas d'Aquin* dominant et protégeant toutes les connaissances humaines. Sur le mur du chevet coupé par l'enfoncement de l'autel est peint en forme d'éventail *le Calvaire*, avec d'un côté *le Chemin de Croix* et de l'autre *la Descente aux Limbes*. Enfin les peintures de la voûte représentent des scènes de la *Vie de Jésus-Christ*.

I.—L'*Église militante et l'Église triomphante*. Pendant que saint François prêchait une merveilleuse doctrine de charité et de tolérance, saint Dominique répandait sur le monde une foi sombre, ascétique et intolérante, car l'Église, pour lui, ne pouvait arriver au triomphe final que par l'emploi de moyens violents aussi bien contre les hérétiques que contre les fidèles.

Interprète de cette idée, le maître a symbolisé les deux grandes forces du moyen âge, l'Empereur et son Conseil, le Pape et son Concile assis devant l'église Sainte-Marie des Fleurs, personnifiant ici l'omnipotence de l'Église.

Aux pieds du Pape sont couchées les brebis de la chrétienté gardées par les chiens noirs et blancs dominicains, «Domini canes», tandis que d'autres chiens poursuivent et mordent les loups hérétiques auxquels ils arrachent les brebis qu'ils tentent de ravir. En avant, à gauche, se tient le groupe des religieux et religieuses de tous les ordres, tandis qu'à droite sont les laïques, parmi lesquels on reconnaît les portraits célèbres de Pétrarque, de Boccace, de Giotto, de Cimabue et de Laure, devant lesquels sont agenouillés les pauvres et les infirmes. Sur la droite, la fresque est consacrée à l'application des théories dominicaines.

A.—Saint Dominique discute avec les hérétiques.

B.—Saint Dominique ayant convaincu les hérétiques, les fait se prosterner devant l'Évangile, tandis qu'un Archange déchire les livres hérésiarques.

C.—Au-dessus de ces sujets se trouve une rangée de petits personnages intermédiaires, dansant au son d'un tambour de basque, devant quatre personnages assis figurant des péchés mortels.

D.—Le haut de la composition est formé par un dominicain écoutant la confession d'un homme agenouillé, un second dominicain qui lui donne l'absolution au seuil du Paradis où l'introduit un troisième.

E.—Le Paradis occupe tout le haut de la fresque à gauche. D'après l'Apocalypse, le Christ y est représenté trônant sur l'arc-en-ciel entre deux anges; il est environné des Symboles des quatre Évangélistes, l'Agneau mystique est couché à ses pieds, et il tient d'une main l'Évangile, et de l'autre la clef du monde.

II.—*Triomphe de saint Thomas d'Aquin*. Le saint, les Évangiles à la main, trône en haut de la fresque; il écrase sous ses pieds Arius, Sabellius et Averroès, les trois grands hérésiarques.

A ses côtés sont assis, rangés l'un près de l'autre, les Évangélistes et les Prophètes alternant.

La partie inférieure est divisée en quatorze niches où trônent des figures de femmes, symbolisant toutes les connaissances de l'époque. Devant chacune d'elles est assis plus bas son principal adepte; toutes ces figures, d'une attitude un peu raide, ne varient guère que par l'expression des physionomies.

1°—Le droit civil et l'empereur Justinien.

2°—Le droit ecclésiastique et le pape Clément V.

3°—La théologie spéculative et Pietro Lombardo.

4°—La théologie pratique et Severino Boccio.

5°—La foi et saint Denis l'Aréopagite.

6°—L'Espérance et saint Jean Damascène.

7°—L'amour sacré et saint Augustin.

8°—L'arithmétique et Pythagore.

9°—La géométrie et Euclide.

10°—L'astronomie et Ptolémée.

11°—La musique et Tubalcaïn.

12°—La dialectique et Zénon d'Élée.

13°—La rhétorique et Cicéron.

14°—La grammaire avec Donato ou Priscien.

III.—*Le Calvaire*. La composition remplit un cintre divisé en trois parties dont le Calvaire occupe la plus haute. Le Portement de croix part du bas de la fresque, à gauche, pour monter au Calvaire. Dans le bas, à droite, est représentée la Descente de Jésus aux limbes, dont la porte s'écroule devant lui sur Satan. Cette partie, tout à fait remarquable, est peut-être la meilleure de la chapelle comme art et comme sentiment.

La fresque du mur d'entrée est en partie détruite: elle représentait, d'un côté, les prédications de saint Dominique; de l'autre, celles de saint Thomas d'Aquin, et au-dessous, des miracles opérés par les deux saints.

IV.—La voûte, divisée par les nervures en quatre parties angulaires, est occupée par des fresques symboliques.

I. Au-dessus de l'Église militante et triomphante, *la Barque de Pierre*, symbole des tempêtes qui peuvent assaillir l'Église, sans jamais la submerger.

II. Au-dessus du Calvaire, *la Résurrection*.

III. Au-dessus du triomphe de saint Thomas d'Aquin, *la Pentecôte*, symbole de toute science considérée comme don divin.

IV. Au-dessus de l'entrée, *l'Ascension*. Au delà du Cloître vert s'étend le Grand Cloître, aujourd'hui cour de l'École des Cadets.

La Pharmacie de l'ancien couvent, «da Spezeria» (Via della Scala), possède dans une petite pièce des fresques dures et heurtées de SPINELLO ARETINO, *histoire de la Passion*.

SAINT-JACQUES DE RIPOLI. Au tympan de la porte, bas-relief des DELLA ROBBIA. *Le Christ entre Saint Thomas et un Saint*.

A l'intérieur, l'église contient la meilleure œuvre de RIDOLFO GHIRLANDAJO, le *Mariage mystique de sainte Catherine* exécuté vers 1505, sous la double influence de ses maîtres, Léonard et son père. La couleur admirable de ce tableau et sa tenue sobre et énergique l'ont fait longtemps attribuer au Vinci; c'est une œuvre de premier ordre.

ÉGLISE SAN FRANCESCO DE VANCHETONI (Via del Palazzuolo). Cette église conserve quelques ouvrages remarquables de DONATELLO. Deux admirables *bustes d'enfants* semblent être des portraits, tant leur originalité est puissante. L'un est un enfant à l'air triste et presque morose, tandis que l'autre, d'après la peau de chèvre de sa draperie, paraît être un Saint Jean-Baptiste adolescent.

L'ÉGLISE D'OGNISSANTI, édifiée en 1524, et remaniée en 1627, n'offre comme architecture rien d'intéressant. Dans le tympan de la porte principale, bas-relief de DELLA ROBBIA, *le Couronnement de la Vierge*. **A l'intérieur**, entre le troisième et le quatrième autel, sont deux fresques, œuvres de premier ordre: l'une de BOTTICELLI, l'autre de GHIRLANDAJO.

La fresque de BOTTICELLI, peinte en 1480, représente *Saint Jérôme*; c'est un chef-d'œuvre autant par le fini précieux des détails que par l'anatomie puissante et large et par la profonde ferveur religieuse qui anime la figure du saint. Saint Jérôme, beau vieillard vêtu de la pourpre cardinalice, est assis devant une table, où il est accoudé et paraît réfléchir profondément. Ce qui est extraordinaire d'art minutieux, ce sont les multiples objets posés sur cette table; les pupitres à écrire et à lire, les parchemins, les livres, les lunettes, les ciseaux et jusqu'au tapis d'Orient qui la recouvre, tout dénote la précision et l'amour du détail, poussés à l'extrême.

Le *Saint Augustin* de Ghirlandajo a malheureusement pâli; il est également assis devant une table, l'aménagement peu compliqué de la pièce contraste fortement avec la fresque précédente. Le visage est admirable, et les mains surtout sont d'un modèle parfait.

La Sacristie est décorée d'une grande fresque, de l'école de Giotto, *Christ en croix* entouré d'anges, probablement une œuvre de FRANCESCO DA VOLTERRA (1350).

Au fond du transept, un escalier conduit à une chapelle où un *Christ* de Giotto est un premier et timide essai d'anatomie dans ce sujet.

Dans l'ancien Réfectoire du couvent ouvert sur le cloître, GHIRLANDAJO a peint en 1480 **la Cène**. A cette époque, le maître avait accepté la décoration complète à fresque de l'église, mais le travail ne fut jamais exécuté et la fresque du réfectoire est la seule trace subsistant de ce projet dont elle était destinée à être le commencement. Ghirlandajo s'y montre en pleine possession de son beau talent; le dessin est large; les figures, bien composées, sont supérieures par l'élévation de la pensée, et il ne s'y trouve aucune trace de la sécheresse qu'on pourrait quelquefois reprocher à l'artiste.

Le ravissant *tabernacle* qui surmonte la porte d'entrée fut exécuté par AGOSTINO DI DUCCIO en 1463. Ce bijou est digne du meilleur et du plus cher élève de LUCA DELLA ROBBIA. Il a malheureusement été repeint.

RIVE GAUCHE

PITTI, JARDINS BOBOLI, ÉGLISE SAINTE-FÉLICIE, PALAIS BIANCA CAPELLO, ÉGLISE SAN SPIRITO, SANTA MARIA DEL CARMINE.

LE PALAIS PITTI, situé sur la partie la plus élevée de Florence, fut commencé en 1440 par BRUNELLESCHI pour Lucca Pitti, l'adversaire acharné des Médicis, dont il voulait éclipser le luxe, à défaut de la puissance.

Pierre de Médicis ayant noyé dans le sang la fameuse conspiration des Pazzi (1446) dont Pitti était un des principaux conjurés, le palais resta inachevé jusqu'au XVIe siècle où il devint l'apanage d'Éléonore de Tolède, femme du grand-duc Cosme Ier. C'est vers cette époque que les grands-ducs le relièrent aux Offices par une galerie destinée à leur ouvrir une retraite en cas de soulèvement.

Le palais a une immense façade, lourde et froide, dont l'effet désagréable est encore aggravé par les ailes ajoutées de 1620 à 1631, alors que, devenu résidence des grands-ducs, il se trouva insuffisant.

Il renferme, sous le nom de Galerie Pitti, la riche collection de tableaux formée par les cardinaux Léopold et Charles de Médicis, ainsi que par le grand-duc Ferdinand. La galerie compte plus de cinq cents numéros disséminés dans les beaux salons de l'aile gauche, dont les noms sont tirés des sujets de leurs plafonds.

SALLE DE L'ILIADE

N° 201.—TITIEN. *Portrait du Cardinal de Médicis*, de haute et fière allure; il fut peint en 1532, après la campagne contre les Turcs, à laquelle avait pris part le cardinal, qui porte le costume hongrois.

N° 219.—PÉRUGIN. *Vierge adorant l'Enfant*, avec beaucoup de repeints.

N° 185.—GIORGIONE (attribué maintenant au Titien), *le Concert*.

Deux moines et un jeune homme coiffé d'un chapeau à plume font de la musique. Ce chef-d'œuvre est admirable de coloris, de modelé et de belle lumière chaude et dorée.

N°207.—RIDOLFO GHIRLANDAJO. *L'Orfèvre*. Ce portrait célèbre a dû à sa perfection de passer longtemps pour un ouvrage de Léonard de Vinci.

N° 208.—FRA BARTOLOMMEO. *La Vierge sur un trône* (1512).

Ce beau tableau est l'ancien retable de l'église San Marco. Si, par l'expression un peu commune, il manque de dignité et si la peinture a noirci, il n'en est pas moins une merveille de composition.

SALLE DE SATURNE

N° 178.—RAPHAEL. *La Madone du Grand-Duc*. La plus belle des Vierges de Raphaël, peinte en 1505, lorsqu'il était encore sous l'influence du Pérugin, pour la couleur et le jet de la draperie, mais la composition et le dessin y procèdent directement de Masaccio et de Fra Bartolommeo.

La tête de la Vierge est un bijou de modelé et l'enfant qu'elle tient assis sur sa main est exquis. Ce petit chef-d'œuvre, exécuté pour le grand-duc Ferdinand, fut conservé comme une sorte de palladium dans la famille Médicis, de là lui vient son surnom de «Vierge du Grand-Duc».

N° 179.—SÉBASTIEN DEL PIOMBO. *Martyre de Sainte Agathe*. Ce tableau, peint en 1520 sous l'influence romaine, est une belle œuvre inspirée par le style et le large dessin de Michel-Ange, mais avec un coloris sobre d'une grande tenue.

N° 174.—RAPHAEL. *Vision d'Ézéchiel*. Ce petit tableau peut encore être rangé dans l'ordre des tableaux symboliques, tels que les comprenait le moyen âge, dont le but était de rendre frappantes pour les masses les idées morales jointes aux faits matériels contenus dans l'Apocalypse et les deux Testaments. Mais, dans la *Vision d'Ézéchiel*, Raphaël a donné la beauté et la grandeur de la

Renaissance à l'ancien ordre de sentiments; il a représenté Dieu le Père sous les traits d'un Jupiter Olympien porté sur les nues par les symboles des quatre Évangélistes, et dont les bras étendus pour bénir sont supportés par deux anges.

L'homme, attribut de saint Matthieu, qui a traité particulièrement la vie humaine du Christ, se tient seul agenouillé aux pieds de Dieu qui bénit en lui l'humanité dont le Christ assuma toutes les souffrances.

Cette très petite composition, traitée avec la finesse de la miniature, est malheureusement rendue moins agréable par l'emploi de tons un peu lourds.

N° 164.—PÉRUGIN. *La Déposition de Croix*. Ce tableau, peint à Florence en 1495, offre une collection de têtes passives sans aucun contraste, le tout plus intéressant par une excellente composition et l'égalité du fini que par la profondeur du sentiment.

N° 159.—FRA BARTOLOMMEO. *Résurrection du Christ entre les Évangélistes*. Ce tableau est peut-être ce que le maître a donné de plus parfait; jamais on n'a poussé plus loin et allié davantage la grandeur de la composition et la profondeur noble et grave du sentiment. Les deux adorables enfants placés au bas du tableau tiennent un miroir où le Frate a reflété comme paysage le monde.

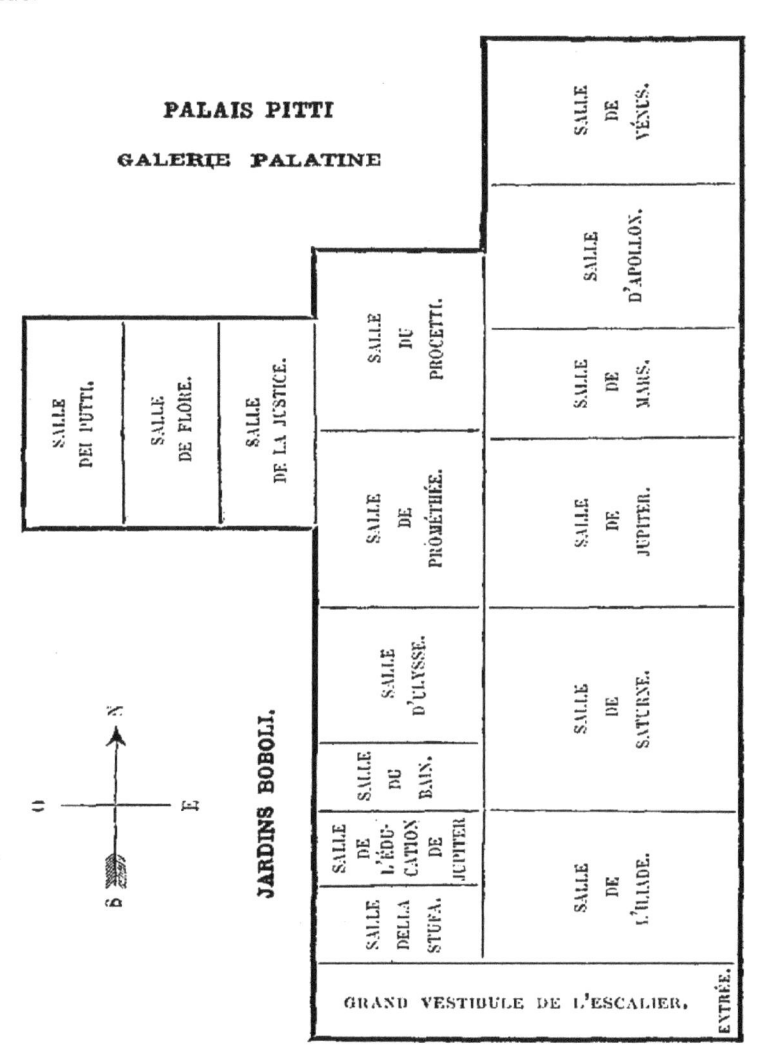

PALAIS PITTI

GALERIE PALATINE

N° 151.—RAPHAEL. *La Vierge à la Chaise.* Ce tableau, peint en 1515 au moment où Raphaël travaillait à la chambre d'Héliodore au Vatican, est le type le plus complet des Vierges romaines où l'artiste supprima toute divinité de la figure de la Vierge pour la remplacer par ce qu'il considérait comme le suprême de la beauté féminine, quelquefois provocante, mais jamais virginale. Ici la Vierge n'est que le portrait d'une belle Romaine en costume populaire et la composition de ce médaillon célèbre, absolument banale, n'a pour elle que son beau coloris.

N° 190.—SUSTERMANS. *Portrait du fils de Frédéric II, roi de Danemark.* Ce peintre flamand, qui vécut à Florence, a laissé d'excellents portraits tenant un juste milieu entre Vélasquez et Van Dyck. Ce joli portrait est d'une belle facture.

N° 113.—MICHEL-ANGE. *Les Parques.* Ce tableau paraît plutôt une attribution; toutefois, s'il a été dessiné par Michel-Ange, il n'a certainement pas été peint par lui, son coloris n'offrant aucune trace de la vigueur parfois tragique, propre au pinceau de Michel-Ange.

Les Parques sont représentées sous les traits de trois vieilles femmes d'un beau caractère, drapées de nuances trop claires.

SALLE DE MARS

N° 94.—RAPHAEL. *Madone dell'Impannata.* Composée par Raphaël, exécutée par ses élèves sans qu'on sache absolument la part qui leur revient. Deux femmes apportent à la Vierge l'Enfant qui prend vivement la robe de sa mère, et se retourne vers elles en riant.

N° 92.—TITIEN. Superbe portrait de jeune homme.

N° 86.—RUBENS. *Les Conséquences de la Guerre.* Belle et grande composition très mouvementée. Un guerrier entraîne une femme nue que les Amours cherchent à retenir.

N° 85.—RUBENS. *Les quatre Philosophes.* Portraits de Rubens, de son frère et des philosophes Lipse et Grotius assis à une table derrière le buste de Sénèque.

N° 82.—VAN DYCK. *Le cardinal Bentivoglio*, portrait assis en pied, d'une élégance et d'une distinction remarquables, comme d'un coloris superbe.

SALLE D'APOLLON

N°67.—TITIEN. *La Madeleine.* Ce portrait de femme drapée dans son admirable chevelure d'or, fut peint pour le duc d'Urbin, et l'on voit que le sujet de la pécheresse n'a été ici qu'absolument subsidiaire.

N° 64.—FRA BARTOLOMMEO. *La Déposition*. Dans cette œuvre admirable, la beauté du sentiment se réunit à celle de l'exécution pour former un ensemble de premier ordre. Rien n'est plus beau que l'abandon du corps du Christ et l'angoisse profonde de la Vierge lui donnant un dernier baiser.

L'émotion ressort de la simplicité pathétique des personnages, et non de leur arrangement factice et voulu; c'est là ce qui différencie profondément l'ouvrage de Fra Bartolommeo des équivalences dues par exemple au pinceau d'un Pérugin.

N° 61.—RAPHAEL. Portrait d'*Angiolo Doni*. La première œuvre faite à Florence et le plus beau des portraits peints par Raphaël sous l'influence de Pérugin, qu'on pourra rapprocher comme inspiration de celui de l'Espagnol Lopez Pereigo indiqué comme le propre portrait du Pérugin au musée des Offices, sous le n° 287.

Doni est représenté en buste vêtu de noir; ses mains, appuyées sur une balustrade, sont d'une rare perfection. La tête, d'une expression profonde et intelligente, se détache sur un beau fond de paysage.

N° 59.—RAPHAEL. Portrait de *Madeleine Strozzi Doni*, femme du précédent. D'un aspect peu distingué, sa figure niaise et placide est sans expression, les formes sont massives et lourdes.

N° 58.—ANDREA DEL SARTO. *Déposition* (1524). Cette peinture, si loin comme sentiment de la *Déposition* de Bartolommeo, est un tour de force comme richesse de coloris.

N° 54.—TITIEN. Portrait de *Pierre Arétin*. La tête est intelligente et fine, il est vêtu d'une ample robe cramoisie.

N° 63.—RAPHAEL. Portraits de *Léon X* et des cardinaux *Rossi* et *de Médicis*. Le pape est assis devant une table; les deux cardinaux, dont on ne voit que les bustes, sont debout derrière lui.

Raphaël a fait de ces portraits non seulement une admirable étude des rouges de toutes les gammes, les plus riches et les plus variées, mais encore une étonnante caractéristique de leur individualité. Rien n'est intéressant comme de comparer le Jules II de la Tribune des Offices avec le Léon X du musée Pitti; autant chez l'un tout est ascétique, profond, violent même avec la tension de toutes les forces et de toutes les énergies vers un but déterminé, autant chez l'autre tout est matériel, tourné vers les grandeurs, le luxe et la somptuosité. Presque Athénien dans ses goûts, passionné d'art et de littérature, Raphaël a su marquer ce caractère du pape en plaçant devant lui une cloche finement ciselée et un livre précieux qu'il s'apprête à regarder à la loupe.

SALLE DE VÉNUS

N° 18.—TITIEN. *La Belle*. L'habillement de la Belle, bleu, violet, or et blanc, cadre avec la tête, dont la mystérieuse expression captive et fascine. Ce portrait de femme, peint en 1535, rappelle les traits de la duchesse Éléonore d'Urbin et peut être considéré comme un des plus parfaits sortis du pinceau du maître, tant par son modelé en pleine lumière que par sa coloration transparente et chaude tout à la fois.

N° 3.—TINTORET. *Vénus, Vulcain et l'Amour*, tableau très inspiré par le Titien, d'une exécution charmante et plus soignée que ne le sont généralement les œuvres du Tintoret.

SALLE DE PROMÉTHÉE

N° 372.—ANDREA DEL CASTAGNO. Très beau portrait d'homme coiffé à la bourguignonne.

N° 373.—PIERRE POLLAJUOLO. *Saint Sébastien*.

N° 353.—BOTTICELLI. *La belle Simonetta*. Ce portrait fameux de la maîtresse de Julien de Médicis la montre sous les traits d'une femme laide et d'une prodigieuse raideur. Pourtant ce profil anguleux, découpé en silhouette violente sur un fond gris, ne manque pas de caractère, quoi qu'il soit peu présumable qu'il ait été peint par Botticelli.

N° 347.—FILIPPINO LIPPI. *Sainte Famille* (Médaillon). La Vierge adore l'Enfant pendant que de petits anges effeuillent sur lui des roses.

N° 343.—FRA FILIPPO LIPPI. *La Vierge, l'Enfant, Saint Joachim* et *Sainte Anne*, avec au fond *la Nativité de la Vierge*.

Les APPARTEMENTS DU PALAIS PITTI communiquent avec la galerie par la salle à manger.

Ils sont tendus de soieries du XVIIe siècle et, comme tous les appartements de palais, sont de médiocre intérêt.

Dans la chapelle, un superbe cadre en mosaïque florentine du XVIIe siècle contient une *Vierge* de CARLO DOLCE, tapisseries de Florence, cabinets en pierres dures et en mosaïques, etc., etc.

A l'entresol, L'UFFIZIO DEGLI ARGENTI, une petite salle où est conservé le trésor des Médicis, maintenant propriété de la ville. On y remarque quatre coupes et une gourde ornées d'émaux sur paillons attribuées à Benvenuto Cellini, *Christ* de Jean de Bologne provenant de la chapelle du palais, torchères en bronze doré de Bologne.

LES JARDINS BOBOLI s'étendent derrière le palais Pitti et s'élèvent en terrasse sur la colline au pied de laquelle il est construit.

Ces jardins, d'où l'on jouit de vues magnifiques sur Florence, furent dessinés en 1550 par Tribolo, sur l'ordre de Cosme Ier, et achevés par BUONTALENTI.

A l'entrée, une grotte contient quatre statues inachevées de MICHEL-ANGE, faisant partie de la série des «esclaves» destinés au tombeau de Jules II.

En passant par une belle allée ornée de statues, on arrive à un charmant bassin dont le centre est décoré d'une statue colossale de l'*Océan* par JEAN DE BOLOGNE.

ÉGLISE SAINTE-FÉLICITÉ. L'église n'est intéressante que par son portique et la quantité d'œuvres primitives qu'elle contient.

Dans la **sacristie**, GIOTTO, *Christ*; TADDEO GADDI, tableau à cinq divisions, *Vierge trônant entre des Saints*.

Dans une **chapelle** contiguë, NICOLÒ DA PIETRO, *Christ entouré de la Madeleine et des Saintes Femmes*.

Deuxième sacristie. *Annonciation* en deux parties, fresques contemporaines d'Orcagna.

Sur la place devant l'église, colonne élevée en commémoration de la défaite des Siennois à Marciano (1554).

PALAIS DE BIANCA CAPELLO (26, via Maggio), la célèbre femme du grand-duc François Ier(1526). La façade est décorée d'arabesques en grisailles peintes à fresques alternées avec les armes des Médicis.

L'ÉGLISE SAN SPIRITO fut construite en 1487 d'après des plans laissés par BRUNELLESCHI.

L'intérieur, de style classique, a de remarquables proportions.

Dans la **cinquième chapelle** se trouve un chef-d'œuvre de FILIPPINO LIPPI, l'un de ses premiers ouvrages, appelé *la Vierge des Tanaï de Nerli*.

La Vierge, assise sous un portique, tient l'enfant couché sur ses genoux. Devant eux est agenouillé le petit saint Jean, tandis qu'à leurs côtés saint Nicolas et sainte Catherine, patrons des Tanaï, leur présentent le donateur et la donatrice agenouillés devant eux, admirables et vivants portraits. L'intérêt de ce très beau tableau est encore accru par la jolie vue de Florence avec la vieille porte San Spirito, qu'on aperçoit au fond.

Derrière le chœur, au deuxième autel, *Vierge* entourée de saints, de l'école de GIOTTO. Troisième autel: LORENZO DI CREDI, *Vierge et Saints*.

Transept gauche. PIERO DI COSIMO, *Vierge et Saints*.

La sacristie ouverte sur le transept a été bâtie de 1489 à 1497 par ANTONIO POLLAJUOLO. Ce petit octogone, terminé par une coupole, est d'une beauté de forme et d'une pureté de lignes parfaites. Les admirables chapiteaux des pilastres sont de premier ordre, les deux placés des deux côtés de la base destinée à l'autel sont décorés de quatre superbes figures d'hommes nus traînant des guirlandes. D'une exceptionnelle qualité, l'art et le goût particuliers de Pollajuolo pour l'anatomie s'y révèlent tout entiers.

Le vestibule de la sacristie est de SANSOVINO; il est décoré d'une belle voûte en berceau reposant sur des colonnes richement sculptées. Ce vestibule donne accès aux cloîtres dont le second sert de cour à une caserne.

ÉGLISE SANTA MARIA DEL CARMINE. Cette église dépendante du couvent des Carmes adjacent fut construite en 1422, et, en 1771, après un terrible incendie, reconstruite dans le style le plus détestable. La seule partie sauvée fut heureusement le transept droit, dont le fond est occupé par la **chapelle** BRANCACCI fondée en 1419 par Antoine **Brancacci** et où sont les célèbres fresques de MASACCIO (1423-1428) terminées après sa mort par FILIPPINO LIPPI.

TOMASO DI SER GIOVANNI DA CASTEL SAN GIOVANNI était, d'après Vasari, élève de Masolino da Panicale, mais son génie, qui le destinait à être le prophète et le précurseur de la Renaissance italienne, ne garde aucune trace de ce premier enseignement. En effet Masaccio, dans cet extraordinaire monument des débuts du XVe siècle, franchit d'un seul élan toutes les bornes assignées à la peinture jusque-là. Hardiment il ose le nu, mais le nu réaliste et vivant, tel qu'il s'offre par exemple dans une figure grelottant de froid, tandis que Pierre lui donne le baptême. Masaccio, non seulement saisit sur le vif le maintien, l'attitude et les mouvements; il trouve encore du premier jet cette dignité d'allure, cette fierté du geste, cette noblesse native de toute la personne qui suscite l'admiration et l'impose.

La différence capitale entre Masaccio et Giotto, dont la sincérité est le trait commun, réside dans la science des groupements et dans la manière de coordonner et de présenter une scène. Il faut remarquer de quelle allure le personnage principal de Masaccio, l'apôtre Pierre, traverse toute l'œuvre avec une dignité et une grandeur qui ne se démentent jamais. Chez ses successeurs un pareil résultat sera le fruit de la patience et d'un art consommé, mais chez lui il est atteint avec une extraordinaire simplicité de moyens et presque spontanément.

Il revêt ses principaux personnages de la toge romaine dont les grands plis sans cassure les drapent merveilleusement, tandis qu'il donne à ses figures secondaires le costume contemporain, suivant en cela ce principe mis en lumière par Giotto, que la draperie, grâce à la généralisation qu'elle donne, grandit, au lieu que le costume diminue en localisant. Masaccio ne recula jamais devant les difficultés du raccourci ou de la perspective; pour en pénétrer les secrets, il avait l'intuition et la prescience du génie, mais il ne chercha jamais à faire étalage de ce savoir-faire et il ne le déploya que lorsque l'occasion le nécessitait, son haut idéal d'art l'élevant au-dessus des préoccupations de métier. Il est le trait d'union entre Giotto et Raphaël et, grâce à lui, la peinture fit en avant le pas décisif qui devait aboutir à l'admirable efflorescence du XVIe siècle.

I.—MASACCIO. *Adam et Ève chassés du Paradis.* Intéressante étude d'anatomie poussée à un réalisme outré.

II.—FILITPPINO LIPPI. *Saint Paul visitant saint Pierre dans sa prison.*

III.—MASACCIO. *Le tribut à César.* Sur l'ordre du Christ, saint Pierre, à genoux près d'une rivière, prend dans la bouche du poisson la pièce destinée au tribut réclamé par le publicain.

Cette admirable composition est divisée par les plans en trois actions. Jésus, au centre, entouré de ses disciples, est une figure d'une sévérité et d'une beauté surprenantes. D'un geste impératif il ordonne à Pierre d'aller vers la rivière qui coule au fond chercher la pièce du tribut dans la bouche d'un poisson et l'incrédulité de l'apôtre forme un saisissant contraste avec la foi profonde et extasiée de l'apôtre Jean.

Le fond représente Pierre prenant au poisson la pièce du tribut, tandis que sur la droite de la fresque, il la remet au publicain.

Le Christ et ses disciples sont vêtus de la toge, tandis que la belle figure, vue de dos, du publicain porte le costume populaire et semble sortir du mur, tant sont grandes la vérité de l'attitude et la perfection du dessin.

IV.—MASACCIO. Composition en deux parties terminée par Filippino Lippi.

A. (A gauche) *Saint Pierre ressuscitant Eutychus.* L'apôtre debout, vu de dos, d'un geste noble, étend le bras vers le jeune Eutychus. De nombreux personnages groupés entourent l'apôtre et assistent à la scène. Eutychus a été terminé par Filippino sur l'esquisse laissée par Masaccio. C'est une figure nue, aussi admirable d'anatomie juvénile que d'adoration respectueuse envers le saint qui l'a rappelée à la vie.

B. (A droite) *Saint Pierre adoré comme chef de l'Église.* Une scène de toute beauté le représente assis sous un auvent, dans toute sa majesté de chef de l'Église. Il a les mains jointes et les yeux levés au ciel; devant lui sont prosternés deux laïcs et un religieux.

Les deux scènes de la composition n'ont aucun rapport entre elles, mais elles se relient insensiblement par la manière dont l'artiste a disposé les personnages intermédiaires.

IL CARMINE
FRESQUES DE LA CHAPELLE BRANCACCI

PILIER. I ADAM ET ÈVE CHASSÉS DU PARADIS.	*Mur de gauche.* MASACCIO. III LE TRIBUT A CÉSAR.	*Retour du mur sur la fenêtre.* V
II SAINT PAUL VISITANT SAINT PIERRE DANS SA PRISON.	IV LA RÉSURRECTION D'EUTYCHUS.	VI
PILIER. MASACCIO. I	*Mur de droite.* MASOLINO. III RÉSURRECTION DE TABITHE.	*Retour sur le mur de la fenêtre.* MASACCIO. V
FILIPPINO LIPPI II	FILIPPINO LIPPI. IV CRUCIFIEMENT DE SAINT PIERRE.	MASACCIO. VI

V.—MASACCIO. *Saint Pierre prêchant.*

VI.—MASACCIO. *Saint Pierre et saint Paul guérissant les malades par leurs ombres.*

Miracle s'accomplissant dans une rue du moyen âge descendue par les apôtres et où leur ombre projetée contre le mur guérit trois infirmes dont le plus jeune, allongé à terre, est une figure d'un naturalisme saisissant.

VII.—MASACCIO. *Saint Pierre baptisant.*

Les hommes nus qui attendent leur tour au bord du fleuve sont surprenants d'anatomie; la figure grelottante de froid est célèbre.

VIII.—MASACCIO. *Saint Pierre et saint Paul distribuent des aumônes.*

IX.—MASOLINO DA PANICALE. *Saint Pierre et saint Paul guérissant un boiteux et ressuscitant Tabithe.*

Cette double scène se passe sur une vaste place au fond de laquelle s'élèvent des maisons appartenant à l'architecture du XIVe siècle et bordées de portiques. A droite se trouve le boiteux et à gauche Tabithe revenant à la vie entourée de tous les siens. Deux petits personnages, en costumes du commencement du XVe siècle, coiffés d'espèces de turbans et vêtus de courts manteaux à larges manches, s'avancent au milieu de la place causant entre eux, et donnent bien à cette fresque le caractère de Masolino auquel elle est attribuée; le dessin moins large et l'attitude moins naturelle que dans les œuvres de Masaccio, la différencient complètement.

X.—FILIPPINO LIPPI. Composition en deux parties, grise et manquant de caractère. (A droite) *Saint Pierre et saint Paul comparaissant devant le proconsul romain.* (A gauche) *Crucifiement de saint Pierre.*

Ces fresques ont déjà quelque chose de cette recherche qui aboutira pour Filippino Lippi à celles de Santa Maria Novella. Les trois hommes en rouge qui assistent au supplice sont certainement la meilleure partie de la fresque.

XI.—MASACCIO. *Adam et Ève après le péché*, deux superbes figures nues; le corps de la femme est particulièrement intéressant.

XII.—FILIPPINO LIPPI. *Délivrance de saint Pierre*, la meilleure de ses fresques.

L'Ange vêtu de blanc, les mains croisées, précède saint Pierre sur le seuil de la prison et l'invite à en sortir. Le saint, tourné vers lui de profil, a l'air de lui demander avec le naturel le mieux rendu s'il doit vraiment le faire. A droite de la porte, le soldat qui garde la prison s'est endormi; ses jambes fléchissent sous le poids du sommeil et il tomberait s'il n'était appuyé contre le mur et soutenu par sa lance.

	IL CARMINE - SACRISTIE
Mur de gauche		SPINELLO ARRETINO ou LOR. DI BICCI	*Mur de droite*
BANQUET NUPTIAL DE SAINTE CÉCILE ET DE VALENTINIEN	ENTRETIEN DES DEUX ÉPOUX	UN VIEILLARD INSTRUIT VALÉRIEN DANS LA FOI CHRÉTIENNE	BAPTÊME DE VALÉRIEN
Ste CÉCILE ET VALENTINIEN REÇOIVENT D'UN ANGE DES COURONNES DE FLEURS / ILS INSTRUISENT TIBURCE DANS LA FOI CHRÉTIENNE / BAPTÊME DE TIBURCE		VALÉRIEN ET TIBURCE CONVERTISSENT MAXIME QUI LES CONDUISAIT AU SUPPLICE / BAPTÊME DE MAXIME ET DE SA FAMILLE / Ste CÉCILE ENCOURAGE LES DEUX FRÈRES AU MARTYRE / ILS ONT LA TÊTE TRANCHÉE	
SAINTE CÉCILE FAISANT DES AUMÔNES EST ARRÊTÉE / SAINTE CÉCILE PRÊCHE LA FOI / 400 PERSONNES SONT BAPTISÉES		MARTYRE DE SAINTE CÉCILE, SON SANG EST RECUEILLI PAR LES CHRÉTIENS / ENTERREMENT DE SAINTE CÉCILE / LA MAISON DE SAINTE CÉCILE EST TRANSFORMÉE EN CHAPELLE	

Dans la **sacristie**, où l'on entre par le bras droit du transept, à côté de la chapelle Brancacci, on remarque sur les embrasures de la fenêtre deux fresques découvertes en 1858 et relatives à l'histoire de *sainte Cécile*. Elles sont de SPINELLO ARETINO et ont encore la naïveté et la raideur giottesques.

Dans le **cloître**, à droite de l'église, on a retrouvé en 1851 des restes de fresques qu'on a crues être la fameuse procession de la dédicace de l'église peinte par MASACCIO et où, selon Vasari, «des portraits étaient si frappants qu'on y reconnaissait même jusqu'au portier du couvent». Les parties retrouvées tiennent en effet de Masaccio; mais il est bien difficile de croire que ce puisse être l'œuvre primitive, l'église ayant été détruite par l'incendie de 1771 et, par conséquent, le mur où elle se trouvait. Une autre *fresque* représente *la Vierge avec l'Enfant Jésus et les Évangélistes*; elle est attribuée à GIOVANNI DA MILANO.

Dans le **réfectoire**, sur le cloître, une *Cène* d'ALESSANDRO ALLORI.

ENVIRONS DE FLORENCE

NORD-EST

PORTE SAN GALLO

—ÉGLISE SAINT-DOMINIQUE DE FIESOLE, BADIA DE FIESOLE, SAN ANSANO.
II.—FIESOLE.
III.—FIESOLE, VINCIGLIATA, ÉGLISE SAN SALVI.

I

SAINT-DOMINIQUE DE FIESOLE, LA BADIA DE FIESOLE, SAN ANSANO.

(Deux heures de voiture.)

On sort de la ville par la vieille **porte SAN GALLO**, de 1330, autrefois décorée de fresques disparues de Ghirlandajo, et l'on suit la via Boccaccio sur la rive droite du Mugnone, affluent de l'Arno, d'où l'on découvre bientôt la belle campagne mamelonnée des environs de Florence, sillonnée de villas. On passe devant la **VILLA PALMIERI** où Boccace écrivit son Décameron, pendant la peste de 1348, et dont il fit le lieu de ses contes, puis on atteint Saint-Dominique, au-dessus duquel se dresse Fiesole sur la haute colline où s'étagent en terrasses ses villas et ses jardins et où se découpent sur le ciel clair les silhouettes grêles des oliviers et des cyprès auxquels le paysage toscan emprunte son charme poétique et profond.

SAINT-DOMINIQUE DE FIESOLE, un des premiers établissements dominicains en Toscane, et le couvent où pendant de longues années peignit et vécut l'Angelico. L'église, précédée d'un portique du XVIe siècle aux armes des Médicis, n'a aucun caractère et est de toutes les époques. A l'**intérieur**, derrière le maître-autel, un grand tableau d'ANGELICO est médiocre.

Deuxième chapelle à droite.

LORENZO DI CREDI, *Baptême du Christ*, pâle inspiration du chef-d'œuvre de son maître, le Verrocchio, à l'Académie.

Troisième Chapelle.

ANDREA PERRUCI. Beau *Christ* sculpté en bois, de grandeur naturelle.

Le chemin qui se détache sur la gauche de Saint-Dominique conduit à la Badia.

LA BADIA FIESOLANA est située sur une colline dominant le cours du Mugnone et possède la plus admirable vue, d'un côté sur Florence et de l'autre sur Fiesole.

La Badia est un des monuments les plus anciens de la Toscane. Dès 406, elle était un château fortifié; elle devint, en 1028, le plus riche et le plus célèbre monastère de Bénédictins de la Toscane et presque de l'Italie. En 1440, à la prière de Cosme l'Ancien, le pape Eugène IV donna le couvent aux chanoines du Latran; c'est de cette époque que date toute sa splendeur. Cosme employa une partie des richesses du couvent à le restaurer magnifiquement sous la direction de BRUNELLESCHI et en fit l'un de ses séjours préférés (1462). Aussi y fondait-il bientôt la célèbre Académie Platonicienne où il réunissait ses familiers et les «clients» de sa maison, les Ange Politien, les Marsile Ficin, les Pic de la Mirandole et tous ceux auxquels la solitude était indispensable pour favoriser le travail de la pensée. Michel-Ange y habita longuement et les graves enseignements dont il était entouré ne contribuèrent pas médiocrement à hâter la maturité de son puissant esprit.

La façade de la Badia n'a conservé qu'une partie de son revêtement du XIVe siècle, en marbre blanc et cipolin, antérieur à celui de San Miniato. On entre, à droite de la façade, dans un vestibule d'où part l'escalier montant au **cloître** rectangulaire édifié par BRUNELLESCHI, dont le portique est surmonté d'une galerie couverte.

Tout a été traité dans le cloître, comme dans le reste de l'abbaye, avec une simplicité sévère et voulue, mais dans un style ample et pur. Sur un des côtés s'ouvre la petite **chapelle** privée réservée aux moines. La décoration de la porte, des deux fenêtres sur le cloître et l'encadrement de l'ancien retable en pierre grise sont d'une élégante simplicité.

Le **Réfectoire**, précédé d'une salle où se trouve un lavabo de style classique et d'un goût exquis, possède une ravissante *chaire* en pierre grise à laquelle on monte par un escalier pratiqué dans le mur et contenu dans une baie ouverte. Les sculptures de premier ordre dont elle est ornée représentent des chérubins, des guirlandes et de délicats fouillis de feuillages.

A la suite du cloître, un portique ouvert, à cinq arcades surmontées d'une loggia, donne sur des jardins d'où la vue sur Florence est de toute beauté.

Dans le **vestibule** allant du cloître à l'église, un charmant *lavabo* en marbre blanc, ouvrage de MINO DA FIESOLE, se compose d'une vasque oblongue soutenue par un pied sur lequel courent des dauphins. Ce lavabo est encadré d'un ordre architectonique dont la frise porte les armes des Médicis.

L'église, d'une pureté et d'une simplicité remarquables, est en forme de croix latine à une seule nef, sur laquelle, de chaque côté, quatre grandes baies cintrées donnent accès à des chapelles. Le transept, plus élevé de quelques marches, conduit au chœur terminé carrément; à la croisée quatre arcatures soutiennent une coupole en rotonde arrondie; enfin, à chaque extrémité du transept, s'ouvrent deux ravissantes portes d'ordre classique aux armes des Médicis. La décoration sobre et harmonieuse du monument est formée par des encadrements qui se détachent sur des pilastres de pierre grise.

Les autels sont également en pierre grise, sauf l'autel principal, bel ouvrage en mosaïque de marbre de la même époque.

Revenu à Saint-Dominique, on commence à gravir les lacets de la colline de Fiesole au milieu de vignes et d'oliviers étagés sur des terrasses. Après avoir laissé à droite la route de Majano, on passe au pied de l'ancien COUVENT DE LA DOCCIA, fondé en 1414 et dont le portique par SANTI DI TITO fut élevé, dit-on, sur les dessins de MICHEL-ANGE. Avant d'arriver à Fiesole, on prend à gauche l'ancienne route de piétons, la via Fiesolana, qui descend rapidement à la petite église de San Ansano.

L'ÉGLISE DE SAN ANSANO fut fondée au Xe siècle. En 1200, elle dépendait de la compagnie de la Trinité de Florence et elle fut ensuite canonicat de la cathédrale de Fiesole, dont elle constituait un bénéfice. Achetée en 1795 par le chanoine Bandini, elle fut convertie par lui en un musée qu'il légua à la commune de Fiesole.

Les quatre tableaux les plus intéressants sont les quatre *Triomphes* de BOTTICELLI, petits panneaux sur bois, superbes de composition, mais malheureusement mal conservés. 1° (Mur de droite) *Triomphe du Temps*. Saturne, vieux et cassé, est perché au sommet d'un cadran d'horloge où les heures d'or se détachent sur fond noir. Le cadran est soutenu sur un char triomphal par deux génies aux pieds desquels deux chiens couchés, l'un blanc, l'autre noir, symbolisent le jour et la nuit. Le char, couvert d'une housse rouge richement brodée d'or, est traîné par deux cerfs, image de la rapidité du temps.

2° *Triomphe de la Chasteté*. Sur un socle doré placé à l'arrière d'un char, la Chasteté debout, vêtue d'une robe de bure semée de chardons d'or, tient une palme. A ses pieds, Éros est enchaîné par deux femmes, tandis qu'une troisième bande son arc et qu'une quatrième accourt apportant d'autres liens. Au char sont attelées les licornes symboliques de la pureté, conduites par des femmes à peine voilées de tuniques transparentes, que soulève le vent; l'une d'elles marche en avant, avec la bannière de la pureté, une hermine détachée sur un fond rouge.

3° (Mur de gauche) *Triomphe de l'Amour*. Il est représenté par une figure de bronze aux ailes dorées qui s'envole en décochant ses traits, au-dessus d'un bûcher autour duquel un vieillard, un guerrier et une jeune femme sont assis enchaînés.

Aux quatre angles du char triomphal de l'Amour sont placés des génies dorés; son attelage est composé de quatre chevaux blancs autour desquels se pressent de nombreux personnages.

4° *Triomphe de la Religion*. La Foi, l'Espérance et la Charité sont agenouillées sur un char tiré par les bêtes symboliques données comme attribut aux quatre Évangélistes.

Au-dessus du char entouré de figures agenouillées plane le Père Éternel bénissant. Cette composition, très endommagée, est inférieure.

On retrouve dans ces œuvres de Botticelli, malgré les repeints nombreux, le charme excessif de sa poétique et ravissante nature. Les figures de femmes dans le *Triomphe de la Chasteté* paraissent les sœurs de celles du Printemps ou de la Calomnie, tant elles ont semblable envolée et grâce légère dans leur élégante silhouette.

A droite de l'entrée, *Enfant Jésus bénissant*, délicieuse petite figure nue de LUCA DELLA ROBBIA.

Du même côté, le bénitier est bordé d'une guirlande de feuilles et de fruits au milieu de laquelle est représenté un buste vu de face.

Il a pour pendant un autre médaillon à peu près du même genre, mais moins parfait d'exécution. Au-dessus du chœur, belle tête de *Saint Jean-Baptiste* dans un médaillon.

Sur la porte de la sacristie, *la Visitation*, haut relief polychrome d'ANDREA DELLA ROBBIA.

Sur la porte opposée, un admirable *Saint Jean-Baptiste à genoux devant le Christ*, émail blanc sur fond de couleur.

Le devant de l'autel est formé d'une terre cuite dorée, en haut relief, l'*Adoration des Pasteurs*, attribuée à MICHEL-ANGE.

Dans le passage de la sacristie se trouve une petite chapelle dont l'autel est surmonté d'un magnifique médaillon de LUCA DELLA ROBBIA, *la Vierge à genoux*, les mains jointes, en adoration devant l'Enfant avec deux anges volant à ses côtés.

Les œuvres des DELLA ROBBIA sont en si grand nombre à San Ansano, qu'elles constituent un véritable musée de cet art charmant où s'allient le plus souvent la perfection de la forme, le charme de la couleur et la poésie raffinée du sentiment. Là, mieux que partout ailleurs, grâce à la quantité et à la qualité des ouvrages exposés aux regards, on peut étudier la tradition et l'histoire des terres cuites émaillées. Et cela est particulièrement vrai pour Luca, tant cette église est riche en pièces qui peuvent compter parmi les meilleures du vieux maître, et dans lesquelles se concilient ses admirables qualités de profonde sincérité réaliste et de grâce émue et touchante.

II

FIESOLE.

FIESOLE, l'ancienne Fæsulæ des Romains, est une vieille cité étrusque, dont les murs sont en partie conservés. De la vaste place qui couronne la colline où est bâtie Fiesole, la vue sur Florence et sa belle campagne est admirable.

LA CATHÉDRALE est le type le plus ancien et le plus parfait de l'architecture toscane, inspirée des basiliques du XIe siècle. Elle fut construite en l'année 1228, et a trois nefs séparées par des colonnes inégalement placées, dont la plupart ont des chapiteaux antiques simplement posés sur leur fût. A la hauteur de l'avant-dernière travée, se dresse l'autel destiné aux fidèles, car, au moyen âge, le chœur était un endroit consacré où les laïcs n'avaient pas le droit de pénétrer. Devant cet autel, des escaliers descendent à la **crypte** ouverte par cinq baies. Elle est formée de trois courtes nefs séparées par quatre légères colonnes à chapiteaux étrusques et a pour clôture une admirable *grille* de 1300 à médaillons quadrilobés.

Dans la crypte, au fond de son abside, se trouve une statue en terre cuite vernissée de *San Romolo* par les DELLA ROBBIA. La curieuse fresque qui la décore représente Fiesole au XIIIème siècle. Au-dessus de cette abside s'élève le **chœur** auquel on accède par des degrés placés de chaque côté. Le maître-autel est surmonté d'un triptyque où sont peints sur fond d'or la Vierge et quatre Saints de l'école de GIOTTO.

A gauche du chœur, se dresse le *tabernacle* en marbre blanc d'ANDRÉ FERRUCCI; c'est un excellent ouvrage de la fin du XVe siècle, divisé en trois niches: celle du milieu contenant un colossal ciboire; celles des côtés, *l'Annonciation* en deux parties. Également dans le chœur, l'on voit le tombeau de l'évêque Jacopo Bavaro, fondateur de l'église.

La première chapelle à droite du chœur est la **chapelle Salutati**.

Sur le mur s'élève le *tombeau de l'Évêque Lionardo Salutati*, exécuté de son vivant par MINO DA FIESOLE (1466). C'est un des premiers ouvrages de Mino, et assurément son chef-d'œuvre, car l'artiste n'a jamais retrouvé par ailleurs les qualités de grâce fraîche et jeune alliées au fini de l'exécution. Le monument est composé d'un magnifique sarcophage de marbre blanc, de forme antique, reposant sur des consoles entre lesquelles est placé le buste de l'évêque, admirable de vie, de vérité, de bonté, de finesse et d'intelligence. En face du tombeau, contre le mur, le retable de marbre blanc fut commandé également à Mino par l'évêque Salutati.

Cette œuvre fait déjà pressentir, par sa facture plus compliquée, le défaut de simplicité et le maniérisme qui sera plus tard généralement affecté par Mino da Fiesole.

Le retable est divisé en trois parties: la partie centrale est occupée par la *Vierge* en relief, adorant l'Enfant traité en ronde bosse, entre saint Rémi guérissant un boiteux, et saint Léonard en mendiant, figures en bas-relief.

La pluralité des plans montre déjà dans cet ouvrage de Mino son amour pour la complication des lignes et pour la surcharge des procédés, défauts destinés à exercer plus tard une si fâcheuse influence sur son style.

Le **Campanile** de 1213 est une tour carrée d'aspect élancé, terminée par des mâchicoulis et par des créneaux.

LE THÉÂTRE ANTIQUE était situé sur l'autre versant de la colline de Fiesole au nord. Une partie de l'hémicycle avec seize rangs de gradins a été exhumée dans des fouilles récentes. La vue qu'on découvre de ces ruines sur Fiesole et sur sa campagne est de toute beauté.

Sur la place de l'église s'élèvent, d'un côté le palais épiscopal et le séminaire, et de l'autre le palais Pretorio du XIIIe siècle, qui porte les armoiries des podestats et contient le musée où sont conservés quelques objets provenant des fouilles faites à Fiesole.

L'ÉGLISE SANTA MARIA PRIMERANA s'élève à côté du palais Pretorio.

A droite du chœur est un magnifique retable, l'un des premiers ouvrages de LUCA DELLA ROBBIA, le Christ en croix avec deux anges recueillant son sang dans des calices. Autour de lui sont groupés, dans des attitudes désolées, la Vierge, saint Jean et la Madeleine.

III

DE FIESOLE PAR VINCIGLIATA A SAN SALVI

(Environ cinq heures de voiture.)

De Florence, après avoir gagné Fiesole qu'on traverse, on contourne le mont Cectioli au sud-est de Fiesole et l'on suit une arête au travers d'un bois clairsemé de pins et de cyprès d'où l'on domine des deux côtés, à une grande hauteur, un paysage montagneux de toute beauté. La route de Vincigliata, bordée de hauts cyprès, se détache bientôt et l'on plonge sur tout le bassin de Florence que l'on découvre à ses pieds avec la ceinture des Apennins purement découpés sur l'horizon. On laisse à droite le CASTEL DI POGGIO, petit château avec des restes de fortifications dans une magnifique situation, en face du monte Cectioli, puis la route descend par de longs lacets, avec la vue toujours étendue sur le paysage unique qu'on admire depuis Fiesole, vers le château de Vincigliata qu'on aperçoit au-dessous de soi.

LE CHÂTEAU DE VINCIGLIATA (permission à Florence) appartient à un Anglais, M. Temple Leader, qui le releva de ses ruines de 1855 à 1867, et reconstitua ainsi le type à peu près unique d'un château fort italien du XIVe siècle. Le château proprement dit est une masse carrée dominée par une tour carrée, le tout formidablement hérissé de mâchicoulis et de créneaux et entouré d'une enceinte défendue par deux tours, dont l'une forme l'entrée, tandis que s'étendent en face les bâtiments d'habitation reliés à l'entrée par une sorte de galerie formant cloître.

De ces appartements, situés en contre-bas du grand préau dont est entourée la tour centrale, on monte à celui-ci par un escalier intérieur qui débouche sous le portique d'une de ses faces (les deux autres étant occupées par des bâtiments).

Toute cette cour est garnie d'écussons et de sculptures comme la cour du Bargello, et, comme celle-ci, elle a un escalier extérieur montant à l'étage supérieur.

Quant aux bâtiments d'habitation, les appartements sont intelligemment restaurés dans le goût de l'époque. A la chapelle et à la salle de justice succède la salle d'armes décorée de fresques provenant de l'ancien hôpital de Santa Maria della Scala, *la Vie de saint Bernard* attribuée à SPINELLO ARETINO.

De Vincigliata la route gagne la vallée par de nombreux lacets, et après avoir franchi le Torrent de la Mensola, elle atteint **SAN MARTINO DE LA**

MENSOLA dont l'église possède un retable attribué à FRA ANGELICO; puis on rejoint par une pente rapide la route de Settignano à San Salvi.

SAN SALVI est un ancien couvent de la règle de Vallombreuse, mentionné dès 1084, mais dont il ne subsiste que peu de restes.

Dans le **réfectoire** s'est heureusement conservée une œuvre des plus importantes, peinte par ANDREA DEL SARTO, de 1526 à 1527, dans les toutes dernières années de sa vie. Cette composition est peut-être la seule *Cène* qui puisse, de loin il est vrai, être rapprochée de la fresque de Léonard comme grandeur de composition et comme noblesse de mise en scène.

On ne peut naturellement réclamer des maîtres de la grande Renaissance la simplicité émue et l'intensité parfois poignante des vieux maîtres, pour lesquels la peinture n'était que le moyen de fixer en eux-mêmes le souvenir de leurs visions. Rien de pareil ici; on est en face d'une forme d'art pour laquelle le sujet importe peu, ou n'est plus rien, et où tout se réduit à obtenir l'eurythmie, par des procédés purement techniques.

Les artistes atteignent un véritable summum dans les groupements naturels et harmonieux, dans la beauté de l'attitude et du mouvement, dans la science du coloris, la richesse de la draperie, dignes de toute admiration, mais il ne faut pas leur demander d'exprimer de certaines émotions qu'ils sont bien incapables de ressentir.

Le long des murs, quelques belles figures de Saints sont encore des ouvrages de jeunesse d'Andrea del Sarto.

On rentre à Florence par la place Beccaria, au milieu de laquelle a été conservée la vieille porte Santa Croce.

NORD-OUEST ET OUEST

PORTA AL PRATO

I. CARREGGI, PETRAJA, VILLA DE CASTELLO, LA DOCCIA, SAN STEFANO IN PANE, PONTE A RIFREDI.

II. PERETOLA, BROZZI, SAN DONINO, POGGIO A CAJANO.

I

CARREGGI, LA PETRAJA, VILLA DE CASTELLO, LA DOCCIA, ÉGLISE SAN STEFANO
IN PANE, PONTE A RIFREDI.

(Environ cinq heures de voiture.)

On sort de la ville par la Porte al Prato, et, après avoir traversé le Mugnone et dépassé la colline de Fiesole qu'on laisse sur la droite, on suit la route de Ponte a Rifredi jusqu'à l'entrée de ce village, où l'on tourne à droite pour atteindre bientôt Carreggi.

LA VILLA DE CARREGGI fut bâtie par Cosme le Vieux. MICHELOZZO MICHELOZZI la construisit dans ce style classique gréco-romain qui alors pour l'Italie était une sorte de rage.

Le vieux Cosme destinait Carreggi à devenir l'asile de tous les savants proscrits auxquels il tendrait une main secourable et hospitalière. Cette maison ne tarda pas à lui être un lieu de prédilection, à l'égal de sa chère Badia de Fiesole, si bien qu'il y mourut en 1464, chargé d'ans et de renommée, après avoir donné à la peinture et à l'architecture l'impulsion qui, de saintes et originales qu'elles étaient, les a faites magnifiquement copistes.

Son fils Pierre eut assez à faire avec les difficultés intérieures et extérieures qu'il rencontra, pour n'avoir pas grand temps à donner aux plaisirs intellectuels; mais son petit-fils Laurent hérita des goûts de son grand-père, et la villa de Carreggi devint le rendez-vous de tous les hellénistes et de tous les latinistes de l'époque, à l'exclusion de la Badia, trop sévère pour ses goûts de magnificence. Laurent rétablit à la villa Carreggi les entretiens du jardin d'Academos, et, ayant découvert que la Grèce fêtait le 17 novembre l'anniversaire de la naissance de Platon, chaque année il y célébrait cette date à grand renfort de musiciens et de discussions philosophiques. Étant tombé malade à Florence, Laurent se fit aussitôt transporter à sa chère villa, où il mourait en 1492, après avoir appelé à son lit de mort Jérôme Savonarole dont l'ascétique figure parut terrible et jeta l'effroi dans ce léger milieu païen.

On raconte que, pour rester jusqu'au bout fidèle à ses traditions athéniennes, Laurent fit élever à Carreggi son second fils Jean, celui qui devait être le pape Léon X.

De sa splendeur passée, la villa n'a conservé que ses beaux jardins; elle appartient actuellement à la famille Orsi.

La route descend vers le torrent de la Terzolla qu'elle franchit, contourne les bâtiments du couvent della Quiete et arrive rapidement à **LA VILLA PETRAJA**. La villa royale de la Petraja (permission à Pitti), construite par BUONTALENTI, a conservé assez grand air en dépit des réparations. C'est un édifice carré surmonté d'une sorte de beffroi bordé de deux galeries extérieures. Cette tour fortifiée rappelle la destination de la villa, château fort jusqu'en 1608, époque où les Médicis la transformèrent. La Petraja s'élève au pied des montagnes, sur leurs dernières pentes, et est précédée de beaux jardins étagés en terrasses d'où l'on découvre un panorama splendide d'une immense étendue sur Florence et les montagnes. A droite du château se présente une ravissante *fontaine de* TRIBOLO, sorte de vasque, d'où s'élève une colonne de marbre blanc décorée de satyres chevauchant des dauphins, et destinée à supporter une deuxième vasque ornée de guirlandes tenues par des génies. De cette conque émerge un piédestal qui sert de support à une charmante baigneuse de bronze tordant ses cheveux, ouvrage de JEAN DE BOLOGNE.

L'ancienne cour, transformée en salon vitré, est décorée de *fresques* de DANIEL DE VOLTERRA sous le portique; d'autres fresques du XVIIe siècle sont relatives à l'histoire des Médicis. Le beau parc de la villa la relie à celle de Castello qu'on gagne à pied en quelques minutes.

LA VILLA ROYALE DE CASTELLO, située plus bas que la Petraja, possède, à défaut d'étendue, un beau jardin dessiné et créé par Cosme l'Ancien et auquel on a conservé les dispositions de l'époque. La décoration en fut confiée au sculpteur NICOLAS TRIBOLO en 1550, et il fut orné de sculptures antiques provenues en majeure partie de l'ancien dôme de Florence avant qu'Arnolfo di Cambio ne l'eût transformé. Au milieu du jardin s'élève une magnifique *fontaine* monumentale composée de deux vasques superposées, ouvrage de TRIBOLO. Sur le bord de la première sont couchées quatre ravissantes statuettes de bronze, sur la seconde se dresse un groupe en bronze, *Hercule et Antée*.

Dans la partie supérieure du **jardin**, sous la terrasse, s'ouvre une grotte artificielle en rocaille où s'agite au-dessus de fontaines la ménagerie la plus étrange, rhinocéros, girafes, ours, loups, lions, singes etc., etc. Sur les bords des superbes vasques formées par des sarcophages antiques, des oiseaux en bronze dus à JEAN DE BOLOGNE sont posés un peu partout.

De la villa de Castello, une marche de quelques minutes conduit à la **Doccia**, la célèbre manufacture de faïences fondée en 1735 par le marquis Ginori. Un petit musée contient les plus intéressants types de fabrication.

En sortant de la Doccia, on repasse devant Castello pour atteindre l'église de **San Stefano in Pane**. Elle possède un beau retable en terre vernissée polychrome, par JEAN DELLA ROBBIA.

Deux Saints gardent le tabernacle entouré d'une double bordure d'arabesques et de chérubins et surmonté d'un vase de fleurs d'où partent des guirlandes de fruits. Au-dessus, deux Anges volent en soutenant une couronne sur la colonne mystique.

II

PERETOLA, BROZZI, SAN DONINO, POGGIO A CAJANO.

(Environ cinq heures de voiture.)

On sort de Florence par la porte de Prato et, après avoir traversé le Mugnone, on longe le parc de la villa San Donato Peretola.

L'ÉGLISE SAINTE-MARIE, fondée au XIIe siècle, est depuis 1449 un fief de Sainte-Marie Nouvelle.

Brozzi. Les vieilles familles florentines des Strozzi, des Cavalcanti, des Ruccellai possédaient à Brozzi des palais dont les façades délabrées sont encore ornées de leurs armoiries.

San Donino. A droite de la route, on a une fort belle vue sur le monte Gione et les Apennins; on traverse l'Ombrone sur un pont et on se trouve dans le pittoresque village de Poggio a Cajano admirablement situé sur les collines que bordent la rive droite de l'Arno. Au nord, s'étend la chaîne des Apennins dont on s'est sensiblement rapproché et qui profilent leurs belles découpures au-dessus d'un riant paysage.

LA VILLA ROYALE DE POGGIO A CAJANO est située sur le point culminant de la route qui conduit à Lucques, de sorte que ses trois façades offrent chacune une charmante vue: l'une sur Florence, l'autre sur les montagnes et les villages dont elles sont semées, et enfin la troisième sur Prato, Pistoia, Sesto et tout le val d'Arno inférieur.

Laurent le Magnifique, séduit par la position délicieuse de Poggio a Cajano, voulut en faire sa résidence de prédilection et demanda un plan à tout ce que Florence comptait alors de plus célèbre en architectes et en peintres. Celui de JULES DE SAN GALLO eut la préférence; seulement Laurent exigea qu'il y ajoutât un escalier extérieur, pris sur un autre dessin et grâce auquel on pourrait accéder à cheval jusqu'au haut du perron. Il voulut encore que le plafond de la grande galerie fût circulaire: construction audacieuse pour la science architecturale d'alors, par suite de ses vastes proportions et que du reste Sangallo réussit parfaitement.

Après la mort de Laurent, les travaux interrompus furent repris est achevés par Léon X, sous lequel furent exécutées les magnifiques fresques d'ANDREA DEL SARTO, de FRANCIABIGIO et du PONTORNO dont le grand défaut est de représenter des sujets relatifs aux Médicis, d'un intérêt plus que médiocre.

La villa de Cajano rappelle bien des souvenirs de l'histoire de Florence: Charles-Quint l'habita en 1536, lors du mariage de Marguerite d'Autriche avec le grand-duc Alexandre. Éléonore de Tolède, femme du grand-duc Cosme Ier, s'y laissa mourir de faim, après la mort tragique de ses deux fils: Jean, assassiné par son frère Garcia, et celui-ci, son enfant favori, tué à son tour devant elle par son père, en punition de ce meurtre. Puis mourut Cosme, et le grand-duc François, d'amoureuse mémoire, habita souvent Poggio a Cajano avec Bianca Capello, dont l'histoire offre le plus étonnant assemblage de toutes les misères et de toutes les fortunes.

Fille d'un des patriciens les plus fastueux de la République vénitienne, elle se faisait enlever à dix-sept ans par un commis florentin employé en face du palais de son père et fuyait avec lui à Florence où elle l'épousa. La tête de son amant ayant été mise à prix par la République sérénissime, ils vécurent à Florence cachés et dans la plus extrême misère jusqu'au jour où Bianca fut aperçue à sa fenêtre par le grand-duc Francesco qui en devint éperdument amoureux, et qui, après lui avoir donné un sauf-conduit pour son mari, en fit sa maîtresse et l'installa superbement dans le palais voisin de Pitti appelé encore de son nom. La malheureuse Jeanne d'Autriche, que le grand-duc avait épousée sur ces entrefaites, impuissante à lutter contre son abandon et l'omnipotence toujours croissante de la maîtresse, mourut bientôt de chagrin, et l'ascendant de Bianca était tel qu'elle se faisait épouser par le grand-duc, aussitôt son deuil terminé (1580).

Trois ans après ce mariage, le jeune grand-duc héritier, fils de Jeanne d'Autriche, mourait et, à défaut de descendance directe, le cardinal Ferdinand devint grand-duc présomptif. Comme la perspective de le voir régner ne pouvait convenir aux ambitions de Bianca, elle simula bientôt une grossesse et un accouchement, et, le 30 août 1585, elle faisait passer pour un fils né d'elle un enfant clandestinement apporté. La supercherie découverte par son beau-frère, le principal intéressé à l'absence d'héritiers, l'enfant fut déclaré inapte à succéder. A la suite de ces événements, une haine formidable contre Ferdinand s'étant amassée dans l'âme de Bianca, elle résolut de se défaire de lui à l'aide du poison. L'automne suivant, le cardinal fut invité par François à venir chasser avec lui à Poggio a Cajano, une des réserves les plus giboyeuses du grand-duc. Le jour même de son arrivée, Bianca, dit-on, lui prépara de ses mains une espèce de tourte qu'elle savait particulièrement aimée de lui et y mélangea un de ces subtils poisons dont les Borgia avaient laissé le secret; mais comme une telle gracieuseté de sa part ne laissait pas que d'inquiéter le cardinal, il refusa d'y goûter. Le grand-duc, piqué de l'affront infligé à sa femme par son frère, voulut à son défaut faire honneur à cette pâtisserie et Bianca, qui devait ou avouer son crime, ou laisser son mari mourir empoisonné, se décida rapidement à partager avec lui ce funèbre régal. Le lendemain Francesco et Bianca étaient morts, et Ferdinand qui succédait lançait sa barrette aux orties.

Ces événements jetèrent naturellement une certaine défaveur sur la villa de Laurent; lorsque après un demi-siècle elle devint un lieu d'exil pour l'espèce de folle que fut Marguerite d'Orléans, fille de Monsieur, qu'avait épousée, pour son malheur, le grand-duc Cosme III et dont les extravagances furent telles que l'on consentit à la laisser retourner en France, trop heureux de s'en débarrasser.

Le fils de Cosme III, Ferdinand, habita presque exclusivement Poggio pour vivre séparé de sa femme Violante de Bavière, dont il n'avait pu avoir d'héritiers, et Poggio redevint alors ce qu'il avait été sous Laurent, un lieu de plaisir et de fêtes continuelles. Après cette dernière splendeur, l'histoire politique et scandaleuse de la villa fut terminée; elle resta, toutefois, bien de la couronne et elle appartient encore, aujourd'hui, à la maison royale d'Italie.

La villa Poggio a Cajano est restée telle qu'elle était au temps des Médicis, un édifice carré sans grand caractère, dont le rez-de-chaussée est orné d'un portique et dont la façade présente une colonnade en style classique. D'admirables jardins l'entourent, ceux où Laurent se livrait à son goût pour l'agriculture et la zoologie.

A l'intérieur, la pièce où est morte Bianca Capello est située au rez-de-chaussée; l'ornementation fort curieuse en est due à un escalier à balustres et à une belle cheminée. Le milieu de ce demi-étage est occupé par une petite salle de spectacle aménagée par Léon X.

Au premier, de nombreuses pièces, décorées au commencement de ce siècle, ont la banalité de toutes les résidences royales; elles possèdent de nombreux portraits en pied, fort médiocres, des princes de la maison des Médicis; ils garnissent un splendide salon où se retrouve intacte la magnificence de la Renaissance parvenue à son apogée. Cette salle, décorée par les soins de Léon X, est de la plus grande richesse; le plafond fort élevé, voûté en berceau, porte peintes en relief et dans des dimensions colossales les armes de Léon X surmontées de la tiare pontificale.

Les armoiries et les devises des Médicis, sur un fond d'or, forment en se répétant toute la décoration. Les murs sont entièrement recouverts de fresques; les quatre principales occupent les deux grands panneaux de la pièce, de chaque côté des portes. La plus belle, par le charme de son coloris et de sa composition, représente *César recevant en Égypte les tributs des nations vaincues*, allusion aux présents faits à Laurent par un Égyptien. Les enfants placés au premier plan qui tiennent des animaux rares, sont une autre allusion relative au goût de Laurent pour la zoologie.

Une inscription indique que cette fresque, commencée en 1521 par ANDREA DEL SARTO, fut achevée par ALESSANDRO ALLORI en 1580.

De l'autre côté de la porte, une fresque d'ALLORI montre le *Consul Flaminius détachant les Achéens de leur ligue avec Antiochus*, allusion à la diète de Crémone où Laurent mit à néant les desseins des Vénitiens.

En face, FRANCIABIGIO a peint le *Triomphe de Cicéron au Capitole*. Tableau médiocre, allusion au retour de Cosme l'Ancien à Florence en 1434, après son année d'exil à Padoue. Enfin, en dernier lieu, vient la superbe fresque d'ANDREA DEL SARTO représentant un festin auquel prennent part Scipion et Syphax, allusion au glorieux voyage de Laurent le Magnifique à Naples et à la réception qui lui fut faite.

La scène a lieu sous un portique au travers duquel on aperçoit la mer et une ville échelonnée sur une montagne. Parmi les esclaves, celui de gauche, le torse nu et portant deux plats, est tout à fait remarquable de mouvement et de beauté plastique.

D'autres fresques moins importantes décorent les extrémités de la salle et les lunettes. D'admirables coffres de mariage du XVIe siècle, dits Cassones, contribuent à l'ameublement de cette splendide salle.

On rentre à Florence par la même route qui bifurque à peu de distance de la ville sur les CASCINES, promenade à l'ouest, entre l'Arno et la Mugnone, sur une longueur de quatre kilomètres. Le nom de cette promenade favorite des Florentins est venu de la métairie Cascina dont elle dépendait autrefois.

SUD ET SUD-EST

PORTA ROMANA

I. CHARTREUSE D'EMA. GALUZZO, POGGIO IMPERIALE.
II. SAN GIOVANNI DELLA CALZA, VIA LE DEI COLLI, SAN SALVATORE AL
MONTE, SAN MINIATO, PLACE MICHEL-ANGE.
III. SAN FRANCESCO DI PAOLA, BELLO SGUARDO.

I

CHARTREUSE D'EMA, GALUZZO, POGGIO IMPERIALE.

(Environ trois heures de voiture.)

On sort de Florence par la vieille Porte Romaine construite par Orcagna en 1328, et encore encadrée de murs crénelés. La route traverse des collines et des mamelons plantés de vignes jusqu'à Galuzzo où elle passe le torrent d'Ema pour atteindre bientôt la porte d'enceinte de **LA CHARTREUSE D'EMA** que l'on aperçoit couronnant une colline dont les flancs sont plantés de cyprès. La Chartreuse fut fondée en 1341 par le Florentin Acciajuoli, fixé à Naples où il avait fait une rapide fortune, et où il était devenu grand sénéchal, sans pour cela oublier sa patrie. Les plans furent, dit-on, dressés par ANDREA ORCAGNA, mais la Chartreuse ne fut toutefois achevée qu'au XIVe siècle.

Après avoir longé un bâtiment du XIVe siècle à fenêtres cintrées, on pénètre dans une petite cour où, par un double escalier intérieur et extérieur, on monte au cloître entouré de portiques du XVIe siècle ou se trouve la façade de **l'Église** dédiée à saint Laurent.

D'après la règle des Chartreux auxquels fut donné le monastère, lors de sa fondation, l'église est divisée en deux par une grille isolant les religieux des fidèles. Le style pur de l'église a été défiguré par les terribles ornementations du XVIème et du XVIIe siècles.

Sur le bas-côté de droite on descend de la **chapelle Sainte-Marie**, construite par ORCAGNA et ornée d'un beau vitrail du XIVe siècle, dans la **chapelle sépulcrale** des Acciajuoli, sorte de crypte formée d'un double bras contenant les tombes. En entrant à droite, *pierre tombale de Nicolas Acciajuoli*, cardinal et petit-fils du fondateur, par DONATELLO. Portant la mitre et la chape, il est représenté en bas-relief, la tête appuyée sur un coussin, les mains croisées sur le bas du corps. De chaque côté, SANGALLO a sculpté d'admirables guirlandes de fruits au bas desquelles Donatello a placé les figures de la Foi et de la Justice, tandis qu'au-dessus du défunt il sculptait les armoiries du cardinal. Le bras de la chapelle, en face de l'entrée, possède de superbes tombeaux placés devant l'autel.

1° Appuyée au mur de gauche et placée sur quatre consoles réunies par des arcs trilobés est la table de marbre, sur laquelle repose la belle figure du *grand Sénéchal Acciajuoli* revêtu de son armure. ORCAGNA, auquel on attribue cette œuvre magnifique, y a représenté en traits admirables toute la poésie de la mort, tant il a su rendre la sérénité profonde, la calme gravité et la paix éternelle du sépulcre. Il a abrité l'effigie sous un baldaquin en forme de châsse, supporté par cinq colonnes torses enluminées de rouge et de vert.

2° Devant l'autel sont réunies, sous une même architecture, les *pierres tombales* du père ainsi que du fils et de la fille d'Acciajuoli. De ces trois superbes sculptures, celle de droite est la plus remarquable: elle représente un jeune homme en riche armure du XIVe siècle, couvert de son manteau. Ces dalles d'un haut intérêt, attribuées à DONATELLO, paraissent plutôt dues à l'école d'Orcagna.

Sur la gauche de l'église, s'ouvre le **Chiostrino**, petit cloître carré dont le retour contre l'église est occupé par le **Colloquio**, galerie destinée aux entretiens des frères. A peine longue de quelques mètres, son principal ornement consiste en huit fenêtres garnies de verrières couvertes de belles arabesques, qui se développent autour d'un médaillon central consacré à un sujet de l'Histoire sainte; ce délicat travail de JEAN D'UDINE, exécuté en 1360 dans le style raphaélesque, est un des derniers ouvrages de l'art du verrier en Italie. Faites à l'instar de la décoration des loges du Vatican, elles sont d'une élégante composition, mais elles semblent plutôt des peintures sur verre que des vitraux, car, dès la Renaissance, cet art est en pleine décadence et finit par tomber en l'oubli. Les artistes négligent ou ignorent ces précieux enchâssements de couleurs qui font du vitrail au moyen âge un assemblage immense de gemmes; ils ne cherchent plus qu'à produire l'illusion de la peinture, à l'aide d'une matière impropre à ce résultat et où l'effet obtenu ainsi est le plus souvent malheureux.

Sur le Chiostrino ouvre le **réfectoire**. Le tympan de sa porte est orné d'un bas-relief de LUCA DELLA ROBBIA, *Saint Laurent entre deux Anges*; à côté le lavabo en pierre grise (restauré) est de BRUNELLESCHI. A gauche du Chiostrino se trouve le **Petit Cloître** oblong, à deux portiques superposés, d'où un passage conduit au grand cloître. A gauche, dans ce passage, une belle porte du XVIe siècle en marqueterie donne accès à la **chapelle du Chapitre** où sont deux importantes œuvres d'art.

1° Effigie en marbre blanc de *Leonardo Buonafede* exécutée en 1550 par FRANCESCO DA SANGALLO. L'évêque de Cortone, en soutane, en camail et en mitre, est d'un naturalisme saisissant. Vivant d'énergie, son visage ridé, un peu gras, est plein de bonhomie.

2° Au-dessus de l'autel, l'ami et le compagnon de Fra Bartolommeo, MARIOTTO ALBERTINELLI, a peint en 1505 une très belle fresque consacrée au *Christ*, dont deux anges recueillent le sang dans des calices. Ce bel ouvrage est placé dans un admirable cadre en pierre, de MINO DA FIESOLE.

Le Grand Cloître, dont les plans furent, dit-on, donnés par Orcagna, est supporté par des colonnes monolithes d'une grande beauté. Toutes les cellules des chartreux y donnent, et sont uniformément composées de deux pièces superposées, communiquant par un petit escalier et ouvertes sur un jardinet d'égale largeur d'où la vue sur Florence, Fiesole, la campagne et les Apennins est admirable. Enfin le dessin du grand puits central du Cloître est attribué à MICHEL-ANGE.

Après avoir quitté la Chartreuse d'Ema, on retourne à la grande place de **GALUZZO**, l'une des principales communes des environs de Florence, gouvernée par des podestats. Le MUNICIPIO, ancien palais Pretorio, a sa façade chargée des innombrables écussons en pierre, en marbre, en bois ou même en terre vernisée par les Della Robbia.

Au milieu de villas entourées de vignes, on gagne bientôt **POGGIO IMPERIALE**. La villa de Poggio Imperiale était un couvent que la femme du grand-duc Cosme II, Madeleine d'Autriche, appropria en 1622 à son usage.

Une magnifique allée, composée de hauts cyprès, de chênes d'Italie et de mélèzes, descend de la villa à la Porte Romaine et ramène rapidement à Florence.

II

SAN GIOVANNI DELLA CALZA, VIALE DEI COLLI, SAN SALVATORE AL MONTE, SAN MINIATO, PLACE MICHEL-ANGE.

ÉGLISE SAN GIOVANNI DELLA CALZA. Derrière l'autel est un beau tableau du PÉRUGIN, œuvre de jeunesse exécutée vers 1492, alors qu'il était profondément influencé par le génie de Signorelli. Aussi cette peinture est-elle remarquable par son naturalisme et sa sobriété sans aucune trace de l'afféterie habituelle au Pérugin. Le sujet en est l'*Apparition à saint Jérôme de Jésus sur la croix* dont la Madeleine étreint les pieds avec amour, pendant qu'il la contemple avec reconnaissance. De l'autre côté de la composition, une belle figure de saint Jean montre avec compassion le Christ à deux religieuses agenouillées.

Par la **Porta Romana** on atteint bientôt le **Viale dei Colli**, une des plus belles promenades de l'Italie, route établie sur les collines sud de Florence et qui, par de multiples lacets, mène à la place Michel-Ange et à la basilique de San Miniato al Monte. Avant d'atteindre la place, on rencontre un chemin détaché sur la droite qui conduit à la **Torre del Gallo**, dont le nom est dû à ses anciens possesseurs, la famille des Galli. La légende affirme que c'est dans cette tour que Galilée fit ses découvertes astronomiques.

De la **place Michel-Ange**, l'œil embrasse un immense et admirable panorama. La place s'étend en terrasse au-dessus de la porte Saint-Niccolò, où l'on peut descendre directement; au milieu s'élève le monument consacré à Michel-Ange sur lequel sont reproduits son David et les allégories des tombeaux des Médicis.

De la place on monte à San Miniato; à mi-chemin on rencontre au milieu de cyprès l'**ÉGLISE SAN SALVATORE AL MONTE** construite par le CRONACA en 1504 et que ses nobles proportions firent surnommer «la belle Villanella», la belle villageoise. A droite, à l'**intérieur**, monument funéraire en marbre blanc du XVe siècle, buste d'homme paraissant à une fenêtre cintrée pratiquée dans le mur.

A gauche de l'autel, beau groupe polychrome de JEAN DELLA ROBBIA. De l'église San Salvatore on monte par un jardin à la porte des **Fortifications de San Miniato construites**, en 1539, par MICHEL-ANGE, sur la hauteur d'où il dirigea lui-même pendant onze mois la défense de la ville contre le pape Clément VII et les Impériaux. On pénètre par cette porte sur une esplanade où donnent l'église et le cimetière qui occupe derrière elle tout le plateau de la colline.

A droite de l'église s'élève une construction crénelée du XIVe siècle ayant fait partie d'un système de défense plus ancien.

LA BASILIQUE SAN MINIATO AL MONTE, construite en 1154, remonte intégralement à cette date.

Quand le style de Nicolas Pisano fut importé à Florence, entre les mains des Florentins la nouvelle architecture prit un splendide essor dont l'apogée fut atteint par l'église San Miniato. Ils embellirent ce retour au classicisme de l'antiquité par l'improvisation charmante des marbres de diverses couleurs, par un goût plus fin, par des détails plastiques plus cherchés, enfin par un soin délicat qui, deux siècles à l'avance, donne déjà le pressentiment de la Renaissance.

L'adorable **façade de San Miniato**, plaquée de marbres blanc et vert, est une réminiscence antique d'une pureté absolue; la proportion entre les étages est peut-être traitée pour la première fois avec une harmonie complète de lignes, motivée par un sentiment de pur esthétisme.

Le rez-de-chaussée, précédé de quelques marches, est formé de cinq hautes arcatures séparées par des colonnes de marbre cipolin. Les portes prennent trois de ces arcatures; des dispositions de marbre cipolin remplissent les deux autres. Le premier ordre est séparé du deuxième par un entablement délicatement sculpté. Il est plus étroit et repose de chaque côté sur des contreforts à quadrillages de cipolin, une fenêtre d'ordre antique en occupe la partie centrale.

Enfin le troisième ordre, purement antique, est composé d'un fronton angulaire surmonté d'une corniche à modillons délicats que domine l'aigle guelfe en bronze.

Le Campanile élevé en arrière à gauche a été reconstruit en 1519 par BACCIO D'AGNOLO.

L'intérieur, où domine également la marqueterie de marbre blanc et vert, est à trois nefs et présente le type le plus parfait des basiliques dont les travées sont coupées par des travées transversales. Les colonnes en marbre blanc portent ou des chapiteaux très simples de l'époque, ou des chapiteaux antiques. Le toit est en charpente apparente; le pavé de 1207 consiste en nielles de marbre de différents dessins qui forment, dans leur merveilleux état de conservation, le plus beau tapis d'Orient qu'il soit possible de rencontrer.

A la hauteur de la cinquième travée se dresse le mur réglementaire de l'architecture des basiliques, où accèdent quatre escaliers, ceux du milieu descendant à la crypte et ceux des côtés montant au chœur ou à son parvis dont l'accès était interdit aux fidèles.

En avant de la crypte s'élève l'**autel** réservé au peuple; il fut reconstruit au XVe siècle par MICHELOZZO sur l'ordre de Pierre de Médicis. Inspiré par le caractère antique du monument, Michelozzo éleva un autel très simple, abrité par un sacellum que LUCA DELLA ROBBIA décora intérieurement de compartiments à rosaces blanches en relief, sur fond bleu.

La crypte s'ouvre sur l'église par cinq baies; elle est soutenue par quatre grosses colonnes qui, la traversant, sont également les colonnes du chœur, et par de nombreuses colonnettes sur lesquelles retombent les voussures, et se termine par une absidiole fermée d'une grille.

On accède **au chœur** surélevé par deux escaliers placés de chaque côté. Le mur qui le sépare de la nef est richement décoré par des sculptures en marbre d'un puissant relief, et surmonté d'un délicat entablement inspiré de l'antique.

Une seconde clôture peu élevée forme encore en avant du chœur une sorte de couloir étroit sur lequel porte l'ambon carré dont l'avancée sur le mur de séparation a pour supports deux courtes colonnes de marbre. Le pupitre de l'ambon est soutenu par les symboles des Évangélistes curieusement superposés l'un sur l'autre. Ce monument admirablement conservé est un des seuls et précieux spécimens de ce genre de construction.

De la tribune on pénètre dans le chœur terminé en abside; une colossale *mosaïque*, restaurée en 1297, occupe le tympan. Au-dessus de l'autel un beau *Christ* vernissé est un ouvrage tardif de LUCA DELLA ROBBIA. Enfin les stalles du chœur ont été exécutées en 1466 par DOMINICO GAJUOLE et FRANCESCO MANCIATTO; elles sont très simples, dans un sentiment franchement gothique.

Sur le bas-côté gauche de la nef la **Chapelle San Giacomo** fut construite en 1459 par ROSSELLINO et décorée par ANTONIO POLLAJUOLO et les DELLA ROBBIA.

La voûte est formée par cinq médaillons de LUCA DELLA ROBBIA, les quatre vertus cardinales à mi-corps entourent le médaillon central du Saint-Esprit; toutes ces figures sont en émail blanc sur fond bleu.

Sur le mur de droite est le tombeau du cardinal Jacques de Portugal, 1459.

En face, fresque de BALDOVINETTI, *l'Annonciation*.

A droite, en entrant dans l'église, on rencontre une *Vierge* entourée de saints, ouvrage unique du peintre PAOLO DI STEFANO, exécuté en 1426 sous la double influence de Masaccio et de Donatello.

La Sacristie, dont l'entrée est à droite du chœur, est une belle salle carrée surmontée d'un dôme. Elle a conservé intégralement sa décoration de fresques exécutées en 1385 par SPINELLO ARETINO et consacrées à l'*histoire de saint Benoît*.

Spinello est principalement un peintre militaire et nul n'égale sa fougue et son emportement quand il s'agit de rendre les campagnes de Frédéric Barberousse ou quelque autre sujet du même genre. Aussi, quand il doit, comme à la sacristie de San Miniato, développer de longs épisodes religieux, son style se prête moins à ce travail et tourne souvent à l'inégal et au heurté. Néanmoins, ces fresques peuvent compter parmi les plus intéressantes que nous ait laissées le XIVe siècle, tant par la puissance et l'autorité avec lesquelles elles s'imposent que par la composition étonnante pour l'époque.

Mur du Sud.—Saint Benoît quitte la maison paternelle.

Saint Benoît répare à l'aide de sa bénédiction un verre brisé par sa nourrice.

Entretien de saint Benoît et de Totila, sa mort et la vision de saint Maur.

Mur de l'Ouest.—Saint Benoît prend l'habit.

Saint Benoît résiste à Satan dans une caverne. Il ressuscite un moine enseveli sous une tour. Il est tenté par le démon sous la forme d'une chauve-souris.

Mur du Nord.—Saint Benoît résiste à Satan en se roulant sur des épines.

Il est proclamé supérieur du couvent du mont Cassin.

Il sauve Placidius qui se noie.

Mur de l'Est.—Saint Benoît quitte son couvent.

Il reçoit dans l'ordre Maure et Placide.

Il bénit une pierre sur laquelle était assis Satan et qu'on ne pouvait soulever.

Il découvre l'empoisonnement préparé contre lui à cause de l'austérité de sa règle.

Sur deux côtés de la sacristie règne un *buffet gothique* surmonté d'une *boiserie*, ouvrages de FRANCESCO NONCIATO.

III

ÉGLISE SAINT-FRANÇOIS DE PAULE ET BELLO SGUARDO.

(Environ deux heures de voiture.)

Après être sorti de Florence par la Porta Romana, on longe une partie des anciens murs pour atteindre l'église San Francesco di Paola située au pied de la colline de Belle Sguardo.

L'ÉGLISE SAN FRANCESCO DI PAOLA possède l'admirable ouvrage de LUCA DELLA ROBBIA, le tombeau de l'évêque de Fiesole, *Benozzo Federighi*, mort en 1450, et qu'il exécuta en 1455. Ce tombeau, adossé au mur, est placé sous une niche carrée; c'est un sarcophage de forme antique, très sobre d'ornementation, sur le devant duquel deux anges en haut relief soutiennent l'inscription commémorative. Sur le sarcophage repose l'évêque en vêtements épiscopaux très simples, le visage émacié, d'une tranquillité imposante. Au-dessus de cette très belle statue, le fond du mur est occupé par trois bas-reliefs: le Christ mort, debout dans son tombeau, entre la Vierge et saint Jean.

L'encadrement du tombeau est formé de plaques de faïence vitrifiée, uniques dans leur genre, dont le dessin consiste en une guirlande de fleurs coupée par des nœuds de ruban.

La route monte rapidement à **Bello Sguardo** d'où la vue sur Florence est magnifique.

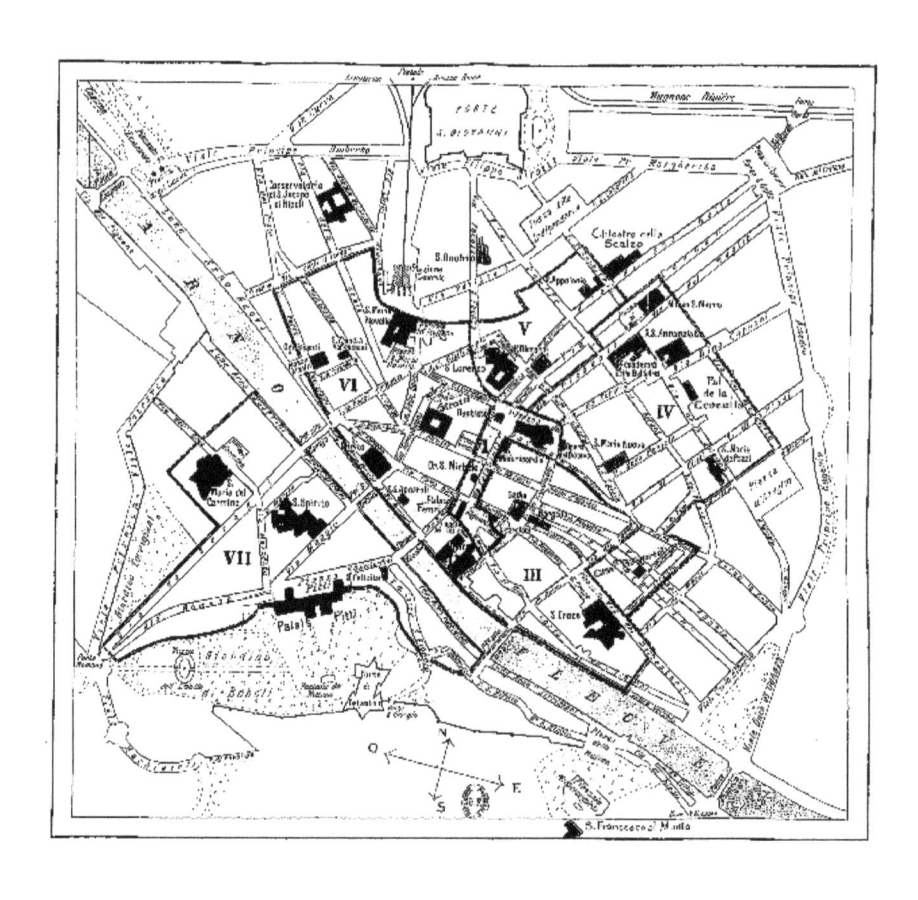

FAMILLES ET PERSONNAGES

FLORENTINS

GRANDES FAMILLES

Acciajuoli (*acciaio* = acier).—Célèbre et riche famille, devenue, dès 1310, puissante par Nicolas Acciajuoli, nommé à Naples grand sénéchal de Jeanne Ière. Son neveu Nicolas Acciajuoli s'empara de la Grèce en 1364 et en fut nommé suzerain par l'impératrice de Constantinople. La principauté des Acciajuoli détruite en 1456 par Mahomet II qui fit tomber la Grèce sous le joug turc, les Acciajuoli rentraient à Florence et prenaient une part active aux affaires publiques; en 1510, Robert Acciajuoli était ambassadeur des Médicis auprès de François Ier.

Florence, tombeaux à la chartreuse d'Ema, nom donné à une rue principale de la ville.

Albizzi.—Noble famille gibeline qui dirigeait le parti aristocratique dans la seconde moitié du XIVe siècle et dans la première du XVème. Privée de toute influence et exilée par la révolution de 1378, elle reprit le pouvoir en 1381 et gouverna avec despotisme et tyrannie, jusqu'au rappel des Médicis (1434), qui l'exila de Florence.

Alberti.—Famille sortie, comme les Médicis, du gros négoce, *arts majeurs*, se mit avec eux à la tête des *arts mineurs, popolo minuto*, contre le parti aristocratique mené par les Albizzi dès le XIVe siècle; les Alberti furent exilés par les Albizzi au pouvoir; mais ils rentrèrent avec les Médicis et restèrent fidèlement leurs alliés (1434).

Aldobrandini.—Noble famille guelfe dont les principaux membres furent: Silvestre Aldobrandini, célèbre jurisconsulte (1449-1558), mort en exil par suite de son opposition aux Médicis. La famille, dès lors exilée de Florence à Rome, donna à l'Église le pape Clément VIII.

Jean Aldobrandini, au XVIIe siècle, fut l'acquéreur de la fameuse fresque dite *Noces Aldobrandines*, actuellement à la bibliothèque du Vatican.

Abati.—Famille gibeline de l'*Arte Calimara* qui, dès 1216, s'éleva aux honneurs.

Neri de Abati, prieur vers 1250, fut d'une telle férocité qu'il mit le feu à une partie de Florence pour satisfaire ses haines. En 1260, Bocca de Abati trahit Florence en faveur de Sienne à la bataille de Montaperto, épisode stigmatisé par le Dante (*Enfer*, XXXII, 77-108).

Bardi.—La banque fut la source de la richesse de cette famille alliée aux Médicis. Cosme l'Ancien avait épousé une Bardi et les Médicis, poussés et soutenus par les Bardi, trouvèrent toujours en eux les plus fidèles et les plus utiles alliés.

Buondelmonti.—Fameuse famille à laquelle est due la première scission de l'aristocratie en Guelfes et Gibelins par suite de l'assassinat, en 1215, de Buondelmonte des Buondelmonti par les Uberti à l'occasion de son refus d'épouser une de leurs parentes à laquelle il était fiancé.

Capponi.—Famille gibeline alliée et inféodée aux Albizzi et qui, dès 1347, partagea avec eux le pouvoir et l'exil.

Cavalcanti.—Très noble et très ancienne famille gibeline ayant toujours pris une part active dans les affaires publiques. Guide Cavalcanti († 1301) fut un poète remarquable. Il épousa la fille de Farinata degli Uberti et fut l'ardent ami du Dante.

Donati.—Une des plus anciennes familles gibelines. En 1300, Corso Donati, chef du parti des Noirs, fut expulsé de Florence. Rentré avec les Gibelins triomphants après Mortaperto, son despotisme devint tel que son parti l'abandonna et qu'il dut prendre la fuite. Condamné par contumace, il se tua au moment où on l'arrêtait (1308).

Pazzi.—Famille de banquiers gibelins, célèbre, dès 1277, par sa haine des Médicis et l'opposition qu'elle leur fit toujours, les considérant comme des parvenus.

En 1478, les Pazzi tramèrent contre Julien et Laurent de Médicis le fameux complot qui garda leur nom et où fut assassiné Julien.

L'histoire de cette conspiration a été écrite par Ange Politien.

La chapelle funèbre des Pazzi dans le cloître de Santa Croce est d'une beauté accomplie. Dante a placé un des Pazzi dans le XXXIIème chant de l'*Enfer*.

Pulci.—Noble famille guelfe dont il est déjà fait mention parmi celles que les Gibelins triomphants expulsèrent en 1248.

Pucci.—Ils faisaient partie des *arts mineurs*, furent anoblis par les Médicis auxquels ils s'étaient inféodés.

Pitti.—La famille des Pitti, après avoir appartenu à la corporation des marchands, devint, dès 1300, célèbre dans la banque. Égaux aux Médicis, les Pitti furent leurs plus zélés partisans. En 1374, Buonaccorso Pitti, en se déclarant pour eux, entraîna une grande partie de la seigneurie en leur faveur. Luca Pitti, fils du précédent, fut célèbre par la construction du fameux palais qui porte son nom.

Portinari.—Ancienne famille marchande anoblie, célèbre par la passion du Dante pour Béatrice Portinari. Folco Portinari, le père de Béatrice, est le fondateur de l'hôpital Santa Maria Nuova. En 1400, François Portinari, agent des Médicis à Bruges, faisait exécuter par Hugo van der Goes le tableau de l'*Adoration* où il est représenté avec sa famille.

Soderini.—Une des plus vieilles et des plus intègres familles guelfes de Florence, s'étant toujours signalée par son opposition aux empiétements des Médicis. Son membre le plus distingué fut Nicolas Soderini, le remarquable et zélé patriote qui, après la mort de Savonarole, fut nommé gonfalonier à vie. La réaction médicéenne le força à s'exiler à Venise où il fut assassiné par ordre de Cosme Ier.

Strozzi.—Une des plus anciennes familles et un des plus glorieux noms des annales florentines. Souvent à la tête des affaires publiques, les Strozzi furent aussi distingués dans la politique que dans la science et dans les armes.

Pallas Strozzi, né en 1372, possesseur d'une immense fortune, la consacra à la formation de la bibliothèque célèbre sous son nom. Hostile aux Médicis, il mourut à Padoue où Cosme l'avait exilé. Philippe Strozzi, petit-fils du précédent (1488-1538), dédaigneux des traditions de sa race, épousa une Médicis; mais, après avoir aidé puissamment à leur restauration, révolté de leurs excès, il conspira contre eux. Mis à la torture, ne voulant pas subir une seconde fois ce supplice, il se suicida dans la citadelle de Pistoie où il était détenu. Pierre Strozzi, fils du précédent, brûlant de venger son père, entra au service de la France où il fut nommé maréchal. Il conduisit glorieusement une campagne pour délivrer Sienne du joug de Cosme Ier.

Le palais Strozzi, via Tornabuoni, est le plus beau des palais florentins. A l'église Sainte-Marie Nouvelle la chapelle Strozzi, fondée par la famille, fut décorée en 1350 par les Orcagna. A droite du chœur, la chapelle Philippe Strozzi, décorée des fresques de Filippino Lippi (1486), contient son tombeau.

Valori.—Très ancienne famille guelfe ayant, dès 1277, joué un rôle actif dans la direction des affaires de la République: enrichis par la banque, ils furent d'ardents ennemis des Médicis.

François Valori fut un des plus zélés partisans de Savonarole auquel il apporta l'appui de son autorité et de l'estime universelle dont il jouissait.

Tornabuoni.—Famille guelfe déjà célèbre dès 1200, fit partie, en 1283, des familles exilées par les Gibelins triomphants rentrés après la défaite de Montaperto. Jean Tornabuoni fit à l'église Sainte-Marie Nouvelle le don des fameuses fresques de Ghirlandajo (1490). Le palais Tornabuoni (n° 20, via Tornabuoni) est actuellement le palais Corsini.

Uberti.—Noble et ancienne famille gibeline. Proscrite par les Guelfes, elle doit sa célébrité à Farinata des Uberti qui, réfugié à Sienne, combattit les Florentins dans les rangs siennois. Rentré à Florence avec les Gibelins triomphants, ce fut grâce à son intervention que la ville échappa à la destruction totale. Dante a placé cet épisode au chant X de son *Enfer*.

HISTORIENS, POÈTES, LITTÉRATEURS

Dante Alighieri (1265-1321).—Célèbre poète italien de la noble famille des Alighieri jetée dans l'exil par le triomphe des Gibelins après Montaperto. Né en 1265, il cultiva toutes les sciences connues de son temps. Il prit une part active aux affaires publiques, mais le triomphe des Noirs l'exila définitivement de Florence en 1302. Et, après avoir erré dix-neuf ans loin de sa patrie, il mourut à Ravenne en 1321.

Sa vie a été écrite par Philippe Villani, Boccace et l'Arétin. Il composa à vingt-six ans son premier ouvrage, *la Vita Nuova*, suivi de près par *le Banquet*, œuvre écrite pour préconiser l'emploi de la langue vulgaire par les prosateurs et les poètes. Le chef-d'œuvre du Dante et de la langue italienne est la *Divine Comédie*, divisée en trois parties: l'Enfer, le Purgatoire, le Paradis. Il mit vingt-huit ans à écrire son poème, commencé en 1292, pendant lesquels il publia deux ouvrages en langue latine appelés: 1° *De vulgari eloquio* où il traite encore de l'emploi et du génie de la langue italienne; 2° *De Monarchia*, traité de politique en trois livres qui, sous une forme scolastique, renferme les théories les plus hardies.

François Guicciardini (1482-1540).—Historien célèbre né à Florence en 1482, mort en 1540, sortait d'une famille qui avait occupé les plus grandes charges de la République florentine. Né à une époque où le gouvernement des Médicis était établi, il leur consacra ses services et son talent et les représenta souvent avec éclat comme ambassadeur. Après l'assassinat du grand-duc Alexandre, en 1537, ce fut grâce à son influence et à son éloquence que ne fut pas proclamée la République et que Cosme Ier fut élu grand-duc. Il entreprit alors l'*Histoire de l'Italie* à laquelle il travailla vingt-sept ans et qui est son principal titre de gloire. Elle forme vingt livres embrassant de 1494 à 1532; c'est l'histoire des guerres d'Italie pendant cette période, qu'il a traitée en penseur et en écrivain supérieur.

Guicciardini écrivit encore *Avis et Conseils en matière d'État*, *Maximes* et *Discours politiques* et enfin un *Dialogue sur le gouvernement de Florence*.

Louis Guicciardini (1523-1589).—Neveu de François, né en 1523, mort on 1589, remplit diverses fonctions administratives sous Alexandre et Cosme Ier. Il a laissé des *Mémoires sur la Savoie* et une *Description des Pays-Bas* faite en 1567.

Nicolas Machiavel (1469-1530).—Né en 1469, mort en 1530, est une des plus célèbres figures de son temps.—Secrétaire de la *République Florentine* de 1497 à 1512, il fut chargé de vingt-cinq ambassades et de plusieurs missions intérieures. Au retour des Médicis, en 1512, il fut emprisonné et torturé par suite d'une accusation de complot. Sorti de prison, il vécut dans l'indigence et la retraite et consacra ses loisirs forcés à la composition de son fameux traité qu'il intitula *le Prince*; on regarde ce livre de peu d'étendue comme le code de la tyrannie. Deux ans après, en 1516, Machiavel écrivit des *Discours sur la première décade Tite-Live*, étude d'histoire romaine pleine de sagacité et de profondeur; mais où sont reproduites les mêmes théories que dans le traité du *Prince*, c'est-à-dire cette immoralité vraie ou feinte appliquée à la science politique qui a conservé l'appellation de Machiavélisme. Lorsque Machiavel eut écrit *le Prince*, Laurent le Magnifique le rappela auprès de lui et le nomma historiographe de Florence. Cette place fut pour lui l'occasion de produire son chef-d'œuvre, l'*Histoire de Florence*, écrite de 1205 à 1424, ouvrage imposant, clair, élégant, plein de profondeur et de couleur locale, monument de la langue italienne. Les autres œuvres de Machiavel sont: une comédie fort licencieuse, *la Mandragore*, et une nouvelle appelée *Belphégor*.

Saint Philippe Neri (1515-1595).—Fondateur de la Congrégation de l'Oratoire, des Trinitaires et des Maisons hospitalières pour recevoir les pèlerins.

Antoine Neri (1520-1600).—Prêtre florentin du XVIe siècle, se livra aux sciences et plus particulièrement à la chimie où il fit des découvertes considérables. Ses recherches l'amenèrent à s'occuper plus particulièrement de la vitrification sur laquelle il publia un volume appelé *Arte Vetraria* (l'Art du Verrier).

Philippe des Nerli.—De la fameuse famille des Nerli. Inféodé aux Médicis, il écrivit ses *Commentaires* en 1550. Ils vont de 1215 à 1257 et sont de précieux documents jusqu'à ce que l'avènement des Médicis les fassent tourner à une ridicule apothéose des maîtres qu'il sert.

Jacopo Nardi (1496-1556).—Fameux historien, né en 1496, contemporain des précédents, il semble d'une génération antérieure par son républicanisme enthousiaste, son austérité chagrine et sa roideur d'esprit. Dans l'exil auquel il se condamna à la suite de l'avènement de Cosme Ier, il écrivit son *Histoire de la Ville de Florence*. Cette œuvre de son extrême vieillesse (1550) n'est pas suffisamment originale, puisqu'elle reproduit en partie le *Diario* de Buonaccorsi.

Bernard Segni (1499-1559).—Quoique Segni ait été client des Médicis et employé à diverses missions par Cosme, il y a un effort réel vers l'impartialité dans les deux volumes de son *Histoire florentine des années 1527 à 1555*. Outre des traductions de plusieurs ouvrages d'Aristote, il a laissé un *Traité pour gouverner*, écrit en 1549.

Jacopo Pitti (1519-1589).—Ce patricien, descendant de l'illustre famille des Pitti, aime le peuple et s'indigne jusqu'à l'exagération de l'abus des privilèges. Sa franchise et son indépendance paraissent vraiment admirables, quand on pense qu'il écrivait sous les ducs Cosme et François. On lui doit l'*Archivo Storico italiano*, précieux récit de la période si agitée qui s'écoule entre les années 1494 et 1529; mais l'œuvre qui fait le plus honneur à son talent, c'est son *Apologie de Cappucini*, c'est-à-dire apologie des vieilles modes et du vieux temps.

Marsile Ficin (1433-1499).—Ce célèbre platonicien était chanoine de la cathédrale de Florence. Dès l'âge de vingt-trois ans, il commença à écrire sur la philosophie platonicienne. On lui doit une traduction de Platon à la fois littéraire, claire et en bon latin, ainsi que des traductions de Plotin, de Denys l'Aréopagite et des traités de Jamblique et de Porphyre.

Brunetto Latini (1220-1294).—Écrivain célèbre appartenant à une noble famille guelfe. Chassé par les Gibelins après la défaite des Guelfes à Montaperto, il se réfugia à Paris où il passa vingt-quatre ans. Il y composa en français son *Trésor de toutes choses*, encyclopédie qui embrasse tout le cycle des connaissances du XIIIe siècle. De retour à Florence en 1284, il publia en italien son *Tesoretto*, recueil en vers de préceptes moraux, et le *Pataffio*, collection de proverbes et de jeux de mots florentins. Brunetto fut le maître de Dante qui l'a placé dans le quinzième chant de l'Enfer.

Benoît Varchi (1502-1565).—Célèbre historien qui prit en 1527 une part active à l'expulsion des Médicis et dut s'expatrier quand ils revinrent. Cosme Ier le rappela à la suite de l'admiration suscitée par son *Histoire de Florence* en quinze volumes écrite de 1527 à 1538. On a de Varchi, en outre, des traductions italiennes *De la Consolation* de Boëce, et du *Traité des Bienfaits*, de Sénèque.

Jean Villani (1275-1348).—Célèbre historien mort de la peste en 1348, fit partie des prieurs de 1316 à 1321 et fut ensuite nommé directeur des monnaies et surveillant général des fortifications. On a de lui l'*Histoire florentine*, première partie d'une histoire universelle allant jusqu'en 1338 où il rapporte tous les événements et toutes les annales du monde à Florence, sa patrie.

Mathieu Villani.—Frère de Jean et continuateur de son *Histoire de Florence jusqu'à l'année 1363*.

Philippe Villani.—A ajouté les événements de 1363 et de 1364. En outre, il composa des *Vies des Hommes illustres de Florence*, ouvrage anecdotique fait à l'instar de Plutarque.

Antoine de Ser Niccolò Pierozzi (saint Antonin).—Archevêque de Florence dès 1446, homme de grande renommée, le pape Pie II avait dû lui faire violence pour le tirer de son couvent de Fiesole et de la plus stricte observance dominicaine. Il eut la rare chance d'être prophète en son pays et sa mort fut une apothéose, si bien que sa canonisation la suivit presque aussitôt.

ARCHITECTES, SCULPTEURS, PEINTRES

Alberti (Leone-Battista) (1405-1472).—Théologien, littérateur, architecte, sculpteur et mathématicien, fut surnommé le Vitruve moderne. Sa passion pour les arts lui fit négliger ses fonctions sacerdotales. Il réforma toute l'architecture autant par les édifices qu'il construisit que par ses écrits qui firent loi en architecture, en sculpture et peinture. Ses principaux ouvrages sont *De Re ædificatoria*, *Momus* ou *De Principe*, enfin *Opera ethica*. Sa vie a été écrite par Pozzelli en 1739.

Albertinelli (Mariotto) (1474-1515).—Peintre et condisciple de Fra Bartolommeo chez Cosimo Rosselli. Florence possède peu d'œuvres de ce maître, une *Visitation* au Musée des Offices et une *Vierge adorant l'Enfant* au Musée Pitti.

Allori, dit *le Bronzino* (1502-1572).—Peintre de portraits surtout.

Allori (Alexandre) (1535-1607).—Reçut les premières leçons de son oncle le Bronzino. Il fournit les cartons des tapisseries exécutées sous le grand-duc François. Ses chefs-d'œuvre sont *le Sacrifice d'Abraham* aux Offices, et *la Femme adultère*, dans l'église San Spirito.

Allori (Christophe) (1577-1619).—Élève de Cigoli et l'un des meilleurs coloristes de l'école de la décadence, sa *Judith* des Offices passe pour sa meilleure œuvre.

Ammanati (Bart) (1511-1592).—Architecte, élève de Sansovino. Son talent, exagération de celui de Michel-Ange, le porte à une débauche de sculpture. On lui doit la *Fontaine* de la place du Grand-Duc.

Angelico (Fra Giovanni da Fiesole) (1387-1455).—Jeune, riche, doué de talents extraordinaires, il aurait pu mener dans le monde une brillante existence: il aima mieux chercher le recueillement et le silence parmi les moines dominicains. Ses ouvrages sont pleins d'un charme inexprimable et un artiste ne rendit jamais par la peinture d'aussi profondes émotions. Il ne peignait et ne consentait à peindre que des sujets religieux et il refusa toujours les honneurs sacerdotaux et l'archevêché de Florence qu'on voulait lui imposer.

Le Musée des Offices, l'Académie et surtout le Couvent de Saint-Marc qu'il décora entièrement, possèdent des œuvres de premier ordre dues à ce peintre exquis par excellence.

Aretino (Spinello) (1318-1410).—Élève de Giotto, et principalement peintre militaire; il montre la fougue la plus impétueuse dans ses interprétations religieuses elles-mêmes. Ses tableaux du Musée des Offices et les fresques de l'*Église San Miniato* donnent un des meilleurs exemples du talent de Spinello.

Banco (Nanni di) (1400-1421), qu'on présume élève de Donatello, mais qui semble bien plutôt lui avoir servi de maître. Ses statues d'Or San Michele, celle de *Saint Luc* au Dôme sont d'excellents ouvrages, autant comme composition que comme exécution.

Baldovinetti (Alesso) (1427-1499).—Élève d'Uccello et de Castagno, fut chargé d'une des fresques de la cour de l'église Santa Annunziata et d'une partie de la décoration de la chapelle du cardinal de Portugal à San Miniato. L'Académie contient en outre plusieurs œuvres de Baldovinetti.

Bandinelli (Bartolommeo) (1487-1559).—Sculpteur, fut placé dans l'école de Rustici où il connut Léonard de Vinci. Ayant échoué dans la peinture, il étudia les ouvrages de Donatello et de Verrocchio. Il se crut l'égal de Michel-Ange et lui voua une haine éternelle, aussi les disciples du maître ont-ils cherché à rabaisser son adversaire, en qui ils ne voient que fausse grandeur, exagération de style, enflure de mauvais goût. On peut juger du bien ou mal fondé de ces critiques dans les diverses œuvres de Bandinelli: le *Saint Pierre* de la cathédrale, l'*Orphée* du palais Pitti et surtout le groupe d'Hercule et Cacus, érigé sur la place du Palais-Vieux.

Botticelli (Sandro) (1446-1510).—Élève de Lippi, d'Andrea Castagno et de Pollajuolo, un des plus grands génies de son temps. Peintre et graveur, ses tableaux, où un caractère passionné se joint à des conceptions fantastiques, ont une profonde originalité; l'un des premiers, il introduisit dans l'art moderne l'allégorie et les mythes antiques. Ses œuvres à Florence sont de premier ordre et multiples, tant aux Offices qu'à l'Académie et à Pitti.

Brunelleschi (1379-1446).—Architecte célèbre. Fils d'un notaire, le goût des lettres et surtout du dessin lui révéla sa vocation. Il se signala comme sculpteur; mais bientôt il se tourna vers la géométrie et devint un des plus grands architectes de son siècle. On lui doit la coupole de Sainte-Marie des Fleurs, tour de force pour cette époque, l'église Saint-Laurent, l'église de San Spirito et encore l'immense palais Pitti.

Buontalenti (Bernardo) (1536-1608).—Peintre, sculpteur et architecte, étudia dans les ateliers de Bronzino et de Vasari. On lui doit la construction d'une partie de la galerie des Offices et le plan des fortifications de Livourne et de Pistoie. Habile à appliquer la mécanique aux arts, il dirigea les représentations théâtrales, introduisit les décors mobiles et les machines pour les changements à vue.

Castagno (Andrea) (1390-1457).—Assassina le Vénitien Dominique pour rester en possession de ses procédés secrets pour la peinture à l'huile. Ses fresques et ses autres tableaux sont à la Cathédrale, à Santa Apollonia, à l'Académie et aux Offices.

Cellini (Benvenuto) (1500-1572).—Sculpteur, graveur, orfèvre, littérateur même, il eut un caractère bizarre, querelleur et fantasque. En 1527, au siège de Rome, il tua, dit-il, le connétable de Bourbon et pointa aussi la pièce qui frappa le prince d'Orange. Jeté en prison à Rome au château Saint-Ange, sur le soupçon d'avoir volé les joyaux de la tiare pontificale, son évasion le rendit peut-être plus célèbre que son talent. Sculpteur assez médiocre, son *Persée*, placé sous la loggia dei Lanzi, peut être considéré comme son chef-d'œuvre. Comme orfèvre, Cellini est incomparable et l'on peut dire qu'il a le génie de cette matière; tant au Musée du Bargello qu'au Musée des Offices se trouvent des merveilles qui lui sont dues.

Cimabue (Jean-Gualtieri) (1240-1311).—D'une noble famille guelfe. Au lieu de suivre la carrière des armes, il s'adonna aux arts avec passion. Il améliora l'ancien style, donna de l'expression aux figures, assouplit les lignes et fondit plus harmonieusement les couleurs. Son chef-d'œuvre, *la Vierge et Jésus* de Sainte-Marie Nouvelle, y fut porté en triomphe et processionnellement, tant les contemporains estimaient l'œuvre et le caractère de l'homme. L'âme de Cimabue était si élevée qu'ayant pressenti le génie de Giotto, il se consacra uniquement à cet élève destiné à le surpasser si rapidement.

Credi (Lorenzo di) (1459-1537).—Il fut d'abord orfèvre, puis étudia la peinture à l'école de Verrocchio où il eut pour condisciple Léonard de Vinci. Il excella à peindre les madones, les vierges, et ses figures d'ange sont délicieuses de charme.

Dolci (Carlo) (1616-1686).—Les sujets de Carlo Dolci sont tirés presque tous de l'Histoire sainte. Il a des qualités de sincérité, de douceur et de coloris très réelles; il ne tombe que trop souvent dans le maniérisme et le faux sentimentalisme; pourtant ses portraits sont souvent de premier ordre.

Donatello (1386-1446).—Peut revendiquer l'honneur d'avoir créé la sculpture moderne. Il eut pour qualités la parfaite ordonnance, la correction de la forme, la justesse de l'attitude et du mouvement, la force et la vérité de l'expression, l'habileté de l'exécution. Sa connaissance des effets des passions sur l'âme et sur le corps le conduisirent au réalisme et au naturalisme et il oublia trop souvent dans la servilité de l'imitation que la beauté est une des conditions vitales de l'art. Ses principaux ouvrages se trouvent à Florence; ce sont: les statues de *Saint Pierre*, *Saint Maur* et *Saint Georges*, à Or San Michele;

celle du *Zuccone* au Campanile et de la *Judith* sous la loggia dei Lanzi. Au Bargello et enfin dans tous les musées et dans toutes les églises de la ville.

Finiguerra (Tomaso) (1452).—Élève de Ghiberti, il travailla avec lui aux portes du Baptistère. Il inventa, vers 1452, l'art d'obtenir des estampes sur papier à l'aide de planches de cuivre gravées en creux. Finiguerra se distingua dans les nielles; les pièces qu'on possède de lui sont de toute beauté et il est considéré comme le maître de ce genre. Celles du Bargello sont des chefs-d'œuvre.

Franciabigio (Marc-Antoine) (1482-1524).—Il fut excellent peintre de fresques et aida Andrea del Sarto pour la décoration du vestibule de Santa Annunziata.

Gaddi (Taddeo) (1300-1352).—Peintre et architecte, fut élève de Giotto. Il sut donner de l'expression à ses figures et il étudia l'effet visible des mouvements de l'âme. Il a achevé le Campanile et donné les dessins du Ponte Vecchio.

Ghiberti (Lorenzo) (1378-1455).—Célèbre sculpteur qui l'emporta sur ses concurrents pour la commande des fameuses portes du Baptistère. Il travailla comme architecte à aider Brunelleschi à sa fameuse coupole. Ses multiples œuvres ornent le Dôme, le Bargello et le Baptistère.

Ghirlandajo (Dominique Corradi, *dit* il) (1451-1495).—Le maître de Michel-Ange. Le père de Ghirlandajo, qui était orfèvre, avait inventé une sorte d'ornement que portaient les jeunes filles et qu'on appelait des guirlandes; de là lui vint son surnom. Dans la boutique où il ciselait des métaux, Ghirlandajo acquit une telle habileté comme dessinateur qu'il lui suffisait de voir une fois passer une personne pour en esquisser un portrait des plus ressemblants. Il fut l'un des premiers peintres florentins à introduire la vie et le costume contemporains dans les sujets sacrés. Une de ses œuvres les plus importantes est l'ensemble des fresques de Sainte-Marie Nouvelle.

Ghirlandajo (Ridolfo) (1483-1561).—Élève de son père et inférieur à lui. Un de ses meilleurs tableaux est *la Vie de saint Zenobius* au Musée des Offices.

Giottino (1307).—Un des principaux élèves de Giotto, qui, comme son maître, se consacra aux interprétations religieuses.

Giotto (1276-1336).—Il fut d'abord simple gardeur de moutons. Cimabue l'ayant aperçu un jour dessinant une brebis sur une pierre plate avec un caillou pointu, l'emmena, lui apprit la peinture et fit du Giotto le rénovateur de l'art et le plus grand génie de la peinture, transformée par son influence. Peintre de fresques, il couvrit les églises de Florence et de l'Italie de toute la symbolique du moyen âge. Peintre de portrait, il nous a laissé les images de

Brunetto Latini et de son élève le Dante, de Corso Donati et de tous les grands personnages de l'époque.

Frappés de son caractère et de ses talents, ses contemporains eurent pour lui une admiration illimitée.

Giotto prit part à la construction de la Cathédrale, édifia le Campanile, et fut aussi l'un des principaux architectes des fortifications de Florence.

Gozzoli (Benozzo) (1420-1497).—Élève de Fra Angelico, il sut réunir l'observation de la nature au sentiment poétique profond. Son dessin est faible; mais pour l'expression, la vie et la fraîcheur, on ne l'a peut-être pas surpassé. Il avait dans l'esprit quelque chose de jeune, de brillant et d'heureux, et ses fresques de la chapelle Médicis au palais Riccardi sont de véritables chefs-d'œuvre.

Lippi (Fra Filippo) (1410-1469).—Était novice au monastère del Carmine pendant que Masaccio le décorait des fresques admirables de la chapelle Brancacci. Sa passion pour la peinture intéressa à un tel point Masaccio que celui-ci lui apprit le dessin. Lippi révéla bientôt l'adresse la plus étonnante et l'imagination la plus vive. Les têtes de ses personnages sont presque toutes des portraits, l'expression et la vérité y dominent. Lippi mena une des existences les plus mouvementées du XVe siècle où l'on en compte tant qui furent invraisemblablement romanesques. Après avoir enlevé d'un couvent une novice dont il avait un fils, il mourut empoisonné par la famille de la jeune personne qu'il refusait obstinément d'épouser.

Lippi (Filippino) (1460-1505).—Élève de Botticelli et de son père, est loin de les égaler comme talent. Il acheva les fresques de la chapelle Brancacci del Carmine interrompues par la mort de Masaccio. Son chef-d'œuvre est l'*Apparition de la Vierge à saint Bernard*, de la Badia.

Majano (Benedetto) (1442-1497).—On doit à ce charmant sculpteur les plus belles chaires de l'Italie. Son chef-d'œuvre est celle de Santa Croce, d'autres œuvres sont au Bargello et sont de premier ordre.

Masaccio (Tommaso Guidi di Sar Giovanni) (1401-1428).—Admirable esprit et âme d'une rare élévation, était un de ces hommes que leur vocation absorbe au point de les rendre insensibles à tout le reste. Gauche, distrait et rêveur, il fut sans cesse préoccupé de son art et réalisa des prodiges. Il eut la splendeur du coloris, la suavité du clair-obscur, enfin tout était rassemblé dans les œuvres de Masaccio pour les rendre inimitables.

Son maître Masolino de Panicale étant mort pendant qu'il exécutait les fresques de la chapelle Brancacci, Masaccio hérita de la commande. La peinture lui permit de déployer tant d'imagination, de sentiment et d'adresse que tous les grands artistes de l'Italie, y compris Michel-Ange et Raphaël, puisèrent chez lui les plus utiles enseignements.

Le pauvre artiste mourut à vingt-six ans, empoisonné, dit-on, par les jaloux; il fut un des plus grands peintres et des plus novateurs de l'art italien.

Masolino (Tommaso di Cristofano Fini) (1383-1440).—Maître et précurseur de Masaccio et auquel ont été quelquefois attribuées à tort des créations de son éminent élève. Pourtant, à bien examiner les ouvrages certains de Masolino et entre autres la fresque d'El Carmine, qui peut assurément lui être attribuée, il est difficile de confondre les deux maîtres, tant leur manière de faire les sépare et les diversifie et tant il semble que des générations aient pu s'écouler entre le maître et l'élève au point de vue de la conception aussi bien que de l'exécution.

Michel-Ange (Buonarroti) (1475-1564).—Le plus grand architecte, peintre et sculpteur des temps modernes, génie universel, il atteignit la sublimité. Né d'une noble famille de podestats, au château de Caprese, près d'Arezzo, il montra dès l'enfance une vocation si prononcée pour les arts que son illustre parenté fut, en dépit de son opposition, contrainte de se rendre au vœu de cette nature exceptionnelle.

On le plaça chez Ghirlandajo qu'il aida comme apprenti aux fresques de Sainte-Marie Nouvelle; mais, à l'âge de quinze ans, il le quitta, n'ayant plus rien à apprendre de lui, et étant déjà supérieur à tous les maîtres. Il se mit alors à étudier Masaccio dans ses chefs-d'œuvre d'El Carmine, puis Laurent le Magnifique le dirigea vers la sculpture et, dès cette époque, Michel-Ange commença la série de ses chefs-d'œuvre. Aussi bien à Rome qu'à Florence sa production est multiple, et comme sculpteur, non moins que comme peintre, son labeur est titanesque.

L'austérité et l'ascétisme s'emparèrent de lui vers la fin de sa vie, devant les misères du temps et les déchirements de la malheureuse Italie, dont il souffrit cruellement.

C'est de cette époque que datent ses admirables dessins et la collection des sonnets et des stances où s'exhalèrent les amertumes de son âme. Méditatif et toujours sérieux, il n'eut jamais d'autre passion que son art.

Insensible à la richesse qui lui vint sur le tard, méprisant le bien-être, sa vie fut celle du bénédictin, du moine.

Michelozzo Michelozzi (1396-1472).—Il fut élève de Brunelleschi pour l'architecture et de Donatello pour la sculpture. Ses principaux ouvrages d'architecture à Florence sont l'ancien palais Médicis, aujourd'hui palais Riccardi, la Chapelle des Médicis à Santa Croce, et de sculpture, différentes œuvres au Bargello, et la statue de la *Foi* dans le Baptistère.

Montelupo (Baccio da) (1469-1553).—Ce sculpteur a principalement été un grand fondeur; ses statues en bronze sont excellentes. Celle de *Saint Jean* à Or San Michele est une des premières en cette matière et a l'intérêt d'une nouvelle tentative.

Montelupo (Raffaello da), (1505-1570).—Élève de son père et surtout de Michel-Ange dont il déforma et exagéra le style. Il exécuta, d'après les modèles du maître, les statues des *Saints Cosme* et *Damien* pour la nouvelle sacristie de Saint-Laurent. Il n'a ni grandeur, ni naïveté.

Orcagna (André) (1329-1384).—Tout à la fois peintre, sculpteur et architecte, le génie d'Orcagna a laissé partout son empreinte. Outre le monument d'Or San Michele, on lui doit l'édification du *Ciborium* intérieur de cette église, qui est un monument de l'art en général et de l'art florentin en particulier; c'est également à lui que sont dues, à la chapelle Strozzi de Sainte-Marie Nouvelle, les belles fresques illustrant en quelque sorte le *Paradis* du Dante.

Pollajuolo (Antoine) (1429-1498).—Jusqu'à sa trentième année, Pollajuolo fut uniquement orfèvre sous la direction de son père, qui possédait une des boutiques les mieux achalandées de Florence. On pense que ce fut Baldovinetti qui le dirigea vers la peinture où, par son habitude de la plastique, il devait occuper une place spéciale et prépondérante. Ses œuvres, remarquables par la somptuosité du vêtement et par la beauté sculpturale des attitudes, sont au Musée des Offices: les *Saints Jacob*, *Vincent et Eustache*, l'admirable petit chef-d'œuvre des *Travaux d'Hercule* et enfin les belles figures des Vertus dont celle de la *Prudence* est de premier ordre.

Pollajuolo (Pierre) (1441-1489).—Frère d'Antoine et, dit-on, élève de Castagno, fut uniquement peintre. La caractéristique des œuvres de Piero est la trop grande sveltesse de ses figures souvent insuffisamment dessinées, la vulgarité de leur type et la complication de leur attitude.

Porta (Baccio della) (1445-1533).—Le génie de ce très grand maître se développa sous les auspices de Rosselli et de Léonard de Vinci. Entraîné par l'éloquence de Savonarole, il s'attacha à lui et prit l'habit dominicain en 1500, au couvent de San Marco, sous le nom de *Fra Bartolommeo*, qu'on lui donne ordinairement. Après avoir, à la suite de la mort de Savonarole, renoncé à la peinture, il reprit ses pinceaux en 1504. De cette époque date la série de ses chefs-d'œuvre. Sa grandeur rude, son énergique sublimité, l'élévation sévère qui le caractérise furent dès lors tempérées par sa science du dessin et la beauté pratique de son exécution; il gagna en charme et en souplesse. Son habit lui interdisant jusqu'à un certain point le modèle vivant, il inventa, pour poser ses draperies, le mannequin à ressorts. Parmi ses œuvres admirables, il faut citer le *Saint Marc*, *le Christ au tombeau*, *le Christ ressuscité*, *la Sainte Famille* du palais Pitti et enfin la splendide fresque de l'hôpital Santa Maria Nuova, *le Jugement dernier*.

Robbia (Luca della) (1400-1482).—Un des plus purs génies qui aient honoré les arts. Sculpteur du plus rare talent, il inventa les bas-reliefs en terre cuite émaillée, et, loin de se laisser entraîner par une matière qui se serait prêtée à toutes les complications de la plastique, il ne l'employa jamais qu'avec la discrétion la plus remarquable, tandis que son goût pur et raffiné le faisait s'en tenir presque à la monochromie, c'est-à-dire au relief émaillé blanc sur fond bleu. Luca a enrichi Florence d'innombrables merveilles; il faut toutefois citer en première ligne, au Musée du Dôme, les hauts reliefs en marbre, *Enfants chanteurs et musiciens*, puis les *portes en bronze* de la sacristie de la cathédrale et enfin les hauts-reliefs en terre émaillée qui les surmontent: *l'Ascension* et *la Résurrection*.

Robbia (Andrea della) (1435-1498).—Neveu de Luca, fut initié de bonne heure par Luca à tous les secrets de la terre émaillée. Grand artiste, il a toutefois une interprétation plus gracile et plus mièvre que celle de son illustre maître et parent. Ses ouvrages empruntent déjà à la polychromie des effets que le vieux Luca atteignait, sans les avoir cherchés, par la seule pureté de son art. Les médaillons d'*Enfants emmaillotes* au portique des Innocents sont pourtant de premier ordre et dignes du maître.

Robbia (Jean della) (1460-1530).—Fils et élève d'Andrea, se consacra uniquement au bas-relief émaillé où il employa de véritables feux d'artifice de polychromie, profusion à laquelle le portait non seulement son goût personnel, mais encore la décadence du sentiment artistique chez ses contemporains.

Rosselli (Cosimo) (1438-1507).—Curieux et bizarre esprit, exerça sur la formation des meilleurs artistes de son époque une influence que ne nous expliquent nullement les productions qui subsistent encore de lui: sa *Procession*, œuvre très noircie de l'église Saint-Ambroise, et ses fantasques dessins.

Rossellino (Bernardo di Matteo Gamberelli, *dit* le) (1409-1464).—Architecte et sculpteur tout ensemble, comme l'étaient presque tous les grands artistes du temps, il laissa des œuvres sincères et délicates; son chef-d'œuvre est le tombeau magnifique du secrétaire d'État Leonardo Bruni à Santa-Croce.

Rosso (1496-1541).—Il fut successivement à l'école de Michel-Ange, du Parmesan et d'Andrea del Sarto. Peintre consciencieux, d'une époque de pleine décadence déjà, il jouit d'une grande renommée, et, appelé à la cour de François Ier, il fut le rival souvent heureux du Primatice.

Le Rosso s'empoisonna par suite du désespoir où l'avait plongé la mise à la torture de son ami Pellegrino, reconnu plus tard innocent. On cite, parmi ses compositions, *l'Assomption de la Vierge* dans le cloître de l'église Santa Annunziata et *la Vierge accompagnée de plusieurs saints* au palais Pitti.

Rustici (Jean-François) (1474?-1554).—Il est présumé élève du Verrocchio et se consacra surtout à la fonte en bronze de ses statues. Le meilleur groupe de *la Prédication de Saint Jean*, placé au-dessus de la porte du Baptistère, est une bonne œuvre d'une belle patine de bronze.

Sangallo (Jules Giamberti, *dit*) (1443-1517).—Célèbre architecte, tira son surnom de la porte San Gallo qu'il édifia. Une grande partie des palais de Florence furent construits par lui et la Villa Médicéenne de Poggio a Cajano est parmi ses œuvres les plus marquantes.

Sangallo (Antoine) (1482 à 1516).—Est le plus renommé de la famille. Neveu de Jules Sangallo, il fut un des plus fameux architectes de son temps. Élevé à l'école de Brunelleschi qu'il aida dans ses principaux travaux, Raphaël l'appela à Rome et se l'adjoignit pour la reconstruction de la basilique Saint-Pierre. Rome et l'Italie lui doivent plusieurs de leurs principaux édifices.

Sansovino (Jacopo Tatti, *dit* le) (1479-1570).—Il étudia son art sous Contucci de Monte-Sansovino, dont il prit le nom. D'abord sculpteur, il ne débuta dans l'architecture qu'en 1515 et passa la majeure partie de son existence à Venise qu'il enrichit de monuments et d'œuvres d'art admirables. Aucun architecte n'eut plus que Sansovino de noblesse dans l'invention, de fécondité dans les idées, de grâce dans le style, de correction dans les détails.

Sarto (Andrea del) (1487-1531).—Fils d'un tailleur, une vocation irrésistible le poussa vers les arts. Des maîtres grossiers lui apprirent les premiers éléments de la peinture, il se forma lui-même, en étudiant les œuvres de Léonard et de Michel-Ange, mais surtout celles de Masaccio et de Ghirlandajo dont le génie était plus en rapport avec la douceur de sa propre nature. A l'élégance des traits, ses figures joignent la sensibilité, la beauté et la noblesse des attitudes. La force et la grandeur sont les seules qualités qui lui manquent. Après une existence des plus mouvementées, Andrea mourut à Florence de la fameuse peste de 1531. Ses chefs-d'œuvre sont multiples et les fresques de Santa Annunziata, *La naissance de la Vierge*, et mieux encore celles des Scalzo relatives à l'*Histoire de saint Jean-Baptiste* sont de premier ordre. Tant au Musée des Offices qu'au Musée du Palais Pitti, ses ouvrages revêtent les mêmes qualités de grâce et de charme faciles.

Settignano (Desiderio da), (1428-1464).—Passe pour avoir été élève de Donatello. Son talent fin et distingué n'a pourtant aucune analogie avec le talent sombre et farouche du maître. La frise de la *chapelle Pazzi*, à Santa-Croce, *Le Tabernacle* de l'église Saint-Laurent et différents ouvrages de sculpture du *Bargello* font le plus grand honneur au talent svelte et charmant de Desiderio.

Uccello (Paolo de Dono), (1397-1475).—D'abord orfèvre et aide de Ghiberti dans la fonte de la première porte du Baptistère, il se consacra ensuite à la fresque et eut, par les lois de la perspective absolue qu'il établit d'une manière précise, la plus grande influence sur les artistes de son époque. Ses fresques du Cloître-Vert de Sainte-Marie Nouvelle, *Le Déluge* et *l'Ivresse de Noé* passent pour les œuvres où tous les artistes vinrent prendre des leçons de perspective.

La fresque de la Cathédrale, le portrait équestre de *Hawkwood*, fait le plus grand honneur au talent d'Uccello.

Verrocchio (Andrea del), (1435-1488).—Il surpassa tous ses contemporains dans l'art de travailler le bronze. Très noble et très grand artiste, les Médicis qui le protégèrent, eurent le tort de l'opposer au génie de Donatello. Ses chefs-d'œuvre, le *Groupe de Jésus et de saint Thomas* d'Or San Michele, *L'Enfant au Dauphin* du Palais Vieux, *Le David* du musée du Bargello sont des œuvres de premier ordre, d'un style sans défaillance ni reproche.

Vinci (Léonard de), (1452-1519).—Le plus grand génie qui fut jamais, l'égal même de Michel-Ange, le Vinci fut à la fois sculpteur, architecte, physicien, ingénieur, écrivain et musicien, admirable esprit à l'universalité duquel aucune science, aucun art ne semblent avoir pu échapper ni demeurer étrangers. Après avoir étudié la sculpture sous le Verrocchio, il se rendit à Milan où Ludovic le More le garda jusqu'au jour où l'invasion du Milanais par Louis XII le faisait rentrer dans sa patrie. Mécontent de l'accueil que lui avaient réservé ses concitoyens et de celui qu'il avait rencontré auprès du pape, il resta vingt ans presque errant sans que, vieilli, aigri, assombri, il eût trouvé justice, même chez ses contemporains.

Le goût de Léonard, pur et sévère, s'exerça sur toutes les matières qui furent soumises à son jugement; il poursuivit la perfection avec patience avec une exactitude souvent minutieuse et aucune recherche ne put jamais le rebuter dans la poursuite de son idéal de perfection.

Milton Keynes UK
Ingram Content Group UK Ltd.
UKHW030905151124
451262UK00006B/993